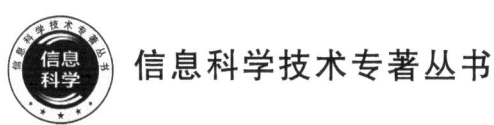

信息科学技术专著丛书

混合工作日历下生产调度优化研究

曾 强 著

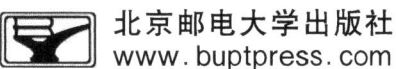

北京邮电大学出版社
www.buptpress.com

内 容 简 介

生产调度是生产制造型企业的日常工作。借助先进的智能调度方法对生产调度工作进行优化,有利于为企业带来效率和效益。混合工作日历在我国的大多数生产制造型企业是普遍存在的现象。传统的生产调度研究成果没有或未能很好地考虑混合工作日历现象,无法满足混合工作日历下生产调度的实际需求,因此有必要研究提出混合工作日历下的生产调度优化方法。

本书提出了基于工作日历的时间推算方法,以多目标优化理论、遗传算法(GA)、非支配排序遗传算法(NSGA II)作为技术手段,从大型工程项目调度、流水作业调度、作业车间调度和柔性作业车间调度这四个方面对混合工作日历下的生产调度问题进行了研究。

图书在版编目(CIP)数据

混合工作日历下生产调度优化研究 / 曾强著. -- 北京:北京邮电大学出版社,2021.8
ISBN 978-7-5635-6506-1

Ⅰ.①混… Ⅱ.①曾… Ⅲ.①企业管理-生产调度-研究 Ⅳ.①F273

中国版本图书馆 CIP 数据核字(2021)第 173056 号

策划编辑:马晓仟　　责任编辑:满志文　　封面设计:七星博纳

出版发行:	北京邮电大学出版社
社　　址:	北京市海淀区西土城路 10 号
邮政编码:	100876
发 行 部:	电话:010-62282185　传真:010-62283578
E-mail:	publish@bupt.edu.cn
经　　销:	各地新华书店
印　　刷:	北京九州迅驰传媒文化有限公司
开　　本:	787 mm×1 092 mm　1/16
印　　张:	13.25
字　　数:	328 千字
版　　次:	2021 年 8 月第 1 版
印　　次:	2021 年 8 月第 1 次印刷

ISBN 978-7-5635-6506-1　　　　　　　　　　　　　　　　定　价:52.00 元

· 如有印装质量问题,请与北京邮电大学出版社发行部联系 ·

前　言

生产调度是生产制造型企业的日常工作。然而，大多数生产制造型企业的调度工作仅凭调度员的经验进行，造成了不必要的人力、物力和财力损失。随着市场竞争的日益激烈化，向生产管理要效益是一个必然趋势。借助先进的智能调度方法对生产调度工作进行优化，有利于为企业带来效率和效益。

混合工作日历在我国的大多数生产制造企业是普遍存在的现象，表现为同一企业，不同车间或部门的工作日历不尽相同，甚至同一车间不同设备的工作日历也不尽相同。例如，有些车间或部门周末停工休息，有些却要加班；有些设备一天运行 8 小时，而有些设备却一天运行 16 小时、24 小时。

经调查，现有的大多数生产调度研究成果未考虑或未很好地考虑工作日历。因此，本书提出了系统的混合工作日历下生产调度优化方法，对于适应混合工作日历这一特殊背景下的生产调度优化需求具有重要意义。

全书共分五章，具体如下。

第 1 章　绪论：介绍生产调度的分类、本书的研究内容及技术手段。

第 2 章　混合工作日历下大型工程项目调度：以承包商资金不受限的大型工程项目任务指派和承包商资金受限的大型工程项目任务指派问题为研究对象，以带精英策略的非支配排序遗传算法（NSGA II）为技术手段，介绍混合工作日历下多目标任务指派的方法。

第 3 章　混合工作日历下流水作业调度：以流水作业排序问题为研究对象，以遗传算法（GA）为技术手段，介绍混合工作日历下流水作业排序单目标优化方法。

第 4 章　混合工作日历下作业车间调度：以作业车间调度问题为研究对象，以遗传算法（GA）为技术手段，介绍混合工作日历下作业车间单目标调度优化方法。

第 5 章　混合工作日历下柔性作业车间调度：第一，以柔性作业车间调度问题为研究对象，从四个方面介绍混合工作日历下柔性作业车间调度优化方法，分别是混合工作日历下单件生产柔性作业车间多目标调度优化方法、混合工作日历下批量生产柔性作业车间多目标调度优化方法、混合工作日历下柔性作业车间序贯调度方法、混合工作日历下可定制目标柔性作业车间多目标调度优化方法。第二，为突破调度工作的时间和空间的限制，同时保证调度结果的有效性，介绍了混合工作日历下可定制目标柔性作业车间网络化调度方法。

本书由河南理工大学曾强所著。本书依托于河南省重点研发与推广专项（项目号：192102210223）。

受作者精力、水平所限，书中介绍的研究内容难免存在某些瑕疵，不足之处敬请亲爱的读者加以批评指正，感谢您的大力支持。

曾强
2021 年 3 月

目　　录

第1章　绪论 ··· 1

1.1　生产调度分类 ·· 1

1.2　研究内容 ·· 2

1.2.1　混合工作日历下大型工程项目调度 ·· 2

1.2.2　混合工作日历下流水作业调度 ·· 3

1.2.3　混合工作日历下作业车间调度 ·· 3

1.2.4　混合工作日历下柔性作业车间调度 ·· 3

1.3　技术手段 ·· 3

1.3.1　最优化理论 ·· 3

1.3.2　遗传算法 ·· 5

1.3.3　NSGA II 算法 ··· 6

第2章　混合工作日历下大型工程项目调度 ··· 9

2.1　承包商资金不受限的大型工程项目多目标任务指派优化方法 ··············· 9

2.1.1　问题描述 ·· 9

2.1.2　数学模型构建 ·· 10

2.1.3　承包商工作日历设置与时间推算 ·· 11

2.1.4　NSGA II 算法设计 ·· 17

2.1.5　案例分析 ·· 23

2.1.6　结论 ·· 32

2.2　承包商资金受限的大型工程项目多目标任务指派优化方法 ················· 32

2.2.1　问题描述 ·· 33

2.2.2　承包商工作日历设置与时间推算 ·· 33

2.2.3　NSGA II 算法设计 ·· 34

2.2.4　案例分析 ·· 38

2.2.5　结论 ·· 42

第3章　混合工作日历下流水作业调度 ··· 43

3.1　问题描述 ·· 43

3.2　设备工作日历设置与时间推算 ··· 44

3.3　遗传算法设计 ·· 44

3.3.1 变量及数组定义	44
3.3.2 工作表设计	45
3.3.3 算法流程	45
3.3.4 编码方式	45
3.3.5 种群初始化	46
3.3.6 交叉操作	47
3.3.7 变异操作	47
3.3.8 适应度计算	48
3.3.9 解码操作	48
3.4 案例分析	49
3.5 结论	55

第4章 混合工作日历下作业车间调度 ... 56

4.1 问题描述	56
4.2 数学模型构建	57
4.3 设备工作日历设置与时间推算	58
4.4 遗传算法设计	58
4.4.1 工作表设计	58
4.4.2 类型、变量及数组定义	59
4.4.3 算法流程	60
4.4.4 获取参数	60
4.4.5 编码方式	61
4.4.6 种群初始化	61
4.4.7 遗传操作	62
4.4.8 解码操作	63
4.4.9 适应度	65
4.5 案例分析	66
4.6 结论	71

第5章 混合工作日历下柔性作业车间调度 ... 72

5.1 混合工作日历下单件生产柔性作业车间多目标调度	72
5.1.1 问题描述	72
5.1.2 NSGA II 算法设计	73
5.1.3 案例分析	76
5.1.4 结论	83
5.2 混合工作日历下批量生产柔性作业车间多目标调度	83
5.2.1 问题描述	84
5.2.2 NSGA II 算法设计	84
5.2.3 案例分析	87

  　　5.2.4　结论 …………………………………………………………………………… 93
 5.3　混合工作日历下柔性作业车间多目标序贯调度 ……………………………………… 93
  　　5.3.1　问题描述 …………………………………………………………………………… 93
  　　5.3.2　类型及变量、数组定义 …………………………………………………………… 94
  　　5.3.3　序贯调度技术 ……………………………………………………………………… 96
  　　5.3.4　NSGA II 算法设计 ………………………………………………………………… 97
  　　5.3.5　案例分析 …………………………………………………………………………… 98
  　　5.3.6　结论 ………………………………………………………………………………… 109
 5.4　混合工作日历下柔性作业车间可定制目标调度 …………………………………… 109
  　　5.4.1　问题描述 …………………………………………………………………………… 110
  　　5.4.2　类型、变量及数组定义 …………………………………………………………… 110
  　　5.4.3　关键技术 …………………………………………………………………………… 112
  　　5.4.4　可定制目标遗传算法设计 ………………………………………………………… 113
  　　5.4.5　案例分析 …………………………………………………………………………… 116
  　　5.4.6　结论 ………………………………………………………………………………… 122
 5.5　混合工作日历下可定制目标柔性作业车间网络化调度 …………………………… 123
  　　5.5.1　网络化调度必要性 ………………………………………………………………… 123
  　　5.5.2　网络化调度总体框架设计 ………………………………………………………… 123
  　　5.5.3　网络化调度实现 …………………………………………………………………… 124
  　　5.5.4　系统应用 …………………………………………………………………………… 150
  　　5.5.5　结论 ………………………………………………………………………………… 174

参考文献 ………………………………………………………………………………………… 175

附录 ……………………………………………………………………………………………… 182

第 1 章 绪 论

生产调度是一个永恒的话题,可以说自从有了生产便有了生产调度。早期的生产调度多依赖于调度员的经验,使得调度结果质量欠佳,给企业带来不必要的人力、物力和财力损失。研究表明,生产调度是一个复杂的 NP-hard 问题,正是这个原因,使得生产调度多年来一直是国内外学者研究的重要课题。近年来,国内外学者针对生产调度展开了大量的研究,取得了丰富的研究成果。

在我国,大多数生产制造型企业都存在混合工作日历的现象。具体表现为同一企业,不同车间或部门的工作日历不尽相同,甚至同一车间不同设备的工作日历也不尽相同。例如,有些车间或部门周末停工休息,有些却要加班;有些设备一天运行 8 小时,而有些设备一天运行 16 小时、24 小时。

经调查,现有的大多数生产调度研究成果未考虑或未能很好地考虑工作日历,难以有效指导生产实践。因此,提出系统的混合工作日历下生产调度优化方法,对于适应混合工作日历这一特殊背景下的生产调度优化需求,具有重要的意义。

基于上述背景,作者近年来研究并提出了混合工作日历下生产调度优化方法,取得了一些研究成果。本书从四个方面进行介绍,分别是混合工作日历下大型工程项目调度、混合工作日历下流水作业调度、混合工作日历下作业车间调度和混合工作日历下柔性作业车间调度。

1.1 生产调度分类

生产调度是指在给定的时间内对生产系统中的有限资源进行合理安排,使之以尽可能优良的性能完成预定的任务。生产调度有多种分类,根据本书的研究内容,仅介绍按生产组织方式划分、按加工设备是否确定划分和按优化目标数量划分三种分类方式。

1. 按生产组织方式划分

按生产组织方式可将生产调度问题分为大量流水线调度、单件调度、批量生产调度和项目调度四类。

(1) 大量流水生产调度

大量流水生产方式具有加工对象(又称零件)数量大、重量轻、在流水线上顺序移动等特点,这种生产方式生产调度的关键在于设计流水线,即根据产量目标、生产周期确定生产线的节拍,并合理进行作业分配,以尽量达到最少加工资源在规定的生产周期内完成所需产品生产的目的。

(2) 批量生产调度

批量生产方式具有加工对象体积小、重量轻、调整一次加工一批等特点。此类生产方式生产调度的关键在于合理确定各批零件每道工序的加工资源及加工先后顺序,从而达到某个或某些特定的优化目标,如完工时间最短、流程时间最短、生产周期最短、加工成本最低、设备利用率最高等。

(3) 单件生产调度

单件生产方式具有加工对象体积小、重量轻、调整一次加工一件等特点。此类生产方式生产调度的关键在于合理确定各个零件每道工序的加工资源及加工先后顺序,从而达到某个或某些特定的优化目标,如完工时间最短、流程时间最短、生产周期最短、加工成本最低、设备利用率最高等。

(4) 项目调度

项目生产方式具有加工对象体积庞大,加工对象不动而加工资源围绕加工对象移动等特点。项目生产方式生产调度的关键在于合理组织项目各个任务的开工和完工时间,以达到缩短项目周期、保证项目质量、平衡加工资源、降低项目成本等目的。

2. 按加工设备是否确定划分

按加工设备是否确定,可将批量生产调度和单件生产调度进一步细分为作业车间调度和柔性作业车间调度两类。作业车间调度(Job Shop Scheduling,JSP)的特点如下:零件有多道工序,零件的加工路线互不相同,零件各工序的加工资源(通常指设备)不可选,各零件按加工路线依次经过指定的加工资源直至加工完毕。柔性作业车间调度(Flexible Job Shop Scheduling,FJSP)是作业车间调度问题的扩展,其零件的部分或全部工序的加工资源可选。

3. 按优化目标数量划分

按优化目标数量可将生产调度问题分为单目标调度和多目标调度两类。

(1) 单目标调度:只有一个优化目标的生产调度问题,若有解则往往能找到最优解。

(2) 多目标调度:有两个及两个以上的优化目标的生产调度问题。对于多目标调度问题,通常没有最优解,需在各个非劣解之间进行平衡择优。

1.2 研究内容

1.2.1 混合工作日历下大型工程项目调度

大型工程项目具有工期长、任务多、费用高等特点。单一承包商因受人力、物力、财力等因素限制,无法独立、较好地将其完成,故工程实践中往往需要将任务在多个承包商之间进行指派,由多个承包商合作完成。然而,由于项目任务之间具有紧前紧后关系且不同承包商的工作日历不尽相同,导致工程项目任务指派比一般的任务指派复杂得多。分配不合理,将会导致工期长、成本高。如何进行有效指派,保证项目工期尽量短、项目总成本尽量低是一个重要的研究课题。本章对混合工作日历下大型工程项目任务指派的两个问题进行了研究,提出了基于非支配排序遗传算法的多目标优化方法:一是以工期、成本为优化目标,承包商资金不受限的大型工程项目多目标任务指派优化方法;二是以工期、委托成本、执行成本为优化目标,承包商资金受限的大型工程项目多目标任务指派优化方法,详见2.1节和2.2节。

1.2.2 混合工作日历下流水作业调度

流水作业调度问题在车间调度中经常遇到。对于流水作业调度问题,只要确定了各工件的投产顺序,便能得到流水作业问题的调度方案。流水作业排序的方法有关键工件法、CDS法、遍历法和智能搜索算法等。传统的流水作业排序未考虑工作日历,假设从0时刻开始,推算工序的起止时间采用直接将数字相加的方法进行。这种方法对于各工序的设备采用不尽相同的工作日历时失效。如何基于混合工作日历对多个工件进行流水作业排序优化是一个重要的研究课题。本书针对混合工作日历下的流水作业排序问题,以生产周期最短为优化目标,提出了一种基于遗传算法的优化方法,详见第3章。

1.2.3 混合工作日历下作业车间调度

作业车间调度问题在车间调度中经常遇到。该类问题中,事先已将各工序的加工设备加以确定,要求调度人员合理安排各工序的起止时间,以使得某个或某些指标达到最优。作业车间调度问题属于复杂的NP-hard问题,对于规模较大的作业车间调度问题,比较有效的方法是智能搜索算法。关于作业车间调度的国内外研究成果已经十分丰富。然而,传统的作业车间调度未考虑或未很好地考虑混合工作日历,导致这些研究成果在生产实践中难以适应设备具有不尽相同的工作日历的场合。混合工作日历的引入,进一步增加了作业车间调度的难度。本书以混合工作日历下作业车间调度问题为研究对象,以生产周期最短为优化目标,提出了一种基于遗传算法的优化方法,详见第4章。

1.2.4 混合工作日历下柔性作业车间调度

柔性作业车间调度是作业车间调度问题的扩展,是指工序的加工设备不确定的情况下,合理选择加工设备并安排各工序的起止时间以使某个或某些指标达到最优。在制造车间,相同功能的设备往往有多台,同一道工序可以选择设备进行加工,因此柔性作业车间调度比作业车间调度应用面更加广泛。正因如此,近年来,国内外学者投入了更多的精力用于研究柔性作业车间调度问题。关于柔性作业车间调度问题的研究成果比作业车间调度问题更加丰富。然而,与作业车间调度一样,由于未考虑或未能很好地考虑混合工作日历,使得这些研究成果难以有效指导生产实践。混合工作日历下的柔性作业车间调度相对复杂得多,本书从五个不同的侧面对混合工作日历下柔性作业车间调度问题进行了研究:一是混合工作日历下单件生产柔性作业车间多目标调度方法,详见5.1节;二是混合工作日历下批量生产柔性作业车间多目标调度方法,详见5.2节;三是混合工作日历下柔性作业车间序贯调度方法(再调度),详见5.3节;四是混合工作日历下柔性作业车间可定制目标调度方法,详见5.4节;五是混合工作日历下柔性作业车间可定制目标网络化调度方法,详见5.5节。

1.3 技术手段

1.3.1 最优化理论

所谓最优化,是指在满足特定约束条件的情况下求目标函数的最大值或最小值。由于最大化问题可以转换成最小化问题,因此最优化问题的普适模型为。
$$\min f(X) = \min(f_1(X), f_2(X), \cdots, f_m(X))$$
且
$$X \in R, R = \{X | g_i(X) \leqslant 0, i \in (1,k)\} \tag{1.1}$$
式中,m 为优化目标个数,k 为约束个数。

若按优化目标的数量,可以将最优化问题分为单目标优化和多目标优化两类:当优化目标数 $m=1$ 时为单目标优化问题,反之为多目标优化问题(两类问题本书均有涉及)。若按是否有约束,可以将最优化问题分为有约束和无约束两类:当约束个数 $k=0$ 时为无约束,反之为有约束(本书涉及有约束最优化问题)。若按决策变量是否连续,可将最优化问题分为连续型、离散型和混合型(本书仅涉及离散型问题)。若按约束或目标函数中决策变量的指数,可将最优化问题分为线性和非线性两类(本书涉及线性优化问题)。

定义 1-1:最优解。对于单目标优化问题,若 $\exists X_0 \in R$,对于 $\forall X \in R$,有 $f(X) \geqslant f(X_0)$,则称 X_0 是该单目标优化问题的理论最优解。单目标优化的任务是求其理论最优解 X_0。

定义 1-2:非受支配解。对于多目标优化问题,若对于 $\forall i$,有 $f_i(X) \geqslant f_i(Y)$,且 $\exists j$ 使得 $f_j(X) > f_j(Y)$,则称解 Y 支配 X。若当前解集中任意解均不支配 X,则称 X 为非受支配解。

定义 1-3:Pareto 最优解。若解空间 R 中的任意解均不支配 X 则 X 是一个 Pareto 最优解,简称 Pareto 解。

定义 1-4:Pareto 最优解集。由一系列 Pareto 最优解组成的集合称为 Pareto 最优解集,简称 Pareto 解。

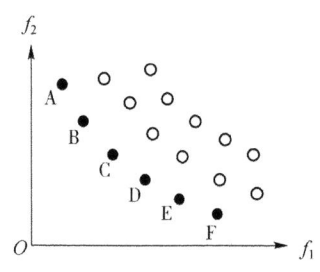

图 1.1 Pareto 最优解集

定义 1-5:Pareto 边界。Pareto 最优解集构成的边界称为 Pareto 边界。图 1.1 所示的 A、B、C、D、E、F 点构成 Pareto 边界。双目标优化问题的 Pareto 边界为一条曲线,三目标优化问题的 Pareto 边界为一个曲面,四个及四个以上目标的多目标优化问题其 Pareto 边界为一个超曲面。

定义 1-6:Pareto 寻优。Pareto 寻优是指运用某些算法寻找多目标优化问题的 Pareto 最优解集的过程。需指出的是,非受支配解不一定是 Pareto 最优解,非受支配解集不一定是 Pareto 最优解集。只有当算法收敛时,非受支配解才是 Pareto 最优解,非受支配解集才是 Pareto 最优解集。Pareto 寻优过程实际上是通过构造非支配集并使非支配集不断逼近 Pareto 最优解集的过程,因此算法的质量会对优化结果产生较大影响。

从理论上说,若单目标调度问题有解,则存在最优解(一个或多个)。单目标优化的目的就是采用某种优化方法寻找理论最优解或其近似最优解。单目标优化的常用方法有数学规划方法、启发式方法。数学规划方法适合求解规模较小的单目标优化问题,而对于规模较大的单目标优化问题更适合采用启发式方法求解,如遗传算法、模拟退火算法、蚁群算法等。

多目标优化相对复杂,其求解方法有间接法和直接法两种。间接法又称化多为少法,是指通过一些技术手段将多个目标转化为单目标,然后用单目标优化法在单目标空间中寻优的方法,其代表方法主要有线性加权和法、极大极小法、理想点法、分层排序法、主要目标法、乘除法、功效系数法等。从结果上看,这些方法只能求得一部分最优解,而不能得到整个最优解集。直接法,顾名思义是直接在多目标空间中寻优,主要包括线性加权和变系数法和基于 Pareto 寻优法两种代表性方法。

线性加权和变系数法采用随机权重法将多个目标转化为单目标,然后在单目标空间中寻优,通过改变随机权重可得到一个 Pareto 解集。但该方法很难找到比较完整的 Pareto 解集,它要求随机权重足够均匀,优化结果受各指标无量纲化处理方式影响较大,因此并不是一种很好的解决方法。

基于 Pareto 寻优的优化方法,基于各个优化目标直接在多目标空间中寻优,寻优结果为一个完整的 Pareto 解集供调度员选择。基于 Pareto 的典型算法主要有:多目标遗传算法(Multi-objective Genetic Algorithm,MGA)、向量评价遗传算法(Vector Evaluation Genetic Algorithm,VEGA)、小生境 Pareto 遗传算法(Niched Pareto Genetic Algorithm,NPGA)、强化 Pareto 遗传算法(Strength Pareto Evolutionary Algorithm,SPEA)、非支配排序遗传算法(Non-dominated Sorting Genetic Algorithm,NSGA)。NSGA 是由 Srimivas 和 Deb 在 1994 年提出的,其优点是优化目标个数任选,非劣最优解分布均匀,允许存在多个不同等效解。有文献通过定量比较得出结论:NSGA 的性能优于其他算法。NSGA 的缺点是:①由于 Pareto 排序需重复多次,计算效率较低,计算复杂度为 $O(mn^3)$(其中 m 为目标数量,n 为种群大小);②未采用精英保留策略;③共享参数 σ_{share} 需预先确定。2002 年,Deb 等人在 NSGA 的基础上又提出了带精英策略的非劣前沿分级遗传算法(NSGA Ⅱ),大大提高了 NSGA 算法的性能。

1.3.2 遗传算法

遗传算法(Genetic Algorithm,GA)是模拟生物在自然环境中的遗传和进化过程而形成的一种自适应全局优化概率搜索算法。最早是由美国密执安大学的 Holland 教授提出。20 世纪 70 年代 De Jong 基于遗传算法的思想在计算机上进行了大量的纯数值函数优化计算实验。在一系列研究工作的基础上,80 年代由 Goldberg 进行归纳总结,形成了遗传算法的基本框架。遗传算法的设计及应用的一般步骤如下。

第一步:确定决策变量及约束条件,即确定个体表现型 X 和问题的解空间。

第二步:建立优化模型,即确定目标函数的类型及其数学描述形式或量化方法。

第三步:确定表示可行解的染色体编码方法,即确定出个体的基因型 X 及其遗传算法的搜索空间。

第四步:确定编码方法,即确定出由个体基因型 X 到个体表现型 X 的对应关系或转换方法。

第五步:确定个体适应度的量化评价方法,即确定出由目标函数值 $o(X)$ 到个体适应度 $f(X)$ 的转换规则。

第六步:设计遗传算子,即确定出选择运算、交叉运算、变异运算等遗传算子的具体操作方法。

第七步:确定遗传算法的有关运行参数,即确定出遗传算法的种群规模(m)、终止条件(t)、交叉概率(pc)、变异概率(pm)等参数。

第八步:进行遗传运算,若算法多次收敛于同一个最优值,则找到其问题的最优解,同时说明算法具有较好的收敛性,否则需对算法进行改进。

1.3.3 NSGA II 算法

NSGA II 算法是 NSGA 算法的改进版,它采用了非劣前沿排序分级以及精英策略,因而具有很多优点。本书采用的多目标优化技术手段主要是 NSGA II 算法,现对其进行简要介绍。

1. 算法流程

由于传统的 NSGA II 算法针对的是处理连续型变量问题,而本书涉及的多目标优化问题为离散型优化问题,因此需要对其进行适当调整。

取 ps 为偶数,本书采用的 NSGA II 算法流程如图 1.2 所示,具体的进化迭代过程如图 1.3 所示。

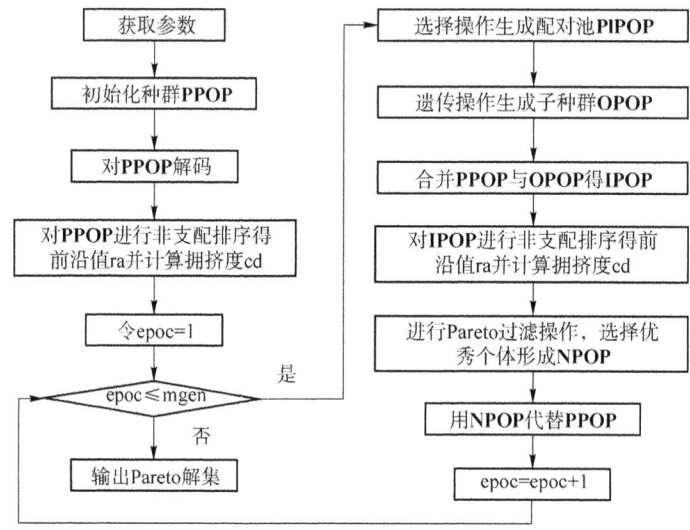

图 1.2 算法流程

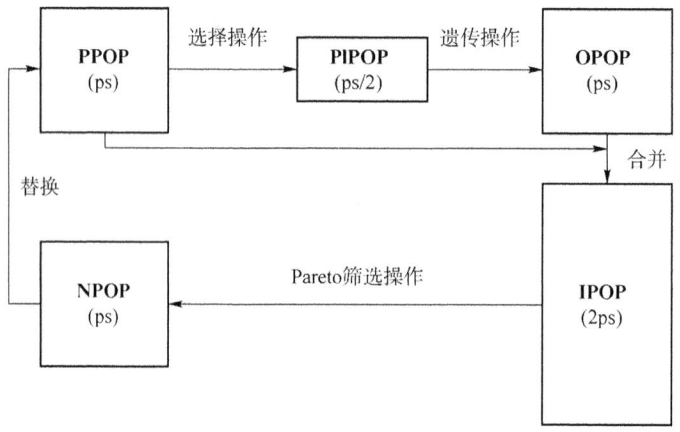

图 1.3 进化迭代过程

具体步骤描述如下。

步骤 1 获取参数。

步骤 2　种群初始化:生成规模为 ps 的初始种群 **PPOP**。
步骤 3　解码操作:对种群 **PPOP** 中的染色体进行解码得到目标值。
步骤 4　非支配排序并计算拥挤度:对种群 **PPOP** 进行非支配排序得染色体前沿值 ra 和拥挤度 cd。
步骤 5　选择操作:按 n 元联赛机制从种群 **PPOP** 中选出 ps/2 个染色体组成配对种群 **PlPOP**。
步骤 6　遗传操作:对种群 **PlPOP** 进行遗传操作生成规模为 ps 的子种群 **OPOP**。
步骤 7　合并操作:将种群 **PPOP** 与种群 **OPOP** 合并得规模为 2ps 的种群 **IPOP**。
步骤 8　非支配排序并计算拥挤度:对种群 **IPOP** 进行非支配排序得到染色体前沿值 ra 和拥挤度 cd。
步骤 9　Pareto 过滤操作:以 **IPOP** 中各染色体的前沿值 ra 和拥挤度 cd 为依据,选择 ps 个染色体形成子种群取代种群 **PPOP**。
步骤 10　终止条件判断:若未达到进化终止条件则转步骤 5,否则结束进化过程。

2. 非支配排序

非支配排序的目的是计算种群中各染色体的前沿值 ra,从而将所有染色体进行分层。具体过程如下:找出当前种群中不被任何其他染色体支配的染色体,这些染色体的集合为第 1 级非支配染色体集,令其前沿值 ra 为 1;将第 1 级非支配集中的染色体从当前种群中去除,然后从剩余染色体中找出非支配染色体集,令其 ra 为 2;依次类推,直到所有染色体的 Pareto 前沿值确定为止。

3. 拥挤度计算

为防止算法"早熟",引入小生境技术保证种群中解的多样性,具体是通过染色体的拥挤度 cd 来实现的。某级非支配染色体集上第 i 个染色体的拥挤度 cd_i 可按式(1.2)来计算。

$$cd_i = \begin{cases} \text{INF}, \text{当 } f_k^{\max} = f_k^{\min} \,||\, f_k(i) = f_k^{\max} \,||\, f_k(i) = f_k^{\min} \\ \sum_{k=1}^{m} \dfrac{f_k(i+1) - f_k(i-1)}{f_k^{\max} - f_k^{\min}}, \text{当 } f_k^{\max} \neq f_k^{\min} \end{cases} \quad (1.2)$$

式中,m 为优化目标数,f_k 为第 k 个目标函数。当 $m=2$ 时,拥挤度计算示意图如图 1.4 所示。从式(1.2)及图 1.4 可见,拥挤度 cd_i 越大,则说明染色体 i 周围的点越稀疏,在进行进化时应当给以较大的生存概率,从而保证种群多样性。如图 1.4 中,$cd_A < cd_B$,应当给 B 点以相对较大的生存概率。

4. 选择操作

采用 n 元联赛机制进行选择:每次从种群中随机选择 n 个染色体,从中选择前沿值 ra 最小的染色体加入配对池 **PIPOP**,若有多个染色体具有相同的前沿值 ra,则选择拥挤

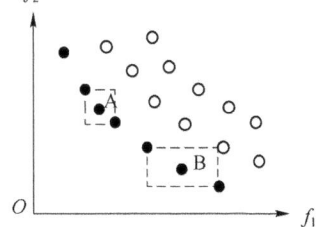

图 1.4　拥挤度计算

度 cd 最大的染色体加入配对池 **PIPOP**。采用此机制实际上是给优秀染色体以更大的生存概率,让其参与遗传进化。本书中设 n 为 2,因此称为"二元联赛机制"。

5. 遗传操作

由配对池 **PIPOP** 进行遗传操作生成规模为 ps 的子代种群,遗传操作流程如图 1.5 所示。

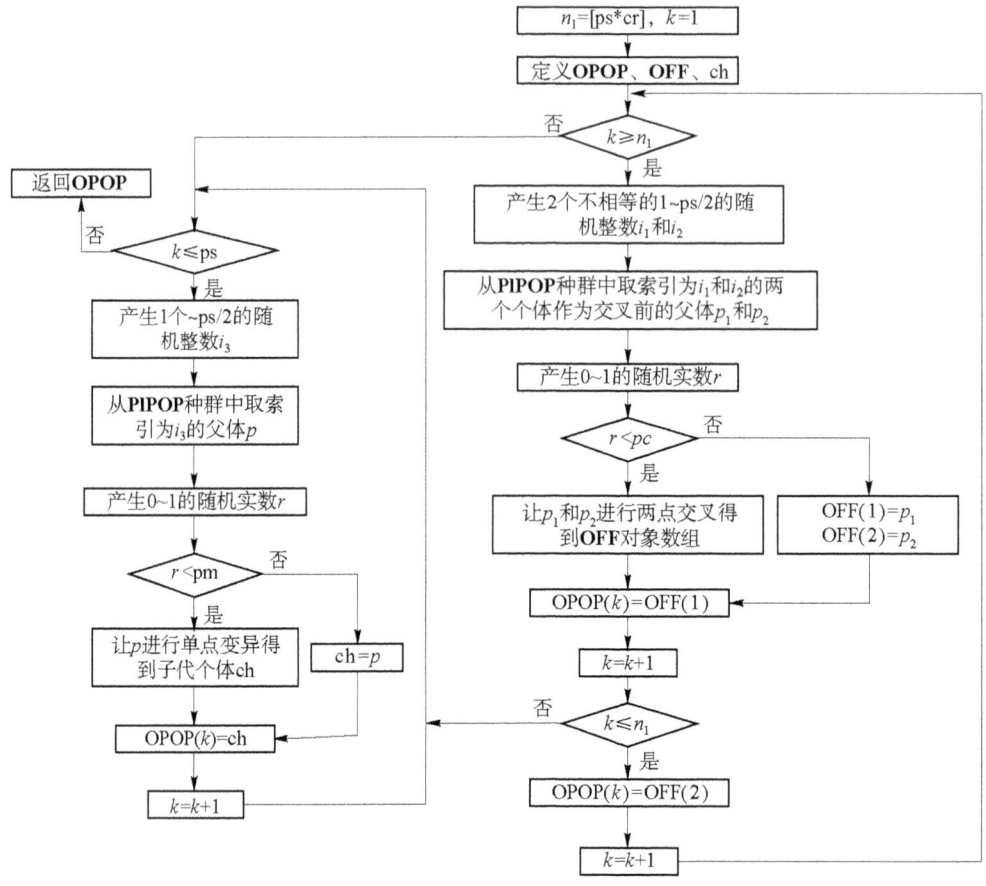

图 1.5 遗传操作流程

6. Pareto 筛选操作

Pareto 筛选操作的目的是从 IPOP 选出优解进入下一代种群。首先依据 ra 值由小到大的顺序进行选择,当种群规模接近 ps 时,若下一级的染色体全部选入则会超过种群规模 ps,此时按染色体的拥挤度从大到小的顺序进行选择使得种群规模达到 ps。

不同的多目标优化问题,其 NSGA II 算法的共同部分是非支配排序、n 元联赛选择操作、Pareto 筛选操作,其具体代码见附录 1;不同的部分是编码方式、种群初始化、交叉、变异、解码、计算目标值等操作。

第2章　混合工作日历下大型工程项目调度

随着社会的不断发展,国家经济建设或公共事业中出现了大量的大型工程项目。大型工程项目具有工期长、任务多、费用高等特点,单一承包商因受人力、物力、财力等因素限制,无法独立、较好地将其完成,故工程实践中往往需要将大型工程项目的子任务指派给多个承包商,以利于缩短工期、降低成本。工程项目任务指派过程中往往同时关注多个目标,主要目标有工期、成本、质量等。工期目标反映项目的执行效率,通常基于"关键路径法"推算而得。现有研究在推算任务的开工、完工时刻时采用加、减运算,没有考虑工作日历,其指派结果对于承包商采用相同工作日历的情况基本不受影响,但当承包商采用不同(混合)工作日历时,这种方法得到的工期不准确,导致所得到的指派方案往往并不是最优方案,甚至是不可行方案。而在工程实践中,多个承包商由于工作习惯等不同往往采用不同的工作日历,即混合工作日历现象在工程实践中是一个普遍现象。因此,研究混合工作日历下大型工程项目多目标任务指派具有重要意义。

混合工作日历下大型工程项目多目标任务指派问题属于高度复杂的组合优化问题,其复杂性主要体现在以下三个方面。第一方面,它是一个巨型组合优化问题。该问题中任务与承包商之间的关系不确定,即一个承包商可以承接零项或多项任务,导致任务指派组合数量很大。一个 n 项任务指派给 m 个承包商的指派问题,理论上有高达 m^n 种指派方案。第二方面,混合工作日历现象增加了工期计算的难度。这里的工作日历指工作制和工作时段的合称。作为大型工程项目任务指派的优化目标之一,工期的准确计算是保证指派方案有效性的前提。传统的关键路径法在推算项目工期时直接进行数值加减运算,而考虑工作日历的情况下,工期的计算需根据各承包商的工作日历、任务时间进行推算。第三方面,多目标优化增加了问题求解的难度,需要在多个目标之间进行协调。基于此,有必要研究提出有效方法对混合工作日历下大型工程项目多目标任务指派问题进行求解。

本章针对两种情况,即混合工作日历下承包商资金受限和混合工作日历下承包商资金受限的大型工程项目多目标任务指派问题,研究提出了一种基于带精英策略的非支配排序遗传算法(NSGA II)的优化方法。

2.1　承包商资金不受限的大型工程项目多目标任务指派优化方法

2.1.1　问题描述

某大型工程项目有 n 项任务 $J=\{J_1,J_2,\cdots,J_n\}$,要将其指派给 m 个承包商 $E=\{E_1,E_2,\cdots,E_m\}$ 完成。

假设条件如下。

(1) 一项任务须指派给唯一承包商,同一承包商可被指派 0 个或多项任务。

(2) 因承包商的效率、所用资源不同等原因,不同承包商完成同一任务的时间、成本不尽相同;任务时间、任务成本事先已被确定;若某项任务不能由某个承包商完成,则令其对应的任务时间或成本为空值。

(3) 任务的执行不能违反任务之间特定的紧前紧后关系。

(4) 不考虑承包商能力限制,即指派给某承包商的任务一旦满足开始执行条件(紧前任务已被完成),则该承包商应有能力立即开始执行该任务。

(5) 某任务一旦开始执行则不可中断去执行另一项任务,即任务执行是非抢占式的。

(6) 工作日历是工作制和日工作安排的合称,一旦某承包商的工作日历被设定,则该承包商在同一个调度周期内按此工作日历施工。

(7) 各承包商采用的工作日历不尽相同。

(8) 当承包商按工作日历停工时,正在执行的任务停止执行,待承包商重新开工时继续执行此任务后续未完成的工作,即任务执行可跨越承包商停工时段。

(9) 任务执行不能早于指定的项目起始时刻。

要求:在以上假设条件下进行合理指派,在满足一定约束条件下使项目工期最短、成本最低。

2.1.2 数学模型构建

1. 符号定义

为便于描述数学模型,定义了表 2.1 所示的符号。

表 2.1 符号定义

符号	说明
n	任务数
m	承包商数
J_i	任务 $i, i \in (1, n)$
E_j	承包商 $j, j \in (1, m)$
WT_j	承包商 j 工作时段集合
bt	项目起始时刻
cycle	项目工期(天)
cost	项目成本(万元)
T	任务时间数组
C	任务成本数组
X	任务指派数组
E_{sij}	J_i 由 E_j 执行的最早开工时刻,$i \in (1, n), \forall j$
E_{fij}	J_i 由 E_j 执行的最早完工时刻,$i \in (1, n), \forall j$
L_{sij}	J_i 由 E_j 执行的最迟开工时刻,$i \in (1, n), \forall j$
L_{fij}	J_i 由 E_j 执行的最迟完工时刻,$i \in (1, n), \forall j$

其中，$\boldsymbol{X}$ 是 $\{x_{ij}\}_{n\times m}$ 的数组，称为决策数组，其元素 $x_{ij}\in\{0,1\}$，其值取 1 表示任务 i 指派给承包商 j；$\boldsymbol{T}$ 是 $\{t_{ij}\}_{n\times m}$ 的数组，其元素 $t_{ij}\in\{R^+,\Phi\}$，实数 R^+ 表示任务 i 由承包商 j 执行的时间(单位为 h)，Φ 表示任务 i 无法由承包商 j 执行；$\boldsymbol{C}$ 是 $\{c_{ij}\}_{n\times m}$ 的数组，其元素 $c_{ij}\in\{R^+,\Phi\}$，实数 R^+ 表示任务 i 由承包商 j 执行的成本(单位为万元)，Φ 表示任务 i 无法由承包商 j 执行。

2. 优化模型

根据假设条件，以工期最短、成本最低为优化目标，建立一类多作日历下工程项目任务指派优化模型。

(1) 目标函数

$$\min \text{cycle} = \max_{i=1}^{n}(E_{fij}) - \min_{i=1}^{n}(E_{sij}) \tag{2.1}$$

$$\min \text{cost} = \sum_{i=1}^{n}\sum_{j=1}^{m} x_{ij} c_{ij} \tag{2.2}$$

(2) 约束条件

$$L_{sij} \geqslant E_{sij}, L_{fij} \geqslant E_{fij}, \forall i,j \tag{2.3}$$

$$\text{At}(E_{sij} \sim E_{fij}) = t_{ij}, \forall i,j \tag{2.4}$$

$$\text{At}(L_{sij} \sim L_{fij}) = t_{ij}, \forall i,j \tag{2.5}$$

$$E_{sij}\in\text{WT}_j, E_{fij}\in\text{WT}_j, L_{sij}\in\text{WT}_j, L_{fij}\in\text{WT}_j, \forall i,j \tag{2.6}$$

$$E_{sij}\geqslant bt, E_{fij}\geqslant bt, L_{sij}\geqslant bt, L_{fij}\geqslant bt, \forall i,j \tag{2.7}$$

$$\max_{i=1}^{n}(E_{fij}) = \max_{i=1}^{n}(L_{fij}) \tag{2.8}$$

$$\sum_{j=1}^{m} x_{ij} = 1, i=1,2,\cdots,n \tag{2.9}$$

$$x_{ij}\in\{0,1\}, i=1,2,\cdots,n, j=1,2,\cdots,m \tag{2.10}$$

式(2.1)表示项目工期最小化，式(2.2)表示项目成本最小化。这里的项目工期是指 n 项任务的最早完工时刻与最早开工时刻之间的日历时间。式(2.3)表示任意任务 J_i 无论由哪个承包商执行，都必须满足最迟开工时刻不小于最早开工时刻、最迟完工时刻不小于最早完工时刻；式(2.4)、式(2.5)表示任意任务 J_i 无论由哪个承包商执行，其最早开工时刻与最早完工时刻之间的有效工作时间等于其任务时间 t_{ij}，最迟开工时刻与最迟完工时刻之间的有效工作时间等于其任务时间 t_{ij}；式(2.6)表示任意任务 J_i 无论由哪个承包商执行，都必须保证其最早开工时刻、最早完工时刻、最迟开工时刻、最迟完工时刻落入承包商 j 的工作时段内；式(2.7)表示项目须在指定的项目起始时刻之后才能开始执行；式(2.8)表示取 n 项任务的最迟完工时刻与最早完工时刻相等，无时滞；式(2.9)、式(2.10)表示任意任务 J_i 必须唯一指派给某个承包商。

从以上优化模型可以看出，约束条件(2.4)、(2.5)、(2.6)不属于常规约束条件，因此该模型不是常规的线性规划模型。相对于传统的工程项目任务指派问题，该问题具有更高的复杂性，适合采用智能搜索算法求解。本节采用 NSGA II 算法求解。

2.1.3 承包商工作日历设置与时间推算

按照假设条件(6)，工作日历是工作制和日工作安排的合称，一旦某承包商的工作制和日工作安排被设定,则该承包商在同一个调度周期内按此工作日历施工。基于此,根据需要,用 Excel 设计两张工作表,命名分别为"工作制""日工作安排",在此基础上设计"承包商"工作表,在此表中为各承包商指定工作制和日工作安排,最后利用 VBA 编写相关函数实现基于工作日历的时间推算。

1. 工作日历设计

用 Excel 设计"工作制"工作表,用于设置工作制,对应于 2.1.4 节中的数组 WS。图 2.1 中,从左到右每两列对应一个工作制,第 1 行奇数列单元格为工作制名称,其他行奇数列存放非周末休息日期、偶数列存放周末工作日期。根据需要,还可以向右添加其他工作制。

	A	B	C	D	E	F
1	X工作制		Y工作制		Z工作制	
2	2017/1/2	2017/1/7	2017/1/2	2017/1/7	2017/1/2	
3	2017/1/27	2017/1/14	2017/1/27	2017/1/14	2017/1/27	
4	2017/1/30	2017/1/21	2017/1/30	2017/1/21	2017/1/30	
5	2017/1/31	2017/2/4	2017/1/31	2017/2/4	2017/1/31	
6	2017/2/1	2017/2/18	2017/2/1	2017/2/18	2017/2/1	

图 2.1 "工作制"工作表

用 Excel 设计"日工作安排"工作表,用于设置日工作安排,对应于 2.1.4 节中的数组 WT。图 2.2 中,A~G 列是名称为"A"的日工作安排的设置内容。其中,单元格 A1 用于设置日工作安排的名称,A2~G2 分别设置周一~周日每日的工作时段个数;各列其他行用于设置每日工作时段;以 A 列为例,A3~A8 表示周一的 3 个工作时段分别为 8:00~12:00、13:00~17:00、18:00~22:00。根据需要,还可以向下添加工作时段,向右添加其他日工作安排,如 B、C……

	A	B	C	D	E	F	G
1	A						
2	3	3	3	3	3	1	1
3	8:00	8:00	8:00	8:00	8:00	8:00	8:00
4	12:00	12:00	12:00	12:00	12:00	12:00	12:00
5	13:00	13:00	13:00	13:00	13:00		
6	17:00	17:00	17:00	17:00	17:00		
7	18:00	18:00	18:00	18:00	18:00		
8	22:00	22:00	22:00	22:00	22:00		

图 2.2 "日工作安排"工作表

用 Excel 设计"承包商"工作表,用于为承包商设置工作日历,对应于 2.1.4 节中的数组 E。图 2.3 中,承包商 1 采用的工作制为"X 工作制"、日工作安排为"A";承包商 2 采用的工作制为"Y 工作制"、日工作安排为"B";承包商 3 采用的工作制为"Z 工作制"、日工作安排为"C"。

	A	B	C	D	E
1	承包商号	名称	联系人	工作制	日工作安排
2	1	***	***	X工作制	A
3	2	***	***	Y工作制	B
4	3	***	***	Z工作制	C

图 2.3 "承包商"工作表

2. 基于工作日历的时间推算

在工作日历设计与设置的基础上,用 Excel VBA 设计了 7 个函数实现时间推算,分别是 Isworkday、Nextworkday、Gettp、Forwardwd、Backwd、Getat1 和 Getat2。相关代码见附录 2。

(1) Isworkday 函数

该函数有 2 个参数,md(Date 型)和 wds(String 型),其作用是根据承包商工作制 wds 判断日期 md 是否为其工作日,若是工作日则返回 1,否则返回 0。图 2.4 为该函数流程图。

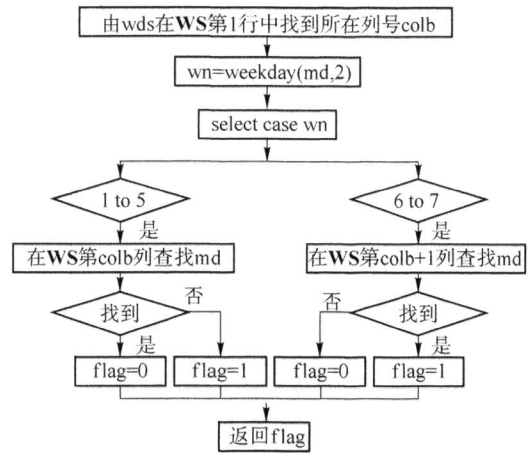

图 2.4 Isworkday 函数流程

(2) Nextworkday 函数

该函数有 3 个参数,md(Date 型)、t(Integer 型)和 wds(String 型),其作用是根据承包商工作制 wds 获得从日期 md 推算 t 天后的工作日,$t>0$ 时为正向推算,$t<0$ 时为反向推算。图 2.5 为该函数流程图。其中,Sgn 为符号函数,当 $t<0$ 时,$Sgn(t)=-1$;当 $t>0$ 时,$Sgn(t)=1$。

(3) Gettp 函数

该函数有 3 个参数,t(Double 型)、colb (Integer 型)、wn(Integer 型),其作用是获得时间 t (时分秒部分)在 colb 起始的日工作安排中第 wn

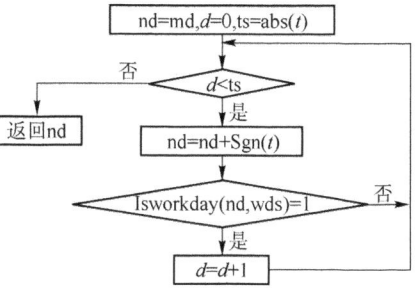

图 2.5 Nextworkday 函数流程

天中所在的位置。其返回值为数组 **TP**,该数组有 2 个元素,**TP**(2)是标志元素,其值为 0 表示时间 t 属于该天第 **TP**(1) 个非工作时段,其值为 1 则表示时间 t 属于该天的第 **TP**(1) 个工作时段。在图 2.6 中,该承包商在该天有 2 个工作时段,8:00~12:00(编号为 1)和 13:00~17:00(编号为 2),它们把时间 0:00~24:00 划分成 5 个时间段,另外 3 个时间段为非工作时段,0:00~8:00(编号为 0)、12:00~13:00(编号为 1)、17:00~24:00(编号为 2)。图 2.7 是该函数流程图。其中,For 循环 Ⅰ 用于判断时间 t 是否属于该天的第 i 个工作时段,若是则令 **TP**(1)=i,**TP**(2)=1,返回 **A**;For 循环 Ⅱ 和 If 语句 Ⅲ 用于判断时间 t 是否属于该天的第 i 个非工作时段,若是则令 **TP**(1)=i,**TP**(2)=0,返回 **TP**。需指出的是,若 If 语句 Ⅲ 的条件不成立,则表明时间 t 不属于 1~wtn 的工作时段,也不属于 1~wtn 的非工作时段,则 t 只能属于第 0 个非工作时段,此时返回的 **TP** 是其初始值 **TP**(1)=0,**TP**(2)=0 正好符合要求。

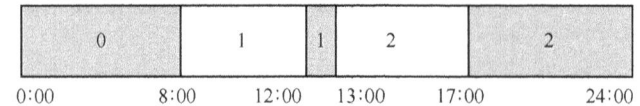

图 2.6 某承包商某天的工作时段与非工作时段示意图

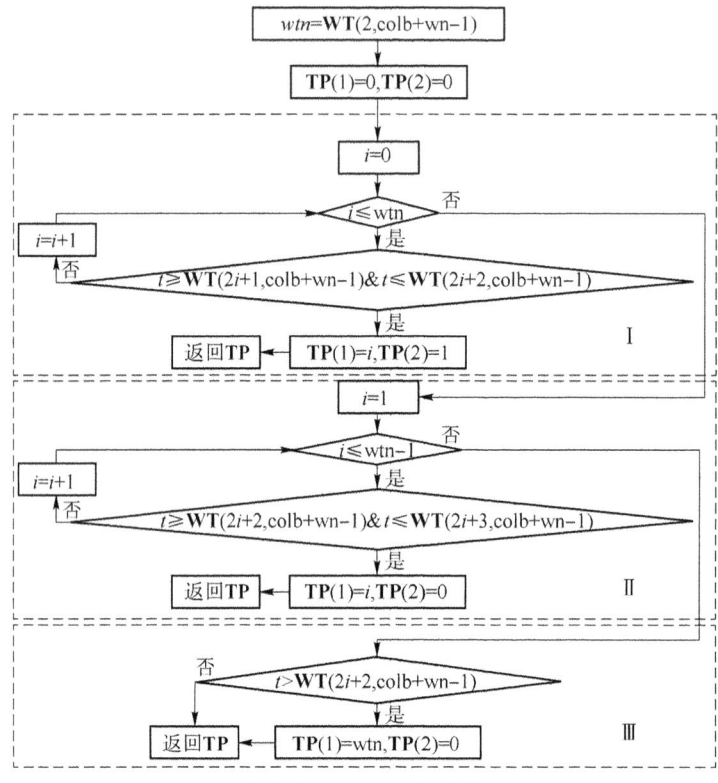

图 2.7 Gettp 函数流程

(4) Forwardwd 函数

该函数有 3 个参数,mdt(Date 型)、t(Double 型)和 cbs(Integer 型),其作用是根据承包商 cbs 的工作日历获得从某个工作时刻 mdt 正向推算 t 小时后的工作时刻。正向推算示意图如图 2.8 所示,该函数流程如图 2.9 所示。

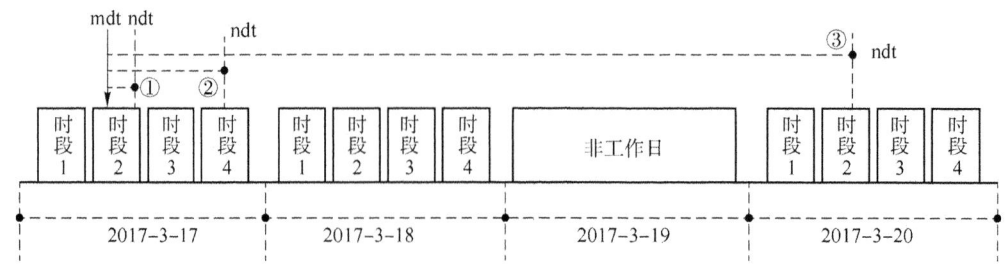

图 2.8 正向推算示意图

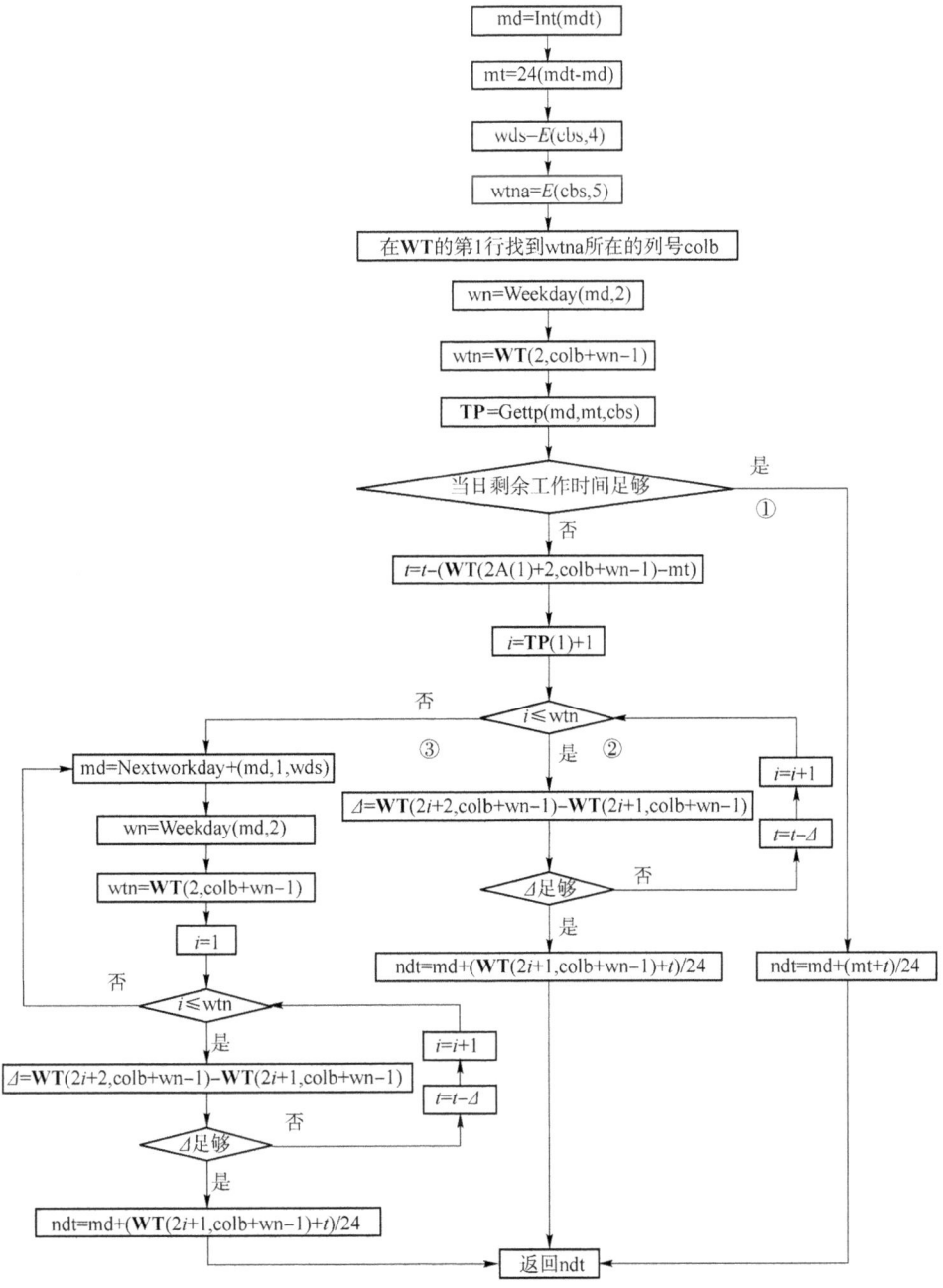

图 2.9 Forwardwd 函数流程

(5) Backwd 函数

该函数有 3 个参数，mdt(Date 型)、t(Double 型)和 cbs(Integer 型)，其作用是根据承包商 cbs 的工作日历获得从某个工作时刻 mdt 反向推算 t 小时后的工作时刻。Backwd 函数与 Forwardwd 函数推算原理及流程图相似，在此不再赘述。

(6) Getat1 函数

该函数有 2 个参数，mdt(Date 型)和 cbs(Integer 型)，其作用是根据承包商 cbs 的工作日历获得从某个时刻 mdt 正向推算得到的最早工作时刻。推算示意图如图 2.10 所示,函数流程如图 2.11 所示。

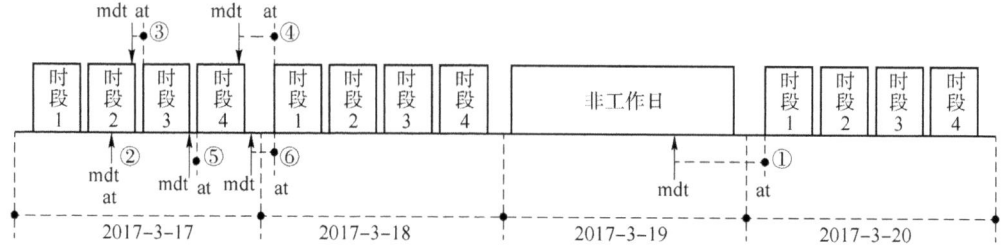

图 2.10 获取最早工作时刻示意图

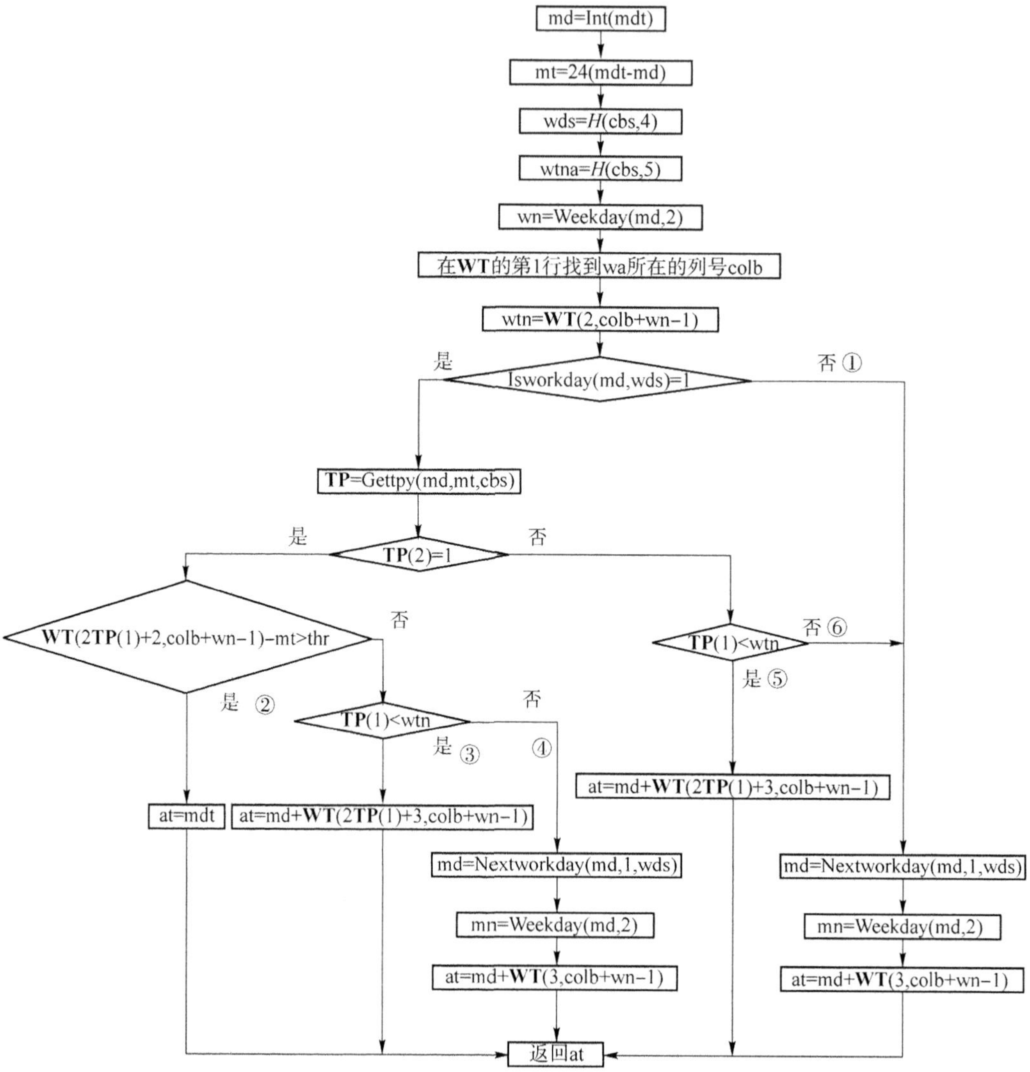

图 2.11 函数 Getat1 流程

(7) Getat2 函数

该函数有 2 个参数，mdt(Date 型)和 cbs(Integer 型)，其作用是根据承包商 cbs 的工作日历获得从某个时刻 mdt 反向推算得到的最早工作时刻。其基本原理与 Getat1 类似，在此不再赘述。

2.1.4　NSGA II 算法设计

1. 类型、全局变量及数组定义

根据算法需要，定义了如图 2.12 所示的自定义类型 chm 及表 2.2 所示的全局变量及数组。其中，chm.F 为 n 个元素的一维数组，代表个体编码，其各元素值对应任务 $1 \sim n$ 被指派的承包商号。

$$\text{chm} \begin{cases} F()\text{（Integer，各任务被指派的承包商号数组，即个体编码）} \\ O()\text{（Double，个体目标值数组）} \\ ra\text{（Integer，个体前沿值）} \\ cd\text{（Double，个体拥挤度值）} \end{cases}$$

图 2.12　自定义类型

表 2.2　变量及数组定义

名称	含义	类型
n	任务数	输入参数
m	承包商数	输入参数
bt	项目起始时刻	输入参数
WS()	工作制数组	输入参数
WT()	日工作安排数组	输入参数
$T()$	任务时间数组	输入参数
$C()$	任务成本数组	输入参数
NS()	网络计划表数组	输入参数
$E()$	承包商数组	输入参数
thr_1	任务开工阈值	输入参数
thr_2	任务停工阈值	输入参数
ps	种群规模	输入参数
pc	交叉率	输入参数
pm	变异率	输入参数
cr	交叉比例	输入参数
mr	变异比例	输入参数
tn	优化目标数	输入参数
mgen	最大进化代数	输入参数
$F()$	Pareto 解对应指派数组	输出参数

其中，T、C 为 $n\times(m+1)$ 的数组，分别用于存储任务时间和任务成本，NS 为 $n\times 4$ 的数组，用于存储项目网络计划表，E 为 $m\times 5$ 的数组，用于存储 m 个承包商工作日历。

2. 工作表设计

根据算法需要，设计了"网络计划表""任务时间""任务成本""其他参数""Pareto 解集""指派表"等工作表。在此对其中的主要工作表"网络计划表""任务时间""任务成本""Pareto 解集""指派表"进行说明。

（1）工作表"网络计划表"设计

如图 2.13 所示，该工作表用于设置项目任务的基本信息，将项目网络计划图以表的形式存储，作为算法输入数据之一。该工作表包括 4 列数据，分别为任务代码、任务名称、紧前任务、紧前任务数。对于任务代码，按照工程项目任务的编码规则从上往下排列，可以用数字也可以用字符；对于紧前任务，若某任务没有紧前任务则置空，否则以指定的分隔符将紧前任务代码进行分隔，本节指定的分隔符为半角的逗号；对于紧前任务数，用自定义函数 Noofbina 根据紧前任务中逗号的数量统计得到。

	A	B	C	D
1	任务代码	任务名称	紧前任务	紧前任务数
2				
3				
4				
5				

图 2.13 "网络计划表"工作表

（2）工作表"任务时间"设计

如图 2.14 所示，该工作表用于设置各任务由不同承包商执行的任务时间，单位：h，从上到下依次对应任务 $1\sim n$ 的代码，从左到右依次对应承包商号 $1\sim m$，若某任务 i 不能由承包商 j 执行，则将其对应的时间置为空。

	A	B	C	D	E	F	G	H
1	承包商号 / 任务代码	1	2	3	4	5	...	m
2	01							
3	02							
4	03							
5	04							

图 2.14 "任务时间"工作表

（3）工作表"任务成本"设计

如图 2.15 所示，该工作表用于设置各任务代码由不同承包商执行的任务成本，单位：万元。若某任务 i 不能由承包商 j 执行，则将其对应的成本置为空。

	A	B	C	D	E	F	G	H
1	承包商号 / 任务代码	1	2	3	4	5	...	m
2	01							
3	02							
4	03							
5	04							

图 2.15 "任务成本"工作表

（4）工作表"Pareto 解集"设计

该工作表用于输出最后一代 Pareto 解集,当决策人员双击某一个 Pareto 解时会自动输出对应的 Pareto 解到工作表"指派表"。该工作表结构如图 2.16 所示,从左到右依次为 Pareto 解的序号、两个优化目标(项目工期、项目成本)、个体前沿值 ra 及按顺序排列的各任务被指派的承包商号。

	A	B	C	D	E	F	G	H	I	J	K
1	方案号	项目工期	项目成本	ra	1	2	3	4	5	…	…
2											
3											
4											

图 2.16 "Pareto 解集"工作表

（5）工作表"指派表"设计

该工作表用于存储决策人员双击选择的 Pareto 解对应的指派表,其结构如图 2.17 所示。

	A	B	C	D	E	F	G	H	I	J	K	L	M	N	O	P
1	序号	任务代码	任务名称	承包商号	承包商名称	工作制	任务时间	任务成本	紧前任务	紧前任务数	最早开工时刻	最早完工时刻	最迟开工时刻	最迟完工时刻	时差	关键标志
2																
3																
4																

图 2.17 "指派表"工作表

3. 获取参数

从工作表"网络计划表""承包商""任务时间""任务成本""工作制""日工作安排"中读取数据分别赋给数组 N、E、T、C、WS、WT;从工作表"其他参数"中读取数据赋给表 2.2 中的其他输入参数。

4. 编码方式

由 2.1.2 节构建的数学优化模型可见,决策变量 X 为 $n \times m$ 的数组,其元素为二进制 0 或 1。若编码也采用这种方式,则存在两个方面的问题:一是编码较长,计算效率低;二是交叉、变异算子设计复杂。根据本节优化模型的特点,可采用整数编码方式取代二进制编码方式。式(2.11)中个体的属性 F(数组)即为该个体的一种编码,表示任务 $1 \sim n$ 依次被指派给承包商号为 2、3、1、3、2、4、5、6…的承包商。

$$CHR(i).F = (2\ 3\ 1\ 3\ 2\ 4\ 5\ 6\cdots) \tag{2.11}$$

5. 种群初始化

按照图 2.18 所示的流程产生规模为 ps 的初始随机种群 **PPOP**。对于该流程,需说明以下几点:①对象数组 **PPOP** 元素个数为 ps,元素类型为 chm,用于存储 ps 个个体;②数组 F 元素个数为 n,元素数型为 Integer,用于存储任务 $1 \sim n$ 被指派的承包商号;③判断任务 i 是否可指派给承包商 k 的方法是判断任务时间 $T(i,k+1)$ 或任务成本 $C(i,k+1)$ 是否为空值,若为空值表示任务 i 不能指派给承包商 k,反之任务 i 可以指派给承包商 k。可见,通过 While 循环保证数组 F 的每个元素是可行承包商号,从而保证数组 F 是可行的,进而保证个体 ch 是可行的,最终保证初始种群 **PPOP** 的所有个体均是可行个体。

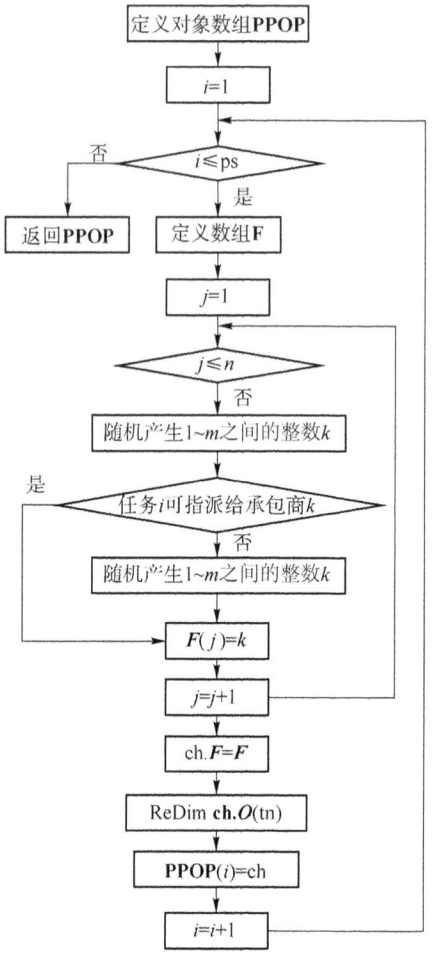

图 2.18　种群初始化流程

6. 交叉操作

根据个体编码方式的特点,交叉操作采用"两点交叉"方式。由于交叉前个体可行,交换两点间的基因片段后仍能保证新个体可行。具体方法如下:产生两个不相等的 $1\sim n$ 的随机整数 k_1、k_2,若 $k_2<k_1$ 则彼此交换使 $k_1<k_2$,然后对换父代个体属性 F 的 $k_1\sim k_2$ 的基因片段,然后对得到的子代个体进行解码,将得到的 2 个子代个体通过对象数组 OFF 返回。如式(2.12)所示的两个父代个体 p_1、p_2,若交叉点分别为 3、5,则交叉后的 2 个子代个体如式(2.13)所示。

$$p_1.\mathbf{F}=(2\ 1\ 2\ 2\ 1\ 3\ 1\ 3)$$
$$p_2.\mathbf{F}=(1\ 1\ 3\ 4\ 2\ 4\ 2\ 1) \tag{2.12}$$
$$\mathbf{OFF}(1).\mathbf{F}=(2\ 1\ 3\ 4\ 2\ 3\ 1\ 3)$$
$$\mathbf{OFF}(2).\mathbf{F}=(1\ 1\ 2\ 2\ 1\ 4\ 2\ 1) \tag{2.13}$$

7. 变异操作

根据个体编码方式的特点,变异操作采用"单点变异"方式。具体方法如下:产生 1 个 $1\sim n$ 的随机整数 mp 作为变异点,再产生 $1\sim m$ 的随机整数 k 作为新的承包商号,判断任务 i 是否可指派给承包商 k,若不能($T(i,k+1)=$""或 $C(i,k+1)=$""),若不能指派,则重新产

生 k 直到可行为止，用 k 取代基因座 mp 的基因值，对子代个体解码，返回子代个体。如式(2.14)所示的父代个体 p，若变异点 mp＝3，假设产生的可行承包商号 $k=5$，则变异后的新个体如式(2.15)所示。

$$p.\boldsymbol{F} = (2\ 1\ 3\ 4\ 2\ 3\ 1\ 3) \tag{2.14}$$
$$ch.\boldsymbol{F} = (2\ 1\ 5\ 4\ 2\ 3\ 1\ 3) \tag{2.15}$$

8. 解码操作

解码操作是本节算法的重点，其作用是由个体编码（数组 $\boldsymbol{F}$）获取个体两个目标值：ch.$\boldsymbol{O}$(1)和 ch.$\boldsymbol{O}$(2)。解码操作的流程如图 2.19 所示。首先，根据 ch.$\boldsymbol{F}$ 采用正向顺推函数 Forcalc 获得指派矩阵 $\boldsymbol{R}$(1～8列)；其次，采用自定义函数 Getcycle 根据 $\boldsymbol{R}$ 第 7、8 列获得项目工期赋给变量 cycle；再次，采用自定义函数 Getcost 根据 $\boldsymbol{R}$ 第 4 列获得项目成本赋给变量 cost；然后，分别将 cycle、cost 赋给 ch.$\boldsymbol{O}$(1)、ch.$\boldsymbol{O}$(2)；最后，返回解码后的对象 ch。

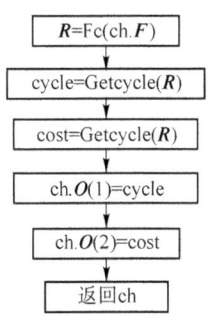

图 2.19 解码操作流程

函数 Forcalc 的作用是根据任务指派数组 ch.$\boldsymbol{F}$ 按照关键路径法正向推算法则进行正向推算得到数组 $\boldsymbol{R}$ 的 1～8 列，其流程如图 2.20 所示，具体代码见附录 3。自定义函数 Getcycle 用于根据 $\boldsymbol{R}$ 求得项目工期，具体代码见附录 4。自定义函数 Getcost 用于根据 $\boldsymbol{R}$ 求得项目成本，具体代码见附录 5。

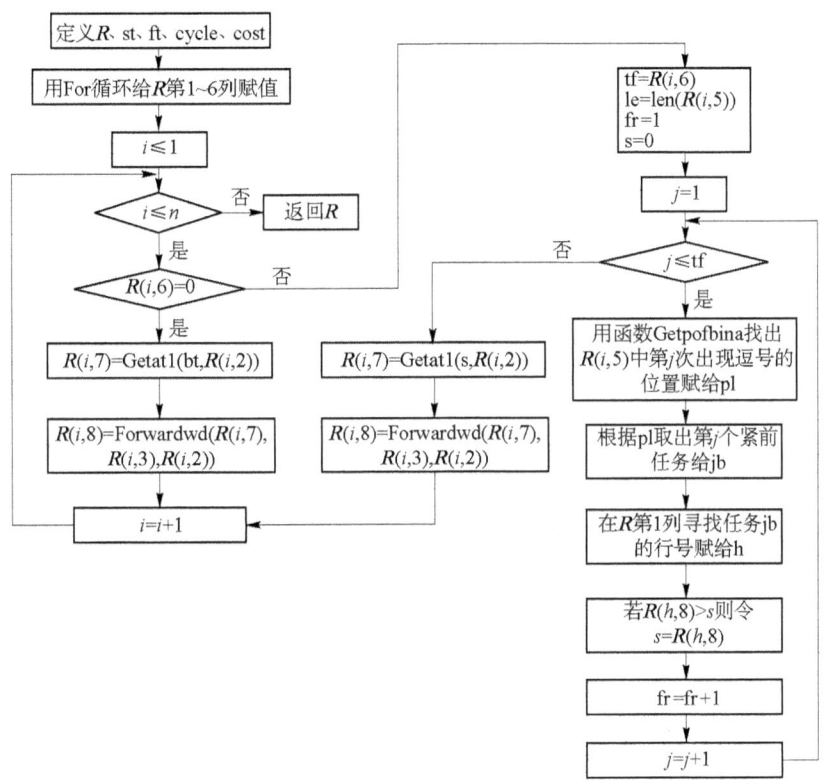

图 2.20 Forcalc 函数流程

图 2.20 中，数组 $\boldsymbol{R}$ 第 3 列为任务时间，由函数 Getjt 获取。该函数有 2 个参数即 jb

(String)、cbs(Integer),其作用是在任务时间数组 T 中查出并返回代码为 jb 的任务由承包商 cbs 执行的时间,具体代码见附录 6。数组 R 第 4 列为任务成本,由函数 Getjc 获取。该函数有 2 个参数即 jb(String)、cbs(Integer),其作用是在任务成本数组 C 中查出并返回代码为 jb 的任务由承包商 cbs 执行的成本,具体代码见附录 7。函数 Getpofbina 有 3 个参数即 a(String)、b(String)、c(Integer),其作用是返回非空字符串 a 中第 k 次出现字符串 b 的位置,若没有找到,则返回字符串 a 的长度,具体代码见附录 8。

9. 输出指派表

此步是本节算法输出的进一步拓展,利用前面的步骤已经能进行进化计算得到 Pareto 解集及各解对应的指派数组,但是尚未得到具体的指派表。作为决策人员,对于某个 Pareto 解,除了要得到指派数组(各任务对应的承包商号),还希望得到各任务的具体执行信息,如最早开工时刻、最早完工时刻、最迟开工时刻、最迟完工时刻及关键任务等。

具体步骤如下:

第一步,根据决策人员在工作表"Pareto 解集"中双击的 Pareto 解所在的行号,读取各任务被指派的承包商号赋给指派数组 F;

第二步,根据指派数组 F 采用函数 Forcalc 进行正向推算得到数组 R 的第 1~8 列;

第三步,根据数组 R 采用函数 Backcalc 进行逆向推算得到 R 的 9~12 列,依次是任务最迟开工时刻、任务最迟完工时刻、时差(单位:h)、关键任务标志(若为关键任务则置符号"*",否则置空);

第四步,将数组 R 输出到工作表"指派表"。

第五步,将各任务的人力占用量输出到工作表"指派表"的最后一列(第 18 列)。其中,函数 Backcalc 的流程如图 2.21 所示,具体代码见附录 9。

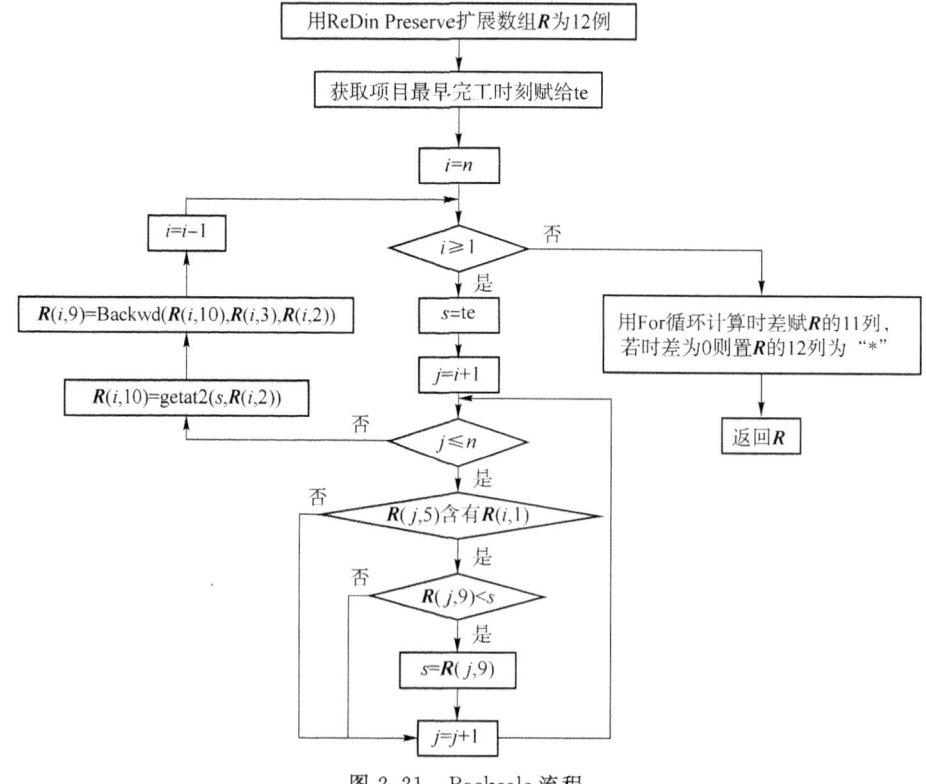

图 2.21 Backcalc 流程

2.1.5 案例分析

某大型工程项目共有 26 项任务,要将其指派给 7 个承包商,使得项目工期最短、项目成本最低。该工程项目网络计划图如图 2.22 所示(图中虚线箭头表示虚拟任务)。

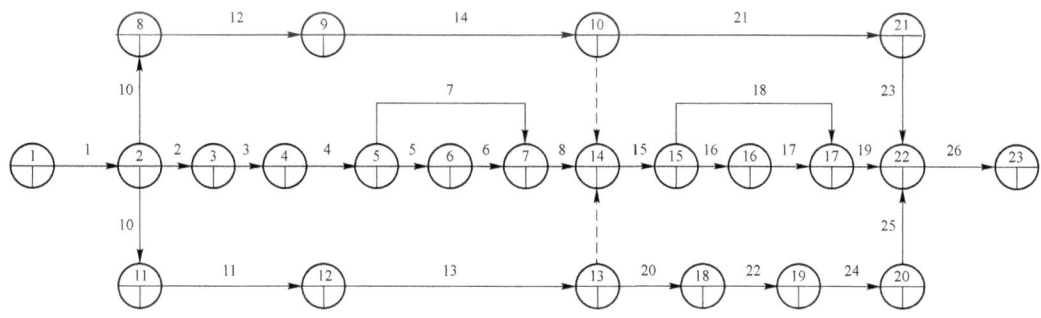

图 2.22 工程项目网络计划图

1. 参数设置

将图 2.22 所示网络计划图转化为网络计划表存于工作表"网络计划表"中,转化后的网络计划表如表 2.3 所示;将表 2.4 所示的任务时间数据存入工作表"任务时间"中;将表 2.5 所示的任务成本存入工作表"任务成本"中;在工作表"其他参数"中对其他参数进行设置,具体设置如表 2.6 所示。承包商采用的工作制有 3 个,分别为"X 工作制""Y 工作制"和"Z 工作制",在工作表"工作制"中进行设置,具体设置如图 2.23 所示。承包商采用的日工作安排有 4 个,分别是"A""B""C""D",在工作表"日工作安排"中进行设置,具体设置如图 2.24 所示。在"承包商"工作表中为各承包商设置工作日历,具体设置如表 2.7 所示。

表 2.3 网络计划表

任务代码	任务名称	紧前任务	紧前任务数
1	J1		0
2	J2	01	1
3	J3	02	1
4	J4	03	1
5	J5	04	1
6	J6	05	1
7	J7	04	1
8	J8	06、07	2
9	J9	01	1
10	J10	01	1
11	J11	09	1
12	J12	10	1
13	J13	11	1
14	J14	12	1

续 表

任务代码	任务名称	紧前任务	紧前任务数
15	J15	08、13、14	3
16	J16	15	1
17	J17	16	1
18	J18	15	1
19	J19	17、18	2
20	J20	13	1
21	J21	14	1
22	J22	20	1
23	J23	21	1
24	J24	22	1
25	J25	24	1
26	J26	19、23、25	3

表 2.4 任务时间　　　　　　　　　　　　　　单位:h

任务代码	承包商号						
	1	2	3	4	5	6	7
1			143	138	124	145	106
2		127	142	147	146	131	139
3		106	103	102	82	101	104
4		123	132	133	127	138	128
5	100	98	87	72	92	95	78
6	111	107	97		91		114
7	94	100	110		100		92
8	127	103	129	126	107	116	103
9	136	122	143	144		122	
10	89	82	80	70		97	
11	83	105	85		86		87
12	73	100	84		85		82
13	119	110	128	112		121	
14	82	100	83	72		76	
15	83	89	109		88		85
16	128	115	129		143		147
17	101			99	120	116	92
18	103			104	104	106	94
19	76	85	93			86	76
20	107	101	89			112	123

续 表

任务代码	承包商号						
	1	2	3	4	5	6	7
21	119	111	117	113	115		
22	128	94	128	100	120		
23		94	79		73	82	94
24		92	86		108	108	90
25	125		116	127		123	116
26	90		95	87		86	90

表 2.5 任务成本　　　　　　　　　　　　　　　　单位:万元

任务代码	承包商号						
	1	2	3	4	5	6	7
1			670	920	980	900	800
2		790	550	600	830	580	700
3		980	520	960	990	700	800
4		960	830	750	880	700	800
5	610	670	640	760	510	600	700
6	960	560	680		540		500
7	780	670	730		820		750
8	870	700	900	730	780	730	700
9	600	560	770	680		800	
10	780	820	970	650		700	
11	650	600	580		560		600
12	610	670	640		510		450
13	960	560	680	540		600	
14	780	670	730	820		760	
15	870	700	900		730		780
16	600	560	770		680		600
17	780			650	700	600	750
18	650			600	560	550	660
19	610	670	640			760	510
20	960	560	680			600	540
21	780	670	730	750	820		
22	870	700	900	730	780		
23		560	770		680	650	600
24		820	970		650	670	600
25	650		580	600		600	560
26	870		900	730		700	780

表 2.6 其他参数

参数	值	参数	值
n	26	pc	0.7
m	7	pm	0.1
bt	2020/3/2 8:00:00	cr	0.7
thr_1	0.001	mr	0.3
thr_2	0.001	tn	2
ps	50	mgen	300

	A	B	C	D	E	F
1	X工作制		Y工作制		Z工作制	
2	2020/1/1	2020/1/4	2020/1/1	2020/1/4	2020/1/1	2020/1/19
3	2020/1/24	2020/1/5	2020/1/24	2020/1/11	2020/1/24	2020/4/26
4	2020/1/27	2020/1/11	2020/1/27	2020/1/18	2020/1/27	2020/5/9
5	2020/1/28	2020/1/12	2020/1/28	2020/1/19	2020/1/28	2020/6/28
6	2020/1/29	2020/1/18	2020/1/29	2020/2/8	2020/1/29	2020/9/27
7	2020/1/30	2020/1/19	2020/1/30	2020/2/15	2020/1/30	2020/10/10
8	2020/1/31	2020/2/8	2020/1/31	2020/2/22	2020/1/31	
9	2020/4/6	2020/2/9	2020/4/6	2020/2/29	2020/4/6	
10	2020/5/1	2020/2/15	2020/5/1	2020/3/7	2020/5/1	
11	2020/5/4	2020/2/16	2020/5/4	2020/3/14	2020/5/4	
12	2020/5/5	2020/2/22	2020/5/5	2020/3/21	2020/5/5	
13	2020/6/25	2020/2/23	2020/6/25	2020/3/28	2020/6/25	
14	2020/6/26	2020/2/29	2020/6/26	2020/4/11	2020/6/26	
15	2020/10/1	2020/3/1	2020/10/1	2020/4/18	2020/10/1	
16	2020/10/2	2020/3/7	2020/10/2	2020/4/25	2020/10/2	
17	2020/10/5	2020/3/8	2020/10/5	2020/4/26	2020/10/5	
18	2020/10/6	2020/3/14	2020/10/6	2020/5/9	2020/10/6	
19	2020/10/7	2020/3/15	2020/10/7	2020/5/16	2020/10/7	
20	2020/10/8	2020/3/21	2020/10/8	2020/5/23	2020/10/8	
21		2020/3/22		2020/5/30		
22		2020/3/28		2020/6/6		
23		...		...		
24		2020/4/18		2020/7/4		
25		2020/4/19		2020/7/11		
26		...		...		
27		2020/7/19		2020/12/19		
28		2020/7/25		2020/12/26		
29		...				
30		2020/12/27				
31		2017/12/31				

图 2.23 "工作制"设置

	A	B	C	D	E	F	G	H	I	J	K	L	M	N	O	P	Q	R	S	T	U	V	W	X	Y	Z	AA	AB
1	A								B								C							D				
2	2	2	2	2	2	2	2	2	2	2	2	2	2	2	2	2	2	2	2	2	2	2	2	2	2	2	2	2
3	8:00	8:00	8:00	8:00	8:00	8:00	8:00	8:00	9:00	9:00	9:00	9:00	9:00	9:00	9:00	9:00	8:00	8:00	8:00	8:00	8:00	8:00	8:00	8:30	8:30	8:30	8:30	8:30
4	12:00	12:00	12:00	12:00	12:00	12:00	12:00	12:00	13:00	13:00	13:00	13:00	13:00	13:00	13:00	13:00	12:00	12:00	12:00	12:00	12:00	12:00	12:00	12:30	12:30	12:30	12:30	12:30
5	13:00	13:00	13:00	13:00	13:00	13:00	13:00	13:00	14:00	14:00	14:00	14:00	14:00	14:00	14:00	14:00	15:00	15:00	15:00	15:00	15:00	15:00	15:00	14:30	14:30	14:30	14:30	14:30
6	17:00	17:00	17:00	17:00	17:00	17:00	17:00	17:00	18:00	18:00	18:00	18:00	18:00	18:00	18:00	18:00	19:00	19:00	19:00	19:00	19:00	19:00	19:00	18:30	18:30	18:30	18:30	18:30

图 2.24 "日工作安排"设置

表 2.7 承包商

承包商号	名称	联系人	工作制	日工作安排
1	A 承包商	* * *	Z 工作制	A
2	B 承包商	* * *	Y 工作制	B
3	C 承包商	* * *	Y 工作制	A
4	D 承包商	* * *	Z 工作制	C
5	E 承包商	* * *	X 工作制	A
6	F 承包商	* * *	Z 工作制	D
7	G 承包商	* * *	X 工作制	A

2. 计算分析

利用 NSGA II 算法独立运行 20 次,均能得到基本相同且均匀的 Parteo 解集,表明收敛效果较好。表 2.8 和图 2.25 是某次进化计算得到的 Pareto 解集(相同的 Pareto 解仅保留 1 个)。

表 2.8 Pareto 解集

序号	项目工期	项目成本	ra	1	2	3	⋯	24	25	26
1	162.29	16 650.00	1	7	7	5	⋯	7	7	7
2	166.13	16 310.00	1	7	7	3	⋯	7	7	7
3	166.17	16 230.00	1	7	7	3	⋯	7	7	7
4	166.29	16 180.00	1	7	7	3	⋯	7	7	7
5	168.29	16 150.00	1	7	7	3	⋯	7	7	7
6	170.08	16 100.00	1	7	7	3	⋯	7	7	6
7	170.25	16 080.00	1	7	3	3	⋯	7	7	7
8	170.38	16 030.00	1	7	3	3	⋯	7	7	7
9	173.04	16 000.00	1	7	3	3	⋯	7	7	7
10	174.17	15 980.00	1	7	3	3	⋯	7	7	7
11	175.35	15 950.00	1	7	3	3	⋯	7	7	6
12	176.08	15 930.00	1	7	3	3	⋯	7	7	7
13	176.17	15 920.00	1	7	3	3	⋯	7	7	6
14	176.29	15 900.00	1	3	3	3	⋯	7	7	7
15	177.38	15 870.00	1	3	3	3	⋯	7	7	7
16	179.29	15 850.00	1	7	3	3	⋯	7	7	6
17	181.17	15 820.00	1	3	3	3	⋯	7	7	7
18	182.35	15 790.00	1	3	3	3	⋯	7	7	6
19	183.29	15 770.00	1	3	3	3	⋯	7	7	6
20	184.42	15 740.00	1	3	3	3	⋯	7	7	6

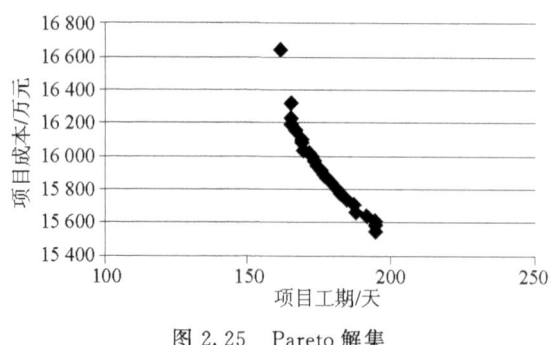

图 2.25 Pareto 解集

表 2.8 中的各 Pareto 解在项目工期、项目成本两个优化目标上各有所长。例如方案 1 对应项目工期最短,但项目成本相对最高;方案 3 对应项目成本最低,但项目工期最长;其他 Pareto 解的项目成本和项目工期居中。该 Pareto 解集为决策人员提供了决策支持。

在工作表"Pareto 解集"中双击某个 Pareto 解所在行,可得到该 Pareto 解的指派表(存于工作表"指派表"中)。表 2.9 是方案 14 对应的指派表。在工作表"指派表"中,双击"甘特图"单元格,可得到该指派表对应的甘特图,如图 2.26 所示。

图 2.26 中,带 E 标识符的方框表示任务最早开工时刻与完工时刻之间的时间段;带 L 标识符的方框表示任务最迟开工时刻与最迟完工时刻之间的时间段;带 K 标识符的方框表示关键任务(时差为 0)的最早开工时刻与最早完工时刻之间的时间段或最迟开工时刻与最迟完工时刻之间的时间段。

图 2.26 左上角第 1 个方框中"1,3 2020/3/2 8:00:00－2020/3/21 16:10:00"表示任务 1 被指派给承包商 3,最早开工时刻为 2020/3/2 8:00:00,最早完工时刻为 2020/3/21 16:00:00。由表 2.7 可知承包商 3 采用 Y 工作制,日工作时间为 8 h,每日工作时段有 2 个,分别是 8:00～12:00、13:00～17:00。由表 2.4 或表 2.9 可知,任务 1 由承包商 3 执行的时间为 143 h,而 2020/3/2 8:00:00－2020/3/21 16:00:00 之间的日历时间为 464 h,由承包商 3 的工作日历可知,2020/3/2 8:00:00－2020/3/21 16:00:00 之间的工作时间正好为 143 h。从表 2.9 可以看出,任务 1 的最早开工时刻和早迟开工时刻相等、最早完工时刻和最迟完工时刻也相等,其时差为 0,故该任务是关键任务,为便于进行重点控制,用 K 标识符对其进行标识。

从表 2.9 可见,方案 14 的指派方案中体现了"能者多劳"的特点,即在任务时间、成本方面具有优势的承包商可能被指派较多的任务,如承包商 7 被指派了 9 项任务,而在任务时间、成本方面不具优势的承包商可能被指派较少的任务,如承包商 6 仅被指派了 1 项任务,而承包商 1 没有被指派任何任务。

3. 赶工

若项目需要赶工,可修改承包商的工作日历。由于工作日历是工作制和日工作安排的合称,因此可有三种赶工方式:仅修改日工作安排(增加每日工作时间)、仅修改工作制(利用休息日期赶工)、既修改日工作安排又修改工作制。

(1) 仅修改日工作安排

对图 2.24 所示的日工作安排进行修改,每日各增加 1 个工作时段 0:00:00～8:00:00,修改后的"日工作安排"结果如图 2.27 所示。

表 2.9 方案 14 对应指派表

序号	任务代码	任务名称	承包商号	承包商名称	工作制	任务时间	任务成本	紧前任务	紧前任务数	最早开工时刻	最早完工时刻	最迟开工时刻	最迟完工时刻	时差	关键标志
1	1	J1	3	C承包商	Y工作制	143	670		0	2020/3/2 8:00:00	2020/3/21 16:00:00	2020/3/2 8:00:00	2020/3/21 16:00:00	0.0	*
2	2	J2	3	C承包商	Y工作制	142	550	1	1	2020/3/21 16:00:00	2020/4/14 14:00:00	2020/3/21 16:00:00	2020/4/14 14:00:00	0.0	*
3	3	J3	3	C承包商	Y工作制	103	520	2	1	2020/4/14 14:00:00	2020/4/28 12:00:00	2020/4/14 14:00:00	2020/4/28 12:00:00	0.0	*
4	4	J4	7	G承包商	X工作制	128	800	3	1	2020/4/28 13:00:00	2020/5/19 12:00:00	2020/4/28 13:00:00	2020/5/19 12:00:00	0.0	*
5	5	J5	5	E承包商	X工作制	92	510	4	1	2020/5/19 13:00:00	2020/5/30 17:00:00	2020/5/19 13:00:00	2020/5/30 17:00:00	0.0	*
6	6	J6	5	E承包商	X工作制	91	540	5	1	2020/5/31 8:00:00	2020/6/11 11:00:00	2020/5/31 8:00:00	2020/6/11 11:00:00	0.0	*
7	7	J7	2	B承包商	Y工作制	100	670	4	1	2020/5/19 12:00:00	2020/6/2 17:00:00	2020/5/27 16:00:00	2020/6/11 11:00:00	196.0	
8	8	J8	2	B承包商	X工作制	103	700	6,7	2	2020/6/11 11:00:00	2020/6/24 10:00:00	2020/6/11 11:00:00	2020/6/24 10:00:00	0.0	*
9	9	J9	2	B承包商	Y工作制	122	560	1	1	2020/3/21 16:00:00	2020/4/11 9:00:00	2020/4/25 17:00:00	2020/5/18 10:00:00	841.0	
10	10	J10	4	D承包商	Y工作制	70	650	4	1	2020/3/23 8:00:00	2020/4/2 17:00:00	2020/5/19 10:00:00	2020/5/29 19:00:00	1 370.0	
11	11	J11	5	E承包商	X工作制	86	560	9	1	2020/4/11 9:00:00	2020/4/21 16:00:00	2020/5/18 10:00:00	2020/5/28 17:00:00	889.0	
12	12	J12	7	G承包商	X工作制	82	450	10	1	2020/4/3 8:00:00	2020/4/16 10:00:00	2020/5/30 13:00:00	2020/6/9 15:00:00	1 373.0	
13	13	J13	4	D承包商	Z工作制	112	540	11	1	2020/4/21 16:00:00	2020/5/12 16:00:00	2020/5/29 8:00:00	2020/6/17 19:00:00	904.0	
14	14	J14	2	B承包商	Y工作制	100	670	12	1	2020/4/16 9:00:00	2020/4/29 15:00:00	2020/6/9 15:00:00	2020/6/24 10:00:00	1 301.0	
15	15	J15	5	E承包商	X工作制	88	730	8,13,14	3	2020/6/24 10:00:00	2020/7/8 10:00:00	2020/6/24 10:00:00	2020/7/8 10:00:00	0.0	*
16	16	J16	2	B承包商	Y工作制	115	560	15	1	2020/7/8 10:00:00	2020/7/24 13:00:00	2020/7/8 10:00:00	2020/7/24 13:00:00	0.0	*
17	17	J17	7	G承包商	X工作制	92	750	16	1	2020/7/24 13:00:00	2020/8/4 17:00:00	2020/7/24 13:00:00	2020/8/4 17:00:00	0.0	*
18	18	J18	6	F承包商	Z工作制	106	550	15	1	2020/7/8 10:00:00	2020/7/27 12:00:00	2020/7/16 16:30:00	2020/8/4 18:30:00	198.5	
19	19	J19	7	G承包商	Y工作制	76	510	17,18	2	2020/8/5 8:00:00	2020/8/14 18:00:00	2020/8/5 8:00:00	2020/8/14 18:00:00	0.0	*
20	20	J20	7	G承包商	X工作制	123	540	13	1	2020/5/12 16:00:00	2020/5/28 13:00:00	2020/6/18 8:00:00	2020/7/6 11:00:00	880.0	
21	21	J21	2	B承包商	Y工作制	111	670	14	1	2020/4/29 15:00:00	2020/5/20 13:00:00	2020/7/15 17:00:00	2020/7/31 16:00:00	1 850.0	
22	22	J22	2	B承包商	Y工作制	94	700	20	1	2020/5/28 10:00:00	2020/6/10 17:00:00	2020/7/6 11:00:00	2020/7/18 18:00:00	937.0	
23	23	J23	2	B承包商	Y工作制	94	560	21	1	2020/5/20 14:00:00	2020/6/3 11:00:00	2020/7/31 16:00:00	2020/8/14 13:00:00	1 730.0	
24	24	J24	7	G承包商	X工作制	90	600	22	1	2020/6/11 8:00:00	2020/6/22 15:00:00	2020/7/19 15:00:00	2020/7/30 17:00:00	919.0	
25	25	J25	7	G承包商	X工作制	116	560	24	1	2020/6/22 15:00:00	2020/7/9 15:00:00	2020/7/31 15:00:00	2020/8/14 12:00:00	934.0	
26	26	J26	7	G承包商	X工作制	90	780	19,23,25	3	2020/8/14 13:00:00	2020/8/25 15:00:00	2020/8/14 13:00:00	2020/8/25 15:00:00	0.0	*

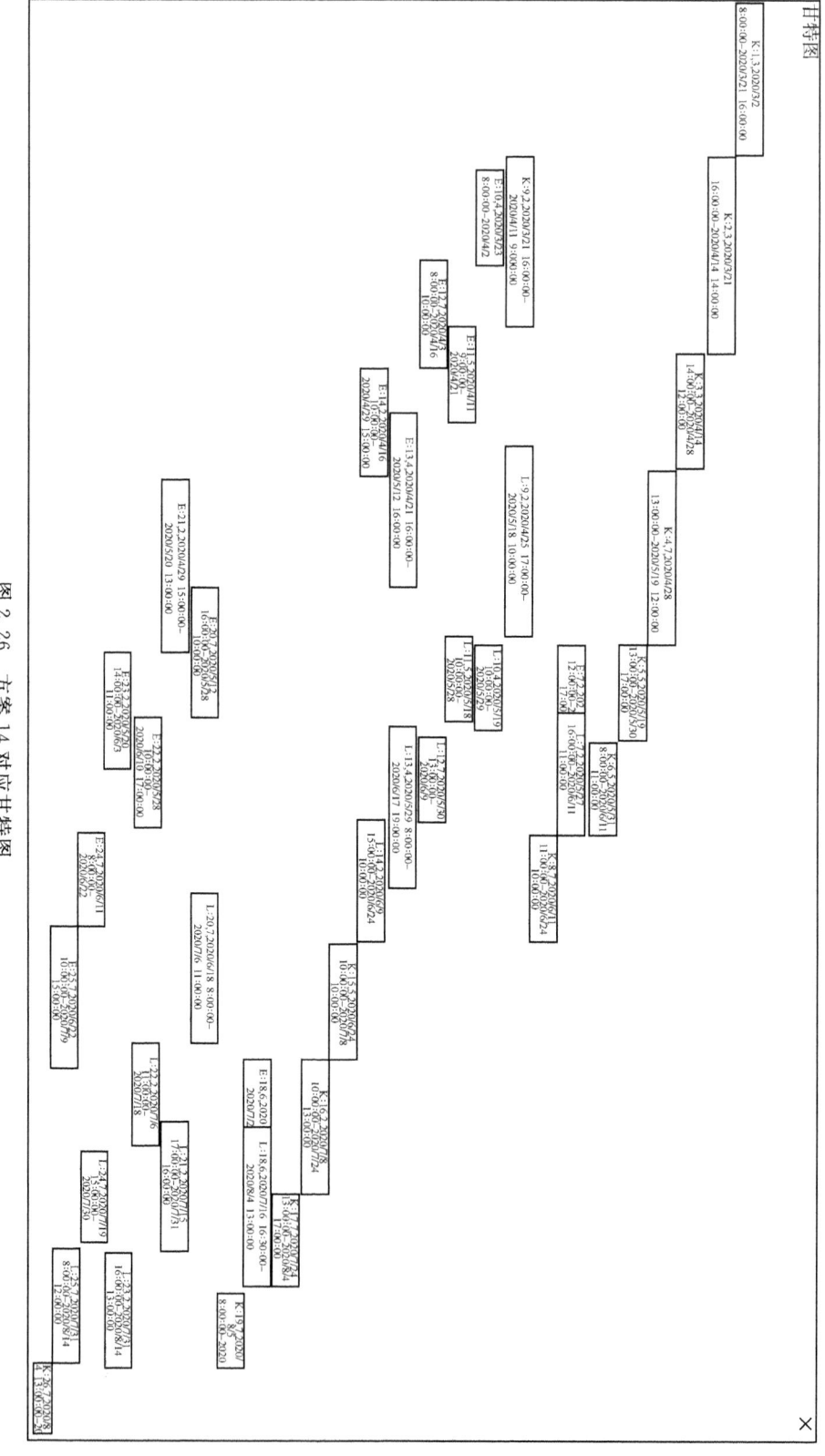

图 2.26 方案 14 对应甘特图

	A	B	C	D	E	F	G	H	I	J	K	L	M	N	O	P	Q	R	S	T	U	V	W	X	Y	Z	AA	AB
1	A							B							C							D						
2	3	3	3	3	3	3	3	3	3	3	3	3	3	3	3	3	3	3	3	3	3	3	3	3	3	3	3	3
3	0:00	0:00	0:00	0:00	0:00	0:00	0:00	0:00	0:00	0:00	0:00	0:00	0:00	0:00	0:00	0:00	0:00	0:00	0:00	0:00	0:00	0:00	0:00	0:00	0:00	0:00	0:00	0:00
4	8:00	8:00	8:00	8:00	8:00	8:00	8:00	8:00	8:00	8:00	8:00	8:00	8:00	8:00	8:00	8:00	8:00	8:00	8:00	8:00	8:00	8:00	8:00	8:00	8:00	8:00	8:00	8:00
5	8:00	8:00	8:00	8:00	8:00	8:00	8:00	9:00	9:00	9:00	9:00	9:00	9:00	9:00	8:00	8:00	8:00	8:00	8:00	8:00	8:30	8:00	8:00	8:00	8:00	8:00	8:00	8:00
6	12:00	12:00	12:00	12:00	12:00	12:00	12:00	13:00	13:00	13:00	13:00	13:00	13:00	13:00	12:00	12:00	12:00	12:00	12:00	12:00	12:30	12:00	12:00	12:00	12:00	12:00	12:00	12:00
7	13:00	13:00	13:00	13:00	13:00	13:00	13:00	14:00	14:00	14:00	14:00	14:00	14:00	14:00	15:00	15:00	15:00	15:00	15:00	15:00	15:00	13:00	13:00	13:00	13:00	13:00	13:00	13:00
8	17:00	17:00	17:00	17:00	17:00	17:00	17:00	18:00	18:00	18:00	18:00	18:00	18:00	18:00	19:00	19:00	19:00	19:00	19:00	19:00	19:00	17:00	17:00	17:00	17:00	17:00	17:00	17:00

图 2.27 "日工作安排"设置

保持各承包商的工作制和其他参数不变,重新运行算法得到新的 Pareto 解集,如图 2.28 所示。项目工期由原来的 169.29~196.42 天,缩短为 81.71~100.79 天。

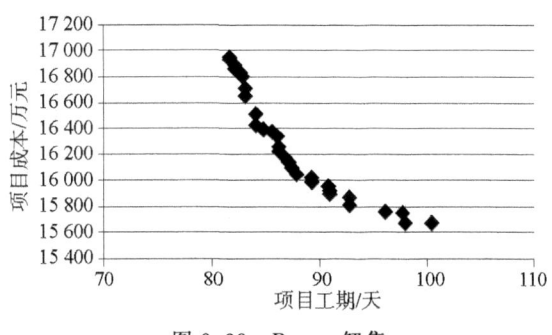

图 2.28 Pareto 解集

(2) 仅修改工作制

从图 2.23 可见,"X 工作制"每周工作 7 天,"Y 工作制"每周工作 6 天,"Z 工作制"每周工作 5 天。保持图 2.23、图 2.24 的内容不变,仅修改表 2.7 中的承包商工作制,这里均修改为"X 工作制",修改后如表 2.10 所示。

表 2.10 承包商

承包商号	名称	联系人	工作制	日工作安排
1	A 承包商	***	X 工作制	A
2	B 承包商	***	X 工作制	B
3	C 承包商	***	X 工作制	A
4	D 承包商	***	X 工作制	C
5	E 承包商	***	X 工作制	A
6	F 承包商	***	X 工作制	D
7	G 承包商	***	X 工作制	A

重新运行算法得到新的 Pareto 解集,如图 2.29 所示。项目工期由原来的 169.29~196.42 天,缩短为 158.08~173.1 天。

(3) 既修改日工作安排又修改工作制

将表 2.7 中的承包商工作制均修改为"X 工作制",修改后如表 2.10 所示;将图 2.24 的日工作安排修改为图 2.27 所示的日工作安排,其他参数保持不变。重新运行算法得到的 Pareto 解集如图 2.30 所示。项目工期由原来的 169.29~196.42 天,缩短为 80.1~87.1 天。

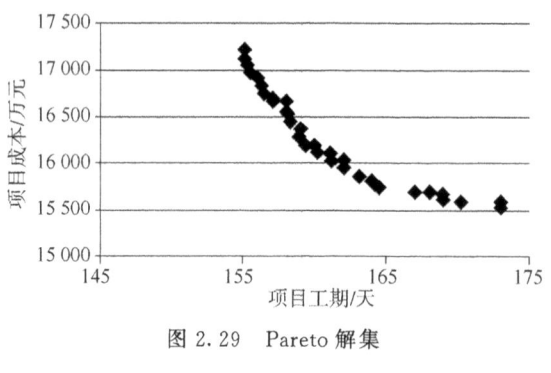

图 2.29 Pareto 解集

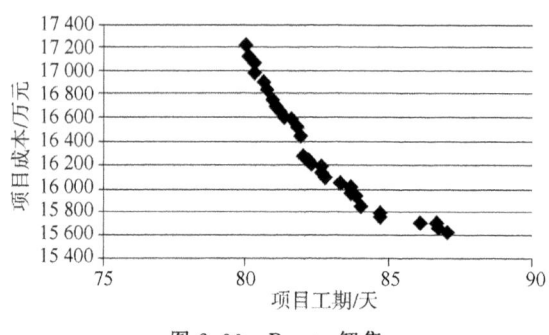

图 2.30 Pareto 解集

2.1.6 结论

在工程实践中,大型工程项目往往需要在多个承包商之间进行指派,从而达到缩短项目工期、降低项目成本的目的。混合工作日历下大型工程项目多目标任务指派过程中由于任务和承包商之间的关系不确定、各承包商的工作日历不尽相同及多目标优化要求在各个优化目标之间进行协调,大大增加了问题求解的难度。本节为解决混合工作日历下大型工程项目多目标任务指派的困难,提出了一种基于带精英策略的非支配排序遗传算法(NSGA II)的遗传进化优化方法。本节提出的方法由于在任务指派过程中考虑了混合工作日历,通过时间推算函数进行准确的时间推算,保证了最早开工时刻、最早完工时刻、最迟开工时刻、最迟完工时刻、项目工期等参数计算的准确性;采用 NSGA II 算法对数学优化模型进行求解得到 Parteto 解集供决策人员决策;当决策人员双击某 Pareto 时,算法会自动给出对应的指派表。需指出的是,虽然按照本节方法给出的指派方案能体现"能者多劳"的特点,然而这是建立在承包商资金没有限制的假设条件之下的指派结果,工程实践中更为常见的情况是承包商资金受限,因此下一节将研究混合工作日历下资金受限的大型工程项目多目标任务指派方法。

2.2 承包商资金受限的大型工程项目多目标任务指派优化方法

2.1 节在进行任务指派时未考虑承包商资金受限的情况,导致其应用范围受限。实际上,一个大型工程项目在给多个承包商之间进行任务指派时存在两类成本,一类是委托方支付给承包商的委托成本,另一类是承包商的执行成本。前者反映了委托方利益,越小越好;后者反映了社会利益,其值越小表示项目所消耗的社会资源越少。由于承包商的资金往往受限,大型工程项目任务指派过程中不能无限制地将多个任务指派给同一个承包商,否则会导致整个项目实施失败。本节研究承包商资金受限的大型工程项目多目标任务指派问题的解决方法。

2.2.1 问题描述

某工程项目有 n 项任务 $J = \{J_1, J_2, \cdots, J_n\}$,要将其指派给 m 个承包商 $E = \{E_1, E_2, \cdots, E_m\}$ 执行。

假设条件如下。

(1) 一项任务由一个承包商独立执行。

(2) 一个承包商在技术可行、资金充足的情况下可执行多项任务。

(3) 各项任务由不同承包商执行的时间、委托成本、执行成本已知,分别用时间数组、委托成本数组、执行成本数组给出;若某项任务不能由某个承包商执行,则时间数组、委托成本数组、执行成本数组中对应元素被赋为空值。

(4) 任务的执行不能违反任务之间的紧前紧后关系。

(5) 各承包商被指派任务的执行成本总额不能超过其资金上限。

(6) 承包商能做好随时开工的准备,指派给某承包商的任务一旦满足开始执行条件(紧前任务已被完成),则该承包商能立即开始执行该任务。

(7) 某任务一旦开始执行则不可中断去执行另一项任务。

(8) 工作日历是工作制和日工作安排的合称,一旦某承包商的工作制和日工作安排被设定,则该承包商在同一个调度周期内按此工作日历施工。

(9) 当承包商按其工作日历停工时,正在执行的任务停止执行,待承包商重新开工时继续执行此任务后续未完成的工作。

(10) 项目的开始时刻不能早于委托方指定的项目起始时刻。

要求:在以上假设条件下以项目工期、委托成本、执行成本为优化目标,为决策者提供一个较满意的 Parteo 解集供其决策。

2.2.2 承包商工作日历设置与时间推算

除"承包商"工作表有所区别外,其他工作表与 2.1.3 相同。本节"承包商"工作表的 C 列为资金上限,具体结构如图 2.31 所示。时间推算方法与 2.1.3 节内容相同。

	A	B	C	D	E
1	承包商号	名称	资金上限	工作制	日工作安排
2	1	***	***	X工作制	A
3	2	***	***	Y工作制	B
4	3	***	***	Z工作制	C

图 2.31 "承包商"工作表

2.2.3 NSGA II 算法设计

1. 类型、变量及数组定义

根据算法需要,定义了如图 2.32 所示的自定义类型 chm 及表 2.11 所示的全局变量及数组。

$$\text{chm} \begin{cases} F() & (\text{Integer,各任务被指派的承包商号数组,即个体编码}) \\ Z() & (\text{Double,各承包商执行成本数组}) \\ O() & (\text{Double,个体目标值数组}) \\ ra & (\text{Integer,个体前沿值}) \\ cd & (\text{Double,个体拥挤度值}) \end{cases}$$

图 2.32 自定义类型

表 2.11 变量及数组定义

名称	含义	类型
n	任务数	输入参数
m	承包商数	输入参数
bt	项目起始时刻	输入参数
WS( )	工作制数组	输入参数
WT( )	日工作安排数组	输入参数
T( )	任务时间数组	输入参数
EC( )	任务委托成本数组	输入参数
IC( )	任务执行成本数组	输入参数
N( )	网络计划表数组	输入参数
E( )	承包商数组	输入参数
thr_1	任务开工阈值	输入参数
thr_2	任务停工阈值	输入参数
ps	种群规模	输入参数
pc	交叉率	输入参数
pm	变异率	输入参数
cr	交叉比例	输入参数
mr	变异比例	输入参数
tn	优化目标数	输入参数
mgen	最大进化代数	输入参数
F( )	Pareto 解对应指派数组	输出参数

其中,**T**、**EC**、**IC** 为 $n\times(m+1)$ 的数组,第 1 列为任务代码;**N** 为 $n\times 4$ 的数组,从左到右依次存储任务代码、任务名称、以逗号分隔的紧前任务列表、紧前任务数;**E** 为 $m\times 5$ 的数组。

2. 工作表设计

除了工作日历用到的"工作制""日工作安排"工作表和"设备"工作表外,根据需要,设计了工作表“网络计划表”“任务时间”“任务委托成本”“任务执行成本”“其他参数”“Pareto 解集”“指派表”。“网络计划表”与 2.1 中的“网络计划表”结构相同,“任务时间”与 2.1 节中的“任务时间”结构相同,“任务委托成本”“任务执行成本”与 2.1 节中的“任务成本”结构相同。“Pareto 解集”工作表结构如图 2.33 所示。“指派表”结构如图 2.34 所示。

	A	B	C	D	E	F	G	H	I	J	K	L
1	方案号	项目工期	执行成本	委托成本	ra	1	2	3	4	5	…	…
2												
3												
4												

图 2.33 “Pareto 解集”工作表

	A	B	C	D	E	F	G	H	I	J	K	L	M	N	O	P	Q
1	序号	任务代码	任务名称	承包商号	承包商名称	工作制	任务时间	委托成本	执行成本	紧前任务	紧前任务数	最早开工时刻	最早完工时刻	最迟开工时刻	最迟完工时刻	时差	关键标志
2																	
3																	
4																	

图 2.34 “指派表”工作表

3. 获取参数

从工作表“网络计划表”“承包商”“任务时间”“任务委托成本”“任务执行成本”“工作制”“日工作安排”中读取数据分别赋给数组 $\boldsymbol{N}$、$\boldsymbol{E}$、$\boldsymbol{T}$、**EC**、**IC**、**WS**、**WT**;从工作表“其他参数”中读取数据赋给表 2.11 中的其他输入参数。

4. 编码方式

编码方式与 2.1.4 节的内容相同。

5. 种群初始化

按照图 2.35 所示的流程产生规模为 ps 的初始随机种群 **PPOP**。其中,判断任务 i 是否可指派给承包商 k 的方法如下:若 $\boldsymbol{T}(i,k+1)$、$\mathbf{EC}(i,k+1)$、$\mathbf{IC}(i,k+1)$ 为空值,则不可指派,否则,若承包商已被指派任务的执行成本与任务 i 由承包商 k 执行的执行成本之和大于承包商 k 的资金上限,则不可指派,否则可指派。当把任务 i 指派给承包商 k 后,需累计承包商 k 的资金占用量。图 2.35 中自定义函数 Getic 用于获得任务 i 由承包商 k 执行的执行成本。从图 2.31 可见,通过 While 循环保证数组 $\boldsymbol{F}$ 的每个元素是可行承包商号,从而保证个体 ch 是可行的,进而保证初始种群 **PPOP** 的所有个体均是可行个体。

6. 交叉操作

针对编码特点,采用“交叉算子改进策略”和“两点交叉方式”进行交叉。虽然交叉前个体可行,考虑到承包商资金约束,直接交叉后的个体不一定可行。为保证交叉后的个体仍是可行个体,算法采取的策略是在对换某基因值之前,判断两个父代个体对换基因值之后对应承包商执行成本是否超过其资金上限,若均不超过,则将其对换,处理下一个基因值。具体方法如下:首先,产生两个不相等的 1～n 的随机整数 k_1,k_2,若 $k_2<k_1$ 则彼此交换使 $k_1<k_2$;然后,令 $k=k_1,k_1+1,\cdots,k_2$,依次对基因座 k 进行如下处理:从父体 1 的属性 $\boldsymbol{F}$ 中取出基因值 a,从父体 2 的属性 $\boldsymbol{F}$ 中取出基因值 b,判断 a 和 b 是否相等,若相等,不对换基因值,否则,判断父体 1 中承包商 b 的执行成本与任务 k 由承包商 b 执行的执行成本之和是否小于或等于承包商 b 的资金上限,且父体 2 中承包商 a 的执行成本与任务 k 由承包商 a 执行

的执行成本之和是否小于或等于承包商 a 的资金上限,若成立,则对换基因座 k 的值,更新父体 1、父体 2 中承包商 a、b 的执行成本;最后,对交叉后的子代个体进行解码,将得到的 2 个子代个体通过对象数组 **OFF** 返回。如式(2.16)所示的两个父代个体 p_1、p_2,若交叉点分别为 3、6,若经判断交叉后两新个体中承包商的执行成本均不超过对应的资金上限,则交叉后的 2 个子代个体如式(2.17)所示。

$$p_1.\boldsymbol{F}=(3\ 1\ 2\ 4\ 1\ 2\ 5\ 3)$$
$$p_2.\boldsymbol{F}=(2\ 1\ 3\ 5\ 3\ 4\ 2\ 4) \tag{2.16}$$

$$\textbf{OFF}(1).\boldsymbol{F}=(3\ 1\ 3\ 5\ 3\ 4\ 2\ 4)$$
$$\textbf{OFF}(1).\boldsymbol{F}=(2\ 1\ 2\ 4\ 1\ 2\ 5\ 3) \tag{2.17}$$

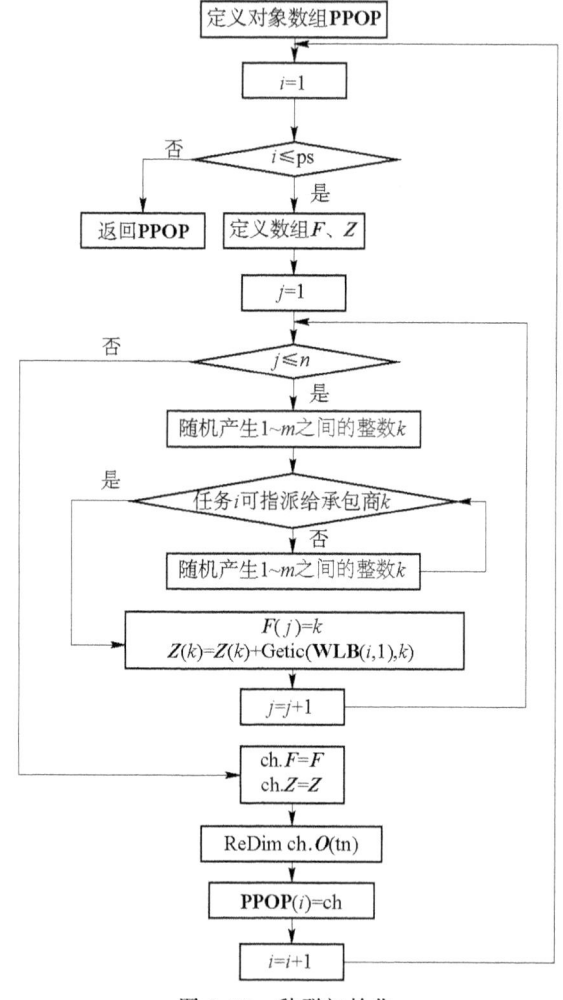

图 2.35 种群初始化

7. 变异操作

针对编码特点,采用"拒绝策略"和"单点变异方式"进行变异。以 p 为例,具体变异方法如下:产生 1 个 1~n 的随机整数 mp 作为变异点,再产生 1~m 且不等于 $p.\boldsymbol{F}$(mp) 的随机整数 k,判断任务 mp 是否可指派给承包商 k(其方法与种群初始化中的方法相同),若不能指派,则重新产生 k 直到可行为止;此时,更新承包商 $p.F(\text{mp})$ 和 k 的执行成本,并对子代个体解码,返回子代个体。如式(2.18)所示的父代个体 p,若变异点 $\text{mp}=3$,若产生的可行承包商号 $k=5$,则变异后的新个体如式(2.19)所示。

$$p.F = (2\ 5\ 3\ 4\ 2\ 3\ 2\ 4) \tag{2.18}$$
$$\text{ch}.F = (2\ 5\ 5\ 4\ 2\ 3\ 2\ 4) \tag{2.19}$$

8. 解码操作

首先,基于"关键路径法",根据 $\text{ch}.F$ 采用正向顺推函数 Forcalc 获得指派矩阵 R(共 9 列,1~9 列依次为任务代码、承包商号、任务时间、任务委托成本、任务执行成本、紧前任务列表、紧前任务数、任务最早开工时刻、任务最早完工时刻);然后,用 R 第 9 列的最大值减去第 8 列的最小值得到项目工期赋给 $\text{ch}.O(1)$,对 R 第 4 列(任务委托成本)求和得到项目委托成本赋给 $\text{ch}.O(2)$,对 R 第 5 列(任务执行成本)求和得到项目执行成本赋给 $\text{ch}.O(3)$,返回解码后的个体 ch。函数 FC 的流程如图 2.36 所示。矩阵 R 第 3 列的任务时间由自定义函数 Getjt 获取。该函数有 2 个参数即 jb(String)、cbs(Integer),其作用是在任务时间数组 T 中查出并返回任务代码为 jb 的任务由承包商 cbs 执行的时间;同理,矩阵 R 第 4 列的任务委托成本由自定义函数 Getjec 获取;矩阵 R 第 5 列的任务执行成本由自定义函数 Getjic 获取。自定义函数 Getpofbina 有 3 个参数即 a(String)、b(String)、k(Integer),其作用是返回非空字符串 a 中第 k 次出现字符串 b 的位置,若没有找到,则返回字符串 a 的长度。

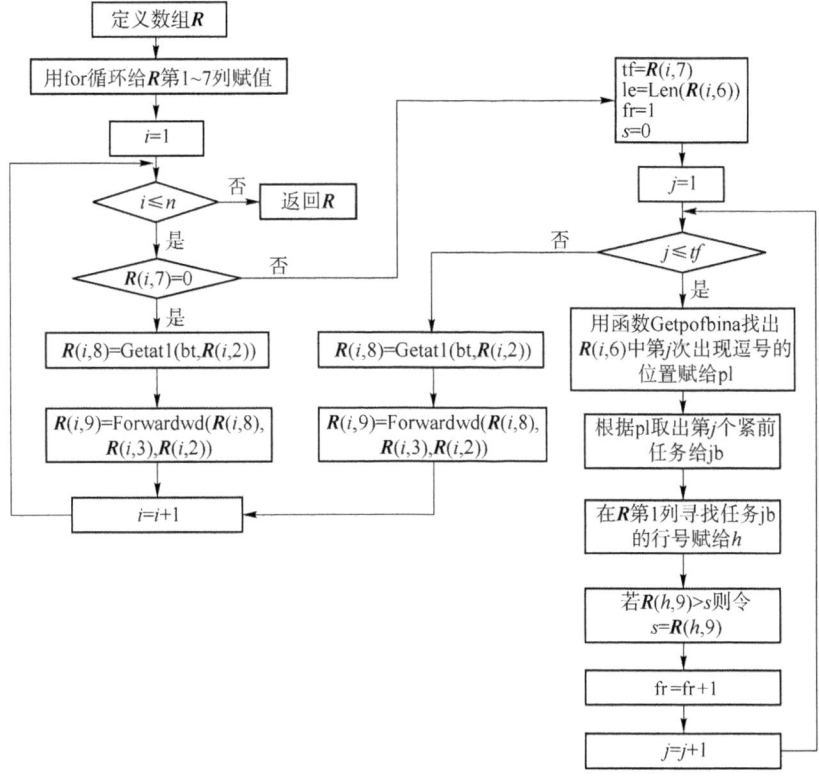

图 2.36 Forcalc 函数流程

9. 输出 Pareto 解集和指派表

将算法迭代结束时得到的 Pareto 解集输出到工作表"Pareto 解集"中,每一行输出一个 Pareto 解,从左到右依次为方案号、3 个优化目标、ra 值、承包商号数组和各承包商的执行成本数组。除了得到 Pareto 解集外,还可根据决策人员双击的 Pareto 解所在行的行号,输出该 Pareto 解对应的指派表。

具体步骤如下:

第一步,根据决策人员在工作表"Pareto 解集"中双击的 Pareto 解所在行的行号,读取承包商号赋给指派数组 F。

第二步,根据指派数组 F 采用函数 Forcalc 进行正向推算得到矩阵 R 的第 1~9 列。

第三步,根据 R 采用函数 Backcalc 进行逆向推算得到 R 的 10~13 列,依次是任务最迟开工时刻、任务最迟完工时刻、时差(单位:h)、关键任务标志(若为关键任务则置符号"*",否则置空)。

第四步,将 R 输出到工作表"指派表"。其中,函数 Backcalc 的流程如图 2.37 所示。

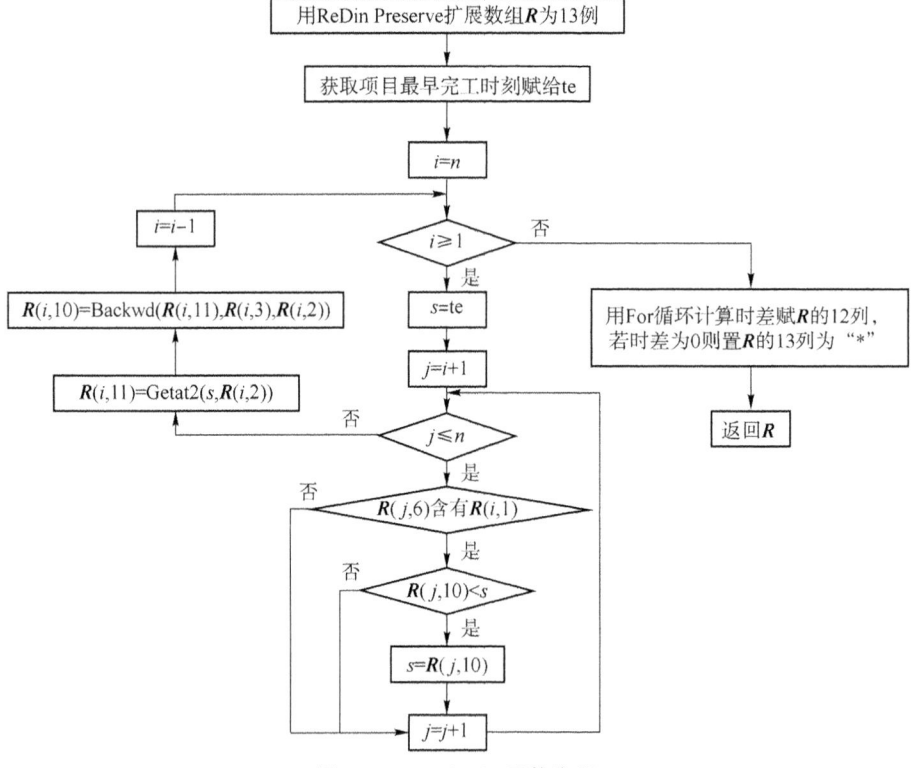

图 2.37 Backcalc 函数流程

2.2.4 案例分析

仍以 2.1.5 节的大型工程项目为研究对象进行案例分析。该工程项目共有 26 项任务,网络计划图如图 2.22 所示,网络计划表如表 2.3 所示,任务时间如表 2.4 所示,任务委托成本如表 2.5 所示,其他参数如表 2.6 所示,任务执行成本如表 2.12 所示,"工作制"设置如

图 2.23 所示,日工作安排如图 2.38 所示,承包商工作日历如表 2.13 所示。要求:将其指派给 7 个承包商,使得项目工期最短、项目委托成本最低、项目执行成本最低。

表 2.12 任务执行成本   单位:万元

任务代码	承包商号						
	1	2	3	4	5	6	7
01			670	750	800	750	660
02		670	570	560	650	500	600
03		720	600	760	880	630	740
04		850	760	680	800	640	730
05	530	560	540	660	410	510	580
06	850	500	580		490		440
07	700	570	680		720		640
08	760	610	800	660	680	650	590
09	520	500	660	620		730	
10	670	740	920	590		610	
11	540	520	490		460		510
12	520	580	590		460		390
13	850	480	580	440		520	
14	720	560	680	760		710	
15	750	590	830		630		670
16	510	470	660		630		480
17	720			550	580	540	680
18	550			540	460	500	550
19	550	590	590			660	390
20	870	490	600			530	430
21	670	610	660	690	710		
22	780	640	800	640	690		
23		490	700		590	570	540
24		700	900		550	560	490
25	560		500	530		490	460
26	770		800	660		600	700

	A	B	C	D	E	F	G	H	I	J	K	L	M	N	O	P	Q	R	S	T	U
1	A					B									C						
2	3	3	3	3	3	1	1	2	2	2	2	2	2	2	3	3	3	3	3	3	3
3	8:00	8:00	8:00	8:00	8:00	8:00	8:00	8:00	8:00	8:00	8:00	8:00	8:00	8:00	0:00	0:00	0:00	0:00	0:00	0:00	0:00
4	12:00	12:00	12:00	12:00	12:00	12:00	12:00	12:00	12:00	12:00	12:00	12:00	12:00	12:00	8:00	8:00	8:00	8:00	8:00	8:00	8:00
5	13:00	13:00	13:00	13:00	13:00			13:00	13:00	13:00	13:00	13:00	13:00	13:00	9:00	9:00	9:00	9:00	9:00	9:00	9:00
6	17:00	17:00	17:00	17:00	17:00			17:00	17:00	17:00	17:00	17:00	17:00	17:00	12:00	12:00	12:00	12:00	12:00	12:00	12:00
7	18:00	18:00	18:00	18:00	18:00										13:00	13:00	13:00	13:00	13:00	13:00	13:00
8	22:00	22:00	22:00	22:00	22:00										17:00	17:00	17:00	17:00	17:00	17:00	17:00

图 2.38 "日工作安排"设置

表 2.13 承包商

承包商号	名称	资金上限	工作制	工作时段
1	A 承包商	3 000	Z 工作制	A
2	B 承包商	3 000	X 工作制	B
3	C 承包商	4 000	Y 工作制	C
4	D 承包商	4 000	Z 工作制	A
5	E 承包商	3 000	Z 工作制	C
6	F 承包商	3 000	Z 工作制	A
7	G 承包商	2 000	X 工作制	C

利用 NSGA II 算法独立运行 20 次,每次均能得到基本相同且均匀的 Pareto 解集,表明收敛效果较好。表 2.14 是某次进化计算得到的 Pareto 解集。

表 2.14 Pareto 解集

序号	项目工期	项目委托成本	项目执行成本
1	100.08	17 350.00	15 270.00
2	100.79	16 690.00	14 750.00
3	100.92	16 610.00	14 610.00
4	102.38	16 490.00	14 550.00
5	104.92	16 580.00	14 490.00
6	105.08	16 410.00	14 410.00
7	107.08	16 380.00	14 290.00
8	107.92	16 210.00	14 420.00
9	108.08	16 240.00	14 390.00
10	108.29	16 240.00	14 210.00
11	111.71	16 190.00	14 350.00
12	111.88	16 180.00	14 280.00
13	111.88	16 150.00	14 310.00
14	111.92	16 130.00	14 240.00
15	112.08	16 040.00	14 190.00
16	112.08	16 010.00	14 220.00
17	113.92	16 060.00	14 120.00
18	114.08	15 950.00	13 990.00
19	114.08	15 930.00	14 040.00
20	114.08	15 900.00	14 070.00
21	119.50	15 860.00	13 920.00

表 2.14 中的 Pareto 解在项目工期、项目委托成本、项目执行成本三优化目标上各有所长,为决策人员提供了决策支持。

若将表 2.13 中的资金上限均置为 30 000 万元(很大的数),相当于解除了承包商资金约上限约束,保持其他参数不变,得到的 Pareto 解集如表 2.15 所示。可见,表 2.15 的 Pareto 解在项目工期、项目委托成本、项目执行成本三个目标上几乎都得到了不同程度的改善,表明资金受限的情况下,指派空间缩小,Pareto 解集的整体性能劣化。

表 2.15 Pareto 解集

序号	项目工期	项目委托成本	项目执行成本
1	91.38	16 720.00	14 460.00
2	91.38	16 740.00	14 420.00
3	92.79	16 630.00	14 430.00
4	92.92	16 630.00	14 370.00
5	92.96	16 530.00	14 320.00
6	92.96	16 550.00	14 280.00
7	93.13	16 550.00	14 220.00
8	93.38	16 510.00	14 200.00
9	93.75	16 290.00	14 310.00
10	93.75	16 310.00	14 270.00
11	93.92	16 230.00	14 120.00
12	93.92	16 210.00	14 160.00
13	95.00	16 460.00	14 100.00
14	95.17	16 390.00	14 080.00
15	95.33	16 190.00	14 070.00
16	95.83	16 160.00	14 050.00
17	95.96	16 070.00	13 970.00
18	97.88	16 020.00	13 870.00
19	100.38	15 980.00	14 010.00
20	101.08	15 950.00	13 800.00
21	101.88	15 930.00	13 910.00
22	104.38	15 900.00	13 910.00
23	106.29	16 040.00	13 780.00
24	106.79	15 830.00	13 820.00
25	106.79	15 990.00	13 740.00
26	107.08	15 900.00	13 750.00
27	107.38	15 880.00	13 710.00
28	109.38	15 960.00	13 680.00
29	112.08	15 880.00	13 640.00
30	114.08	15 750.00	13 670.00
31	119.50	15 780.00	13 600.00

2.2.5 结论

本节针对承包商资金受限的大型工程项目任务指派问题,以项目工期、委托成本、执行成本为优化目标,研究提出了一种基于带精英策略的非支配排序遗传优化算法(NSGA II)的优化方法。以项目工期、项目委托成本、项目执行成本作为优化目标,从不同侧面反映了不同利益方的期望,符合工程实践需要。由于承包商的工作日历不尽相同,在解码操作采用时间推算函数根据承包商的工作日历进行项目任务起止时刻的准确推算,保证了指派方案的有效性。承包商资金上限的约束使得解空间缩小导致 Pareto 解集的质量下降,因此,对于大型工程项目,选择具有资金实力的承包商进行指派是确保项目工期、项目委托成本、项目执行成本得到改善的有效途径。

第 3 章　混合工作日历下流水作业调度

流水作业车间调度问题是生产制造型企业常见的组合优化问题,属于复杂的 NP-hard 问题。考虑到设备自动化程度、运行可靠性、生产任务量、维护保养及人性化管理等需要,混合工作日历现象在我国生产制造型企业或车间普遍存在,表现为同一企业或车间内各设备往往采用不尽相同的工作日历。现有关于流水作业车间调度的研究成果未考虑混合工作日历,不适用于求解混合工作日历下流水作业调度问题。混合工作日历给流水作业车间调度问题带来了高度的复杂性,一般的数学方法难以胜任,往往采用近似求解方法对其求解,主要有启发式方法、人工神经网络法、仿真方法、智能搜索方法等。启发式方法采用启发式规则寻找问题的近优解,代表方法有 Palmer 法、CDS 法、关键工件法等。该方法的计算量小,但获得的近优解质量不高。人工神经网络法、仿真方法求解过程烦琐、抽象,现场人员难以理解和掌握。智能搜索方法采用智能算法寻找问题的近优解,代表算法有贪婪算法、禁忌搜索算法、模拟退火算法、蚁群算法、粒子群算法、蜂群算法、遗传算法等。相对于其他几种近似求解方法,其近优解质量高,成为求解大规模流水作业车间调度问题的理想方法。其中,遗传算法具有隐含并行性和全局搜索能力的特点,该算法收敛性好、设计难度不大、计算性能优良,被广泛用于流水作业车间调度问题的求解。本章针对混合工作日历下的 $n/m/F/$ makespan 问题,研究提出了一种基于遗传算法的优化方法。

3.1　问题描述

车间要安排 m 个工件的投产顺序,每个工件依次经过 $1,2,\cdots,n$ 道工序,对应的加工设备为 $M_i, i=1,2,\cdots,n$,各设备台数为 1。

假设条件如下。

(1) 各设备按指定的工作日历运行。工作日历是工作制和日工作安排的合称。一旦某设备的工作制和日工作安排被设定,则该设备在同一个调度周期内此工作日历运行。

(2) 各设备采用的工作日历不尽相同。

(3) 当设备按工作日历停工时,工件停止加工,待设备重新开工时继续未完成的工作,即工件加工可跨越设备停工时段。

(4) 设备初始状态时其时间轴连续,即尚未被安排任何加工任务。

(5) 调度从调度起始时刻往后进行,调度起始时刻由调度员给定。

要求:在以上假设条件下确定最优的投产顺序,使 m 个工件的生产周期最短,同时得到最优投产顺序对应的日程安排表及甘特图。

3.2 设备工作日历设置与时间推算

本章设备工作日历设置与时间推算与第 2 章的承包商工作日历设置与时间推算类似,只需进行两处修改:①将"承包商"修改为"设备",设备工作表的结构如图 3.1 所示;②将承包商数组 E 改为设备数组 MA。

	A	B	C	D	E
1	设备号	设备代码	设备类别	工作制	日工作安排
2	1	***	***	X工作制	A
3	2	***	***	Y工作制	B
4	3	***	***	Z工作制	C

图 3.1 "设备"工作表

3.3 遗传算法设计

3.3.1 变量及数组定义

根据算法需要,定义了表 3.1 所示的变量及数组。

表 3.1 变量及数组定义

名称	含义	类别
m	工件数	输入参数
n	工序数	输入参数
ps	种群规模	输入参数
pc	交叉概率	输入参数
pm	变异概率	输入参数
bt	调度起始时刻	输入参数
thr_1	开工阈值	输入参数
ct	生产周期(天)	输出参数
η	适应度放大系数	输入参数
epoc	当前进化代数	中间参数
mgen	最大进化代数	输入参数
MA( )	设备工作日历数组	输入参数
T( )	工艺流程数组	输入参数
TT( )	按个体中工件投产顺序调整后的加工时间数组	中间参数
OPT1( )	至今为止最好个体,$1\times(m+2)$	中间参数
OPT2( )	当代种群最好个体,$1\times(m+2)$	中间参数
PPOP( )	父代种群	中间参数
CPOP( )	子代种群	

续 表

名称	含义	类别
CH( )	个体,$1\times(m+2)$	中间参数
R( )	解码矩阵,$n\times 2m$	中间参数
OA( )	各代最好个体数组,$\text{mgen}\times(m+2)$	中间参数

3.3.2 工作表设计

设计工作表"工艺流程""其他参数""进化过程",分别用于设置工件加工参数、其他参数和进化过程中各代最优解,其结构分别如图3.2、图3.3和图3.4所示。

	A	B	C	D	E	F	G	H	I	J	K	L	M	N
1	工序	设备号	设备名称	1	2	3	4	5	6	7	8	9	10	11
2	1	***	***											
3	2	***	***											
4	3	***	***											
5	4	***	***											
6	5	***	***											

图 3.2 工艺流程

	A	B
1	参数	值
2	m	
3	n	
4	bt	
5	ps	
6	pc	
7	pm	
8	η	
9	mgen	
10	thr_1	

3.3 "其他参数"工作表

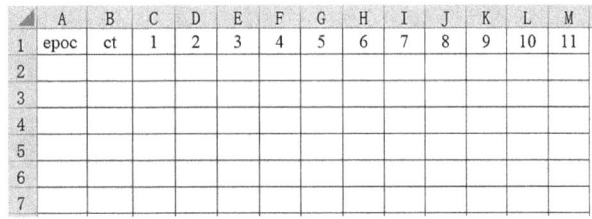

图 3.4 进化过程

3.3.3 算法流程

算法流程如图3.5所示。其中,读取的参数包括m、n、ps、pc、pm、bt、mgen、T、MA;为提高算法收敛性,在算法中采用了保优策略,为提高子代种群的质量,在交叉变异操作之后进行了选优操作。

3.3.4 编码方式

根据流水作业车间调度问题的特点,设计了如式(3.1)的整数编码方式,即各基因值为$1\sim m$之间的整数,它们随机分布于$1\sim m$个基因座,各基因值不重复。显然,该编码表示一批工件(工件数m)的可行投产顺序。

$$[2\ 3\ m-1\ 2\ 1\ 4\ \cdots\ m\ 8\ 9] \tag{3.1}$$

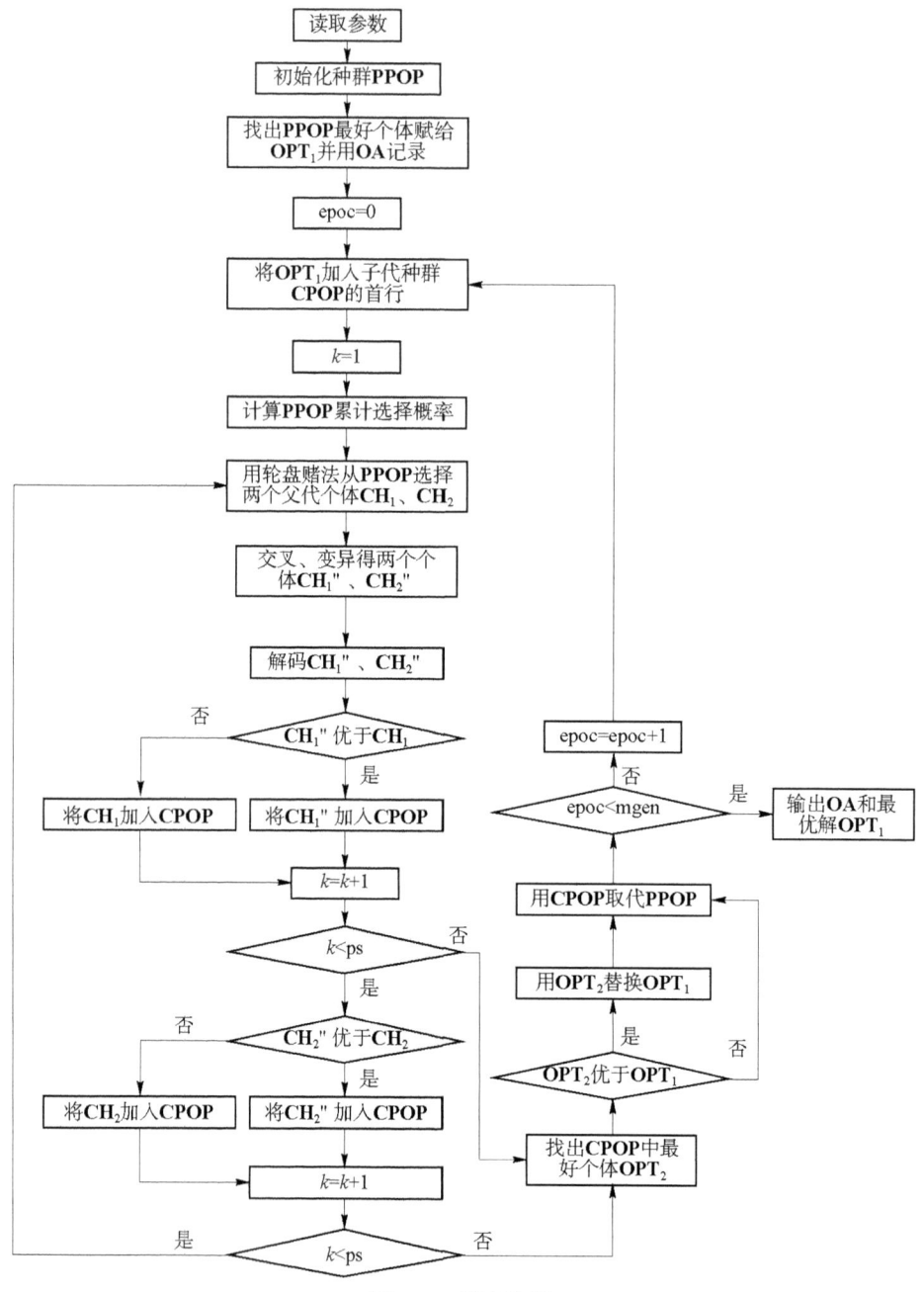

图 3.5 算法流程

3.3.5 种群初始化

设种群规模为 ps,则按如下步骤产生 ps 个个体,完成种群初始化操作。

步骤 1:令 $i=1$;

步骤 2:用自定义函数 Randperm 随机产生个体 **CH**,将其加入种群 **PPOP** 中;

步骤 3:令 $i=i+1$;

步骤 4：若 $i \leqslant \text{ps}$ 则转步骤 2，否则，种群初始化结束。
其中，自定义函数 Randperm 的代码见附录 10。

3.3.6　交叉操作

如图 3.6 所示，根据编码方式的特点，设计了一种"交换交叉"方式，具体步骤如下。
步骤 1：产生 $1 \sim m$ 的随机整数赋给 cp；
步骤 2：将个体 $\mathbf{CH}_2$ 的 cp 基因值赋给 c_1，将个体 $\mathbf{CH}_1$ 的 cp 基因值赋给 c_2；
步骤 3：在 $\mathbf{CH}_1$ 中寻找 c_1 所在的位置赋给 k_1，在 $\mathbf{CH}_2$ 中寻找 c_2 所在的位置赋给 k_2；
步骤 4：交换 $\mathbf{CH}_1$ 中 cp 和 k_1 基因座的基因值，交换 $\mathbf{CH}_2$ 中 cp 和 k_2 基因座的基因值；
步骤 5：返回交叉后的新个体 $\mathbf{CH}_1'$、$\mathbf{CH}_2'$。

图 3.6　交叉操作

若 cp=3，个体 $\mathbf{CH}_1$、$\mathbf{CH}_2$ 按上述交叉方式交叉后的两个新个体 $\mathbf{CH}_1'$、$\mathbf{CH}_2'$，如式(3.2)所示。

$$\begin{aligned}\mathbf{CH}_1' &= [8\ 2\ 1\ 3\ 6\ 7\ 10\ 9\ 5\ 11\ 4] \\ \mathbf{CH}_2' &= [9\ 4\ 5\ 8\ 2\ 1\ 6\ 11\ 3\ 7\ 10]\end{aligned} \quad (3.2)$$

显然，新个体 $\mathbf{CH}_1'$、$\mathbf{CH}_2'$ 仍是可行个体。

3.3.7　变异操作

如图 3.7 所示，根据编码方式的特点，设计了一种"交换变异"方式，以个体 $\mathbf{CH}_1'$ 为例，说明其具体步骤如下。
步骤 1：产生 $1 \sim m$ 的随机整数赋给 mp。
步骤 2：再产生 $1 \sim m$ 的随机整数赋给 c。
步骤 3：在 $\mathbf{CH}_1'$ 中寻找基因值为 c 的基因位置赋给 k。
步骤 4：交换 $\mathbf{CH}_1'$ 中 mp 和 k 基因座的基因值。
步骤 5：返回新个体 $\mathbf{CH}_1''$。

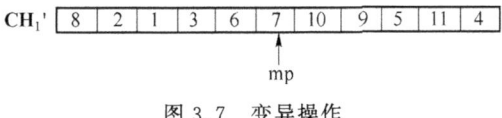

图 3.7　变异操作

若 mp=6，c=3，按上述变异方式变异后的新个体 $\mathbf{CH}_1''$ 如式(3.3)所示。

$$\mathbf{CH}_1'' = [8\ 2\ 7\ 3\ 6\ 1\ 10\ 9\ 5\ 11\ 4] \quad (3.3)$$

显然，新个体 $\mathbf{CH}_1''$ 仍是可行个体。

3.3.8 适应度计算

因遗传算法是求适应度的最大值,而本章的目标函数是求生产周期的最小值,因此需将目标函数值 ct 进行适当转化得到适应度 f。可以确定,只要存在加工任务,其生产周期 ct>0 必然成立,故算法中采用了如式(3.4)的转化方式,其中 η 为适应度放大系数,$\eta>0$。

$$f = \frac{\eta}{ct} \tag{3.4}$$

3.3.9 解码操作

解码操作的目的是获得个体 **CH** 的适应度 f,而由式(3.4)可知,要获得个体 **CH** 的适应度 f,需先根据 **CH** 推算其代表的工件投产顺序所对应的生产周期 ct。

传统的流水作业排序不考虑工作日历,其推算生产周期 ct 的方法如下:

图 3.8 中,第 1 行的"6,5,…,8,2"是一个投产顺序。根据这个投产顺序,将原工艺流程中的加工参数进行重新排列,排列后的加工参数为图中的下标数字。设初始时刻为 0,先将第 1 行的数字依次累计求和得到第 1 行的上标数字,代表各工件第 1 道工序的完工时刻。再将第 1 列的数字依次累计求和得到第 1 列的上标数字,代表第 1 个工件(工件号为 6)的 1~n 工序的完工时刻。然后求箭头所指的单元格的上标数字,以工件号 5 的工序 2 为例,其上标数字为 max(7,5)+2=9。可以按行将每行推算完毕,再推算下一行,也可以按列将每列推算完毕,再推算下一列。当最后一个工件的工序 n 推算完毕,得到的上标数字即为生产周期 ct。

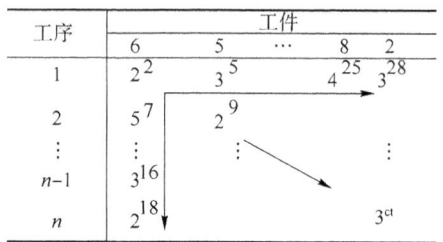

图 3.8 推算 ct 示例

本章的流水作业排序要考虑工作日历。与上述推算过程的不同点有两个,一是初始时刻不是 0,而是由 bt 按工序 1 的设备的工作日历推算得到的工作时刻;二是上标数字不是按数字相加得到,而是用时间推算函数 Forwardwd 推算得到。

解码操作的具体步骤如下。

步骤 1:根据个体 **CH** 代表的工件投产顺序,对工艺流程数组 **T** 进行顺序调整得到调整后的加工时间数组 **TT**。

步骤 2:推算工件 1 工序 1 的开工和完工时刻。工件 1 工序 1 的开工时刻由函数 Getat1,根据调度起始时刻 bt、第 1 道工序对应设备的工作制和工作时段进行推算得到,并将其赋给 **R**(1,1);工件 1 工序 1 的完工时刻由函数 Forwardwd,根据该工序开工时刻 **R**(1,1)、加工时间 **TT**(1,1)、第 1 道工序对应设备的工作制和工作时段进行推算得到,并将其赋给 **R**(1,2)。

步骤3：推算工件 $k(k>1)$ 工序1的开工和完工时刻(即 R 第一行)。工件 k 工序1的开工时刻由函数 Getat1,根据工件 $k-1$ 的完工时刻 $R(1,2k-2)$、第1道工序对应设备的工作制和工作时段进行推算得到,并将其赋给 $R(1,2k-1)$；工件 k 工序1的完工时刻由函数 Forwardwd,根据该工序开工时刻 $R(1,2k-1)$、加工时间 $TT(k,1)$、第1道工序对应设备的工作制和工作时段进行推算得到,并将其赋给 $R(1,2k)$。通过本步骤可得到解码矩阵 R 第1行的3~$2m$ 位的值。

步骤4：推算工件1工序 $j(j>1)$ 的开工和完工时刻(即 R 第一列和第二列)。工件1工序 j 的开工时刻由函数 Getat1,根据工件1工序 $j-1$ 的完工时刻 $R(j-1,2)$、第 j 道工序对应设备的工作制和工作时段进行推算得到,并将其赋给 $R(j,1)$；工件1工序 j 的完工时刻由函数 Forwardwd,根据该工序开工时刻 $R(j,1)$、加工时间 $TT(j,1)$、第 j 道工序对应设备的工作制和工作时段进行推算得到,并将其赋给 $R(j,2)$。

步骤5：推算工件 $k(k>1)$ 工序 $j(j>1)$ 的开工和完工时刻。工件 k 工序 j 的开工时刻确定方法如下：首先,获取工件 $k-1$ 工序 j 的完工时刻 $R(j,2k-2)$ 和工件 k 工序 $j-1$ 的完工时刻 $R(j-1,2k)$ 的最大值赋给 abt,然后由函数 Getat1,根据 abt、第 j 道工序对应设备的工作制和工作时段进行推算得到其开工时刻赋给 $R(j,2k-1)$；工件 k 工序 j 的完工时刻由函数 Forwardwd,根据该工序开工时刻 $R(j,2k-1)$、加工时间 $TT(j,k)$、第 j 道工序对应设备的工作制和工作时段进行推算得到,并将其赋给 $R(j,2k)$。

步骤6：计算生产周期 ct。生产周期 ct 等于所有工件的完工时刻与开工时刻之差,其值可根据解码矩阵 R 得到,即 ct=$R(n,2m)$)−$R(1,1)$,将 ct 赋给 $CH(i)$ 的第 $m+1$ 位。

步骤7：根据式(3.4)计算个体 CH 的适应度 f,将 f 赋给 R 的第 $m+2$ 位,解码结束。

解码操作代码见附录11。

3.4 案例分析

某车间要安排11个工件的投产顺序,这11个工件具有相似的工艺流程,各有5道工序,依次为车成型、车端面、车外圆、磨外圆、磨端面,对应设备代码为C001、C002、C003、M001、M002。工件工艺流程如表3.2所示。设备工作日历如表3.3所示,其中,"工作制"设置如图2.23所示,"日工作安排"设置如图3.9所示。其他参数如表3.4所示。

表3.2 工艺流程　　　　　　　　　　　　　　时间单位：h

工序	名称	设备号	设备代码	1	2	3	4	5	6	7	8	9	10	11
1	车成型	03	C003	3	2.8	2.5	2.2	2.4	2.6	2	1.6	2.5	4.2	1.8
2	车端面	02	C002	4	2.5	2.4	2.4	3	2	1.6	1.2	2.4	2.4	1.6
3	车外圆	01	C001	3.6	3.2	8	3.5	3.3	3.7	3.8	1.5	1.8	1.5	2.4
4	磨端面	05	M002	2.4	4	2.8	2.6	2.4	2.2	2.8	3.2	6.5	2	2
5	磨外圆	04	M001	4.3	4.5	5	4.8	4.9	2	4.7	5.4	5.3	2	3

表 3.3 设备工作日历

设备号	设备代码	设备类别	工作制	日工作安排
01	C001	车床	Z工作制	A
02	C002	车床	Z工作制	B
03	C003	车床	Z工作制	C
04	M001	磨床	Z工作制	B
05	M002	磨床	Z工作制	A

	A	B	C	D	E	F	G	H	I	J	K	L	M	N	O	P	Q	R	S	T	U
1	A							B							C						
2	2	2	2	2	2	2	2	3	3	3	3	3	3	3	2	2	2	2	2	2	2
3	8:00	8:00	8:00	8:00	8:00	8:00	8:00	0:00	0:00	0:00	0:00	0:00	0:00	0:00	0:00	0:00	0:00	0:00	0:00	0:00	0:00
4	12:00	12:00	12:00	12:00	12:00	12:00	12:00	7:00	7:00	7:00	7:00	7:00	7:00	7:00	8:00	8:00	8:00	8:00	8:00	8:00	8:00
5	13:00	13:00	13:00	13:00	13:00	13:00	13:00	8:00	8:00	8:00	8:00	8:00	8:00	8:00	9:00	9:00	9:00	9:00	9:00	9:00	9:00
6	17:00	17:00	17:00	17:00	17:00	17:00	17:00	15:00	15:00	15:00	15:00	15:00	15:00	15:00	17:00	17:00	17:00	17:00	17:00	17:00	17:00
7								16:00	16:00	16:00	16:00	16:00	16:00	16:00							
8								23:00	23:00	23:00	23:00	23:00	23:00	23:00							

图 3.9 "日工作安排"设置

表 3.4 其他参数

名称	值	名称	值
m	11	bt	2020/3/5 8:00
n	5	η	1000
ps	50	mgen	100
pc	0.7	thr_1	0.001
pm	0.1		

利用所设计的遗传算法独立运行 10 次,各次进化结果如表 3.5 所示。从表 3.5 可以看出,该算法收敛效果较好,表现在两个方面:一方面,能在较少的进化代数获得收敛值 7.137 5 天;另一方面,10 次独立进化过程中有 9 次得到最短生产周期 7.137 5 天,故其收敛率高达 90%。50 代进化计算共用时约为 10 秒,计算时间能被调度员接受。图 3.10 为第 3 次独立进化的进化过程图,表 3.6、图 3.11 分别是本次进化得到的最优投产顺序对应的日程安排表和甘特图。

表 3.5 10 次独立进化结果

序号	收敛代数	最短生产周期/天	序号	收敛代数	最短生产周期/天
1	2	7.137 5	6	14	7.145 8
2	41	7.137 5	7	31	7.137 5
3	8	7.137 5	8	37	7.137 5
4	9	7.137 5	9	38	7.137 5
5	30	7.137 5	10	13	7.137 5

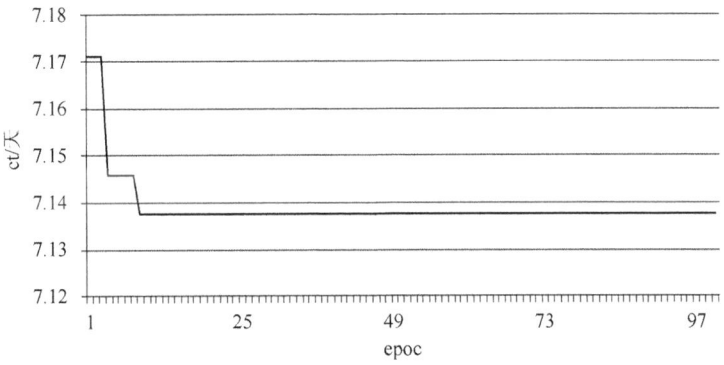

图 3.10 第 3 次独立进化过程图

表 3.6 第 3 次独立进化的最优投产顺序对应的日程安排表

工件		工序				
		1	2	3	4	5
8	开工	2020/3/5 9:00	2020/3/5 10:36	2020/3/5 11:48	2020/3/5 14:18	2020/3/6 8:30
	完工	2020/3/5 10:36	2020/3/5 11:48	2020/3/5 14:18	2020/3/6 8:30	2020/3/6 13:54
7	开工	2020/3/5 10:36	2020/3/5 12:36	2020/3/5 14:18	2020/3/6 9:06	2020/3/6 13:54
	完工	2020/3/5 12:36	2020/3/5 14:12	2020/3/6 9:06	2020/3/6 11:54	2020/3/6 19:36
9	开工	2020/3/5 12:36	2020/3/5 16:00	2020/3/6 9:06	2020/3/6 11:54	2020/3/9 10:24
	完工	2020/3/5 15:06	2020/3/5 18:24	2020/3/6 10:54	2020/3/9 10:24	2020/3/9 16:42
5	开工	2020/3/5 15:06	2020/3/6 0:30	2020/3/6 10:54	2020/3/9 10:24	2020/3/9 16:42
	完工	2020/3/6 0:30	2020/3/6 3:30	2020/3/6 15:12	2020/3/9 13:48	2020/3/9 21:36
3	开工	2020/3/6 0:30	2020/3/6 3:30	2020/3/6 15:12	2020/3/9 15:12	2020/3/10 9:00
	完工	2020/3/6 3:00	2020/3/6 5:54	2020/3/9 15:12	2020/3/10 9:00	2020/3/10 14:00
10	开工	2020/3/6 3:00	2020/3/6 8:00	2020/3/9 15:12	2020/3/10 9:00	2020/3/10 14:00
	完工	2020/3/6 7:12	2020/3/6 10:24	2020/3/9 16:42	2020/3/10 11:00	2020/3/10 17:00
11	开工	2020/3/6 7:12	2020/3/6 10:24	2020/3/9 16:42	2020/3/10 11:00	2020/3/10 17:00
	完工	2020/3/6 10:00	2020/3/6 12:00	2020/3/10 10:06	2020/3/10 14:00	2020/3/10 20:00
4	开工	2020/3/6 10:00	2020/3/6 12:12	2020/3/10 10:06	2020/3/10 14:36	2020/3/11 8:12
	完工	2020/3/6 12:12	2020/3/6 14:36	2020/3/10 14:36	2020/3/11 8:12	2020/3/11 13:00
2	开工	2020/3/6 12:12	2020/3/6 16:00	2020/3/10 14:36	2020/3/11 8:48	2020/3/11 13:48
	完工	2020/3/6 15:00	2020/3/6 18:30	2020/3/11 8:48	2020/3/11 13:48	2020/3/11 19:18
1	开工	2020/3/6 15:00	2020/3/9 1:00	2020/3/11 8:48	2020/3/11 13:48	2020/3/11 19:18
	完工	2020/3/9 1:00	2020/3/9 5:00	2020/3/11 13:24	2020/3/11 16:12	2020/3/12 0:36
6	开工	2020/3/9 1:00	2020/3/9 5:00	2020/3/11 13:24	2020/3/12 8:06	2020/3/12 10:18
	完工	2020/3/9 3:36	2020/3/9 7:00	2020/3/12 8:06	2020/3/12 10:18	2020/3/12 12:18

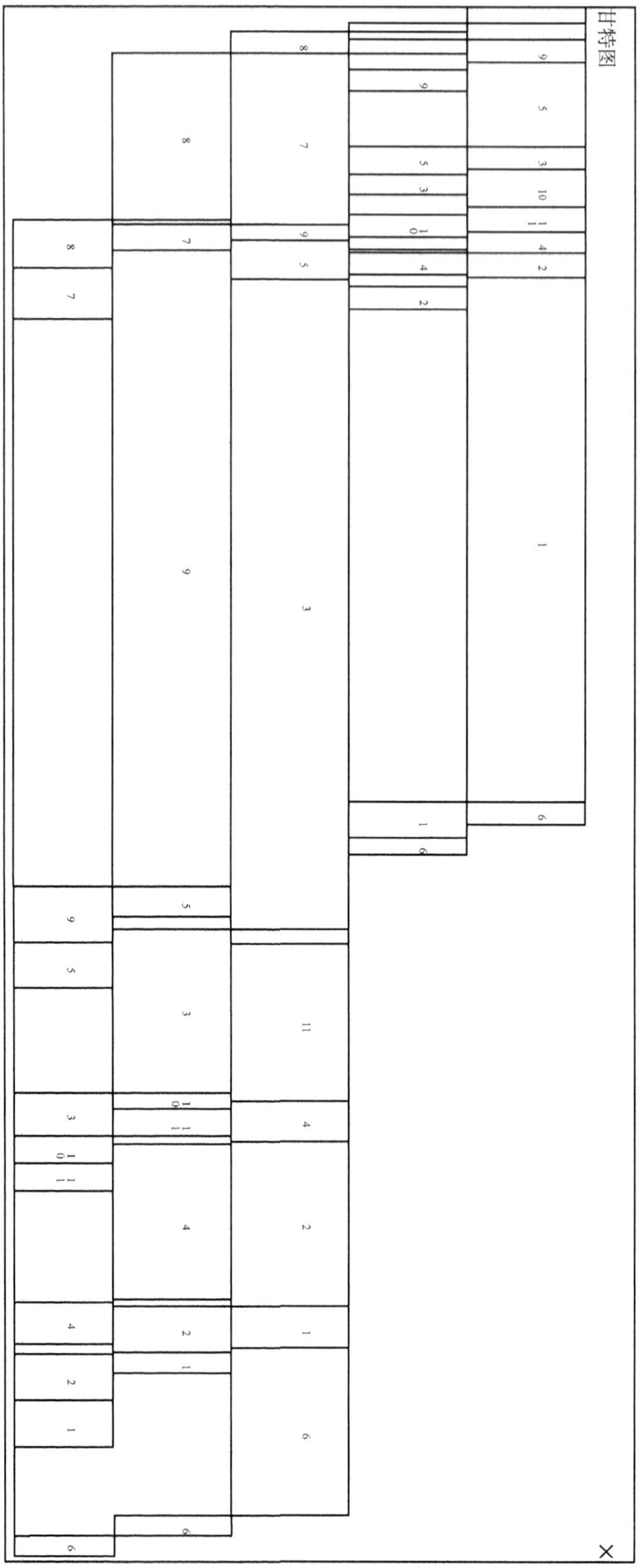

图 3.11 第 3 次独立进化的最优投产顺序对应的甘特图

从表 3.4 可以看出,调度起始时刻 bt 为 2020/3/5 8:00;从表 3.6 可以看出,工件 1(工件号 8)工序 1 的开工时刻却为 2020/3/5 9:00,两者并不相等。分析其原因在于,2020/3/5 为周四,2020/3/2 8:00 这个时刻正好处于工序 1 所在加工设备 03(C003)周四的第 1 个工作时段的停工时段,因此该工序实际开工时刻应该为下一工作时段的开工时刻,即 2020/3/5 9:00。从时刻 2020/3/2 9:00 推算得到有效开工时刻 2020/3/5 9:00 归因于时间推算函数 Getatl。

从表 3.2 可以看出,工件 3 的工序 3 加工时间为 8 h,而从表 3.6 可以看出,其加工起止时刻为 2020/3/6 15:12～2020/3/9 15:12,其间的日历时间为 3 天共 72 h,两者相差很大。分析其原因在于工序 3 所在加工设备 01(C001)采用的是"Z 工作制"、每天工作时间为 8 h,2020/3/7 和 2020/3/8 为非工作日,故 2020/3/6 15:12～2020/3/9 15:12 之间的有效工作时间正好为 8 h。从 2020/3/6 15:12 向前推算 8 h 得到 2020/3/9 15:12 归因于时间推算函数 Forwardwd。

通过手工核算,表 3.6 的日程安排表及生产周期完全正确,表明本章方法中的时间推算方法是有效的。

进一步,若将各设备的工作制全部设置为"Y 工作制",日工作安排设置不变,得到的最优投产顺序为〔8 7 5 2 4 10 1 11 9 3 6〕,生产周期为 6.137 5 天,生产周期缩短了 1 天,"Y 工作制"下最优投产顺序对应的日程安排表如表 3.7 所示。

表 3.7 "Y 工作制"下最优投产顺序对应的日程安排表

工件		工序				
		1	2	3	4	5
8	开工	2020/3/5 9:00	2020/3/5 10:36	2020/3/5 11:48	2020/3/5 14:18	2020/3/6 8:30
	完工	2020/3/5 10:36	2020/3/5 11:48	2020/3/5 14:18	2020/3/6 8:30	2020/3/6 13:54
7	开工	2020/3/5 10:36	2020/3/5 12:36	2020/3/5 14:18	2020/3/6 9:06	2020/3/6 13:54
	完工	2020/3/5 12:36	2020/3/5 14:12	2020/3/6 9:06	2020/3/6 11:54	2020/3/6 19:36
5	开工	2020/3/5 12:36	2020/3/5 16:00	2020/3/6 9:06	2020/3/6 13:24	2020/3/6 19:36
	完工	2020/3/5 15:00	2020/3/5 19:00	2020/3/6 13:24	2020/3/6 15:48	2020/3/7 1:30
2	开工	2020/3/5 15:00	2020/3/6 0:48	2020/3/6 13:24	2020/3/6 16:36	2020/3/7 11:36
	完工	2020/3/6 0:48	2020/3/6 3:18	2020/3/6 16:36	2020/3/7 11:36	2020/3/7 17:06
4	开工	2020/3/6 0:48	2020/3/6 3:18	2020/3/6 16:36	2020/3/7 11:36	2020/3/7 17:06
	完工	2020/3/6 3:00	2020/3/6 5:42	2020/3/7 11:06	2020/3/7 15:12	2020/3/7 21:54
10	开工	2020/3/6 3:00	2020/3/6 8:00	2020/3/7 11:06	2020/3/7 15:12	2020/3/9 8:12
	完工	2020/3/6 7:12	2020/3/6 10:24	2020/3/7 13:36	2020/3/9 8:12	2020/3/9 10:12
1	开工	2020/3/6 7:12	2020/3/6 11:12	2020/3/7 13:36	2020/3/9 8:12	2020/3/9 10:36
	完工	2020/3/6 11:12	2020/3/6 16:12	2020/3/9 8:12	2020/3/9 10:36	2020/3/9 14:54
11	开工	2020/3/6 11:12	2020/3/6 16:12	2020/3/9 8:12	2020/3/9 10:36	2020/3/9 14:54
	完工	2020/3/6 13:00	2020/3/6 17:48	2020/3/9 10:36	2020/3/9 13:36	2020/3/9 18:54
9	开工	2020/3/6 13:00	2020/3/6 17:48	2020/3/9 10:36	2020/3/9 13:36	2020/3/10 11:06
	完工	2020/3/6 15:30	2020/3/6 20:12	2020/3/9 13:24	2020/3/10 11:06	2020/3/10 17:24
3	开工	2020/3/6 15:30	2020/3/7 1:00	2020/3/9 13:24	2020/3/10 13:24	2020/3/10 17:24
	完工	2020/3/7 1:00	2020/3/7 3:24	2020/3/10 13:24	2020/3/10 16:12	2020/3/10 22:24

续 表

工件		工序				
		1	2	3	4	5
6	开工	2020/3/7 1:00	2020/3/7 3:36	2020/3/10 13:24	2020/3/11 8:06	2020/3/11 10:18
	完工	2020/3/7 3:36	2020/3/7 5:36	2020/3/11 8:06	2020/3/11 10:18	2020/3/11 12:18

若将各设备的工作制全部设置为"X 工作制",得到的最优投产顺序为〔8 7 5 2 11 10 4 9 1 3 6〕,生产周期为 5.137 5 天,生产周期进一步缩短了 1 天,"X 工作制"下最优投产顺序对应的日程安排表如表 3.8 所示。

表 3.8 "X 工作制"下最优投产顺序对应的日程安排表

工件		工序				
		1	2	3	4	5
8	开工	2020/3/5 9:00	2020/3/5 10:36	2020/3/5 11:48	2020/3/5 14:18	2020/3/6 8:30
	完工	2020/3/5 10:36	2020/3/5 11:48	2020/3/5 14:18	2020/3/6 8:30	2020/3/6 13:54
7	开工	2020/3/5 10:36	2020/3/5 12:36	2020/3/5 14:18	2020/3/6 9:06	2020/3/6 13:54
	完工	2020/3/5 12:36	2020/3/5 14:12	2020/3/6 9:06	2020/3/6 11:54	2020/3/6 19:36
5	开工	2020/3/5 12:36	2020/3/5 16:00	2020/3/6 9:06	2020/3/6 13:24	2020/3/6 19:36
	完工	2020/3/5 15:00	2020/3/5 19:00	2020/3/6 13:24	2020/3/6 15:48	2020/3/7 1:30
2	开工	2020/3/5 15:00	2020/3/6 0:48	2020/3/6 13:24	2020/3/6 16:36	2020/3/7 11:36
	完工	2020/3/6 0:48	2020/3/6 3:18	2020/3/6 16:36	2020/3/7 11:36	2020/3/7 17:06
11	开工	2020/3/6 0:48	2020/3/6 3:18	2020/3/6 16:36	2020/3/7 11:36	2020/3/7 17:06
	完工	2020/3/6 2:36	2020/3/6 4:54	2020/3/7 10:00	2020/3/7 14:36	2020/3/7 20:06
10	开工	2020/3/6 2:36	2020/3/6 6:48	2020/3/7 10:00	2020/3/7 14:36	2020/3/7 20:06
	完工	2020/3/6 6:48	2020/3/6 10:12	2020/3/7 11:30	2020/3/7 16:36	2020/3/7 22:06
4	开工	2020/3/6 6:48	2020/3/6 10:12	2020/3/7 11:30	2020/3/7 16:36	2020/3/8 10:12
	完工	2020/3/6 10:00	2020/3/6 12:36	2020/3/7 16:00	2020/3/8 10:12	2020/3/8 15:00
9	开工	2020/3/6 10:00	2020/3/6 12:36	2020/3/7 16:00	2020/3/8 10:12	2020/3/9 8:42
	完工	2020/3/6 12:30	2020/3/6 16:00	2020/3/8 8:48	2020/3/9 8:42	2020/3/9 14:00
1	开工	2020/3/6 12:30	2020/3/6 16:00	2020/3/8 8:48	2020/3/9 8:42	2020/3/9 14:00
	完工	2020/3/6 15:30	2020/3/6 20:00	2020/3/8 13:24	2020/3/9 11:06	2020/3/9 19:18
3	开工	2020/3/6 15:30	2020/3/7 1:00	2020/3/8 13:24	2020/3/9 13:24	2020/3/9 19:18
	完工	2020/3/7 1:00	2020/3/7 3:24	2020/3/9 13:24	2020/3/9 16:12	2020/3/10 1:18
6	开工	2020/3/7 1:00	2020/3/7 3:36	2020/3/9 13:24	2020/3/10 8:06	2020/3/10 10:18
	完工	2020/3/7 3:36	2020/3/7 5:36	2020/3/10 8:06	2020/3/10 10:18	2020/3/10 12:18

以上属于各设备采用相同工作日历(工作制+日工作安排)的情况。若将设备 01~05 的工作制依次设置为"Y 工作制""Z 工作制""X 工作制""Y 工作制""Z 工作制",得到的最优投产顺序为〔8 9 11 7 1 4 5 3 2 10 6〕,生产周期为 6.470 8 天,最优投产

顺序对应的日程安排表如表 3.9 所示。通过手工核算,得到的日程安排表及生产周期完全正确。

表 3.9 最优投产顺序对应的日程安排表

工件		工序				
		1	2	3	4	5
8	开工	2020/3/5 9:00	2020/3/5 10:36	2020/3/5 11:48	2020/3/5 14:18	2020/3/6 8:30
	完工	2020/3/5 10:36	2020/3/5 11:48	2020/3/5 14:18	2020/3/6 8:30	2020/3/6 13:54
9	开工	2020/3/5 10:36	2020/3/5 13:06	2020/3/5 16:30	2020/3/6 9:18	2020/3/6 16:48
	完工	2020/3/5 13:06	2020/3/5 16:30	2020/3/6 9:18	2020/3/6 16:48	2020/3/6 22:06
11	开工	2020/3/5 13:06	2020/3/5 16:30	2020/3/6 9:18	2020/3/6 16:48	2020/3/9 9:48
	完工	2020/3/5 14:54	2020/3/5 18:06	2020/3/6 11:42	2020/3/9 9:48	2020/3/9 12:48
7	开工	2020/3/5 14:54	2020/3/5 18:06	2020/3/6 11:42	2020/3/9 9:48	2020/3/9 13:36
	完工	2020/3/5 16:54	2020/3/5 19:42	2020/3/6 16:30	2020/3/9 13:36	2020/3/9 19:18
1	开工	2020/3/5 16:54	2020/3/6 2:54	2020/3/6 16:30	2020/3/9 13:36	2020/3/9 19:18
	完工	2020/3/6 2:54	2020/3/6 6:54	2020/3/7 11:06	2020/3/9 16:00	2020/3/10 0:36
4	开工	2020/3/6 2:54	2020/3/6 6:54	2020/3/7 11:06	2020/3/9 16:00	2020/3/10 9:36
	完工	2020/3/6 5:06	2020/3/6 10:18	2020/3/7 15:36	2020/3/10 9:36	2020/3/10 14:24
5	开工	2020/3/6 5:06	2020/3/6 10:18	2020/3/7 15:36	2020/3/10 9:36	2020/3/10 14:24
	完工	2020/3/6 7:30	2020/3/6 13:18	2020/3/9 9:54	2020/3/10 13:00	2020/3/10 20:18
3	开工	2020/3/6 7:30	2020/3/6 13:18	2020/3/9 9:54	2020/3/10 13:00	2020/3/10 20:18
	完工	2020/3/6 11:00	2020/3/6 16:42	2020/3/10 9:54	2020/3/10 15:48	2020/3/11 2:18
2	开工	2020/3/6 11:00	2020/3/6 16:42	2020/3/10 9:54	2020/3/10 15:48	2020/3/11 10:48
	完工	2020/3/6 13:48	2020/3/6 19:12	2020/3/10 14:06	2020/3/11 10:48	2020/3/11 16:18
10	开工	2020/3/6 13:48	2020/3/9 0:00	2020/3/10 14:06	2020/3/11 10:48	2020/3/11 16:18
	完工	2020/3/7 1:00	2020/3/9 2:24	2020/3/10 15:36	2020/3/11 13:48	2020/3/11 18:18
6	开工	2020/3/7 1:00	2020/3/9 2:24	2020/3/10 15:36	2020/3/11 13:48	2020/3/11 18:18
	完工	2020/3/7 3:36	2020/3/9 4:24	2020/3/11 10:18	2020/3/11 16:00	2020/3/11 20:18

3.5 结 论

针对混合工作日历下流水作业排序问题,提出了一种基于遗传算法的优化方法。在该方法中,根据设备的工作日历,采用时间推算函数准确推算工序起止时刻,保证了所得投产顺序的有效性。利用该方法可快速、准确获得混合工作日历下流水作业车间调度问题的最优投产顺序、日程安排表、甘特图及最短生产周期。该方法除了用于获得最优投产顺序外,还可用于工作日历的优化配置,从而使生产周期达到预期范围,即通过改变某台或某些设备的工作日历,再利用该方法得到新的最优投产顺序,若生产周期达不到预期范围,继续修改设备的工作制或日工作安排,直到达到预期范围为止。

第4章　混合工作日历下作业车间调度

作业车间调度问题(Job shop Scheduling Problem，JSP)是复杂的 NP-hard 问题,多年来一直是学术界的研究热点。考虑到设备自动化程度、运行可靠性、固定成本、生产任务量的不同及人性化管理的需要,我国多品种小批量生产制造型企业或车间内各设备往往采用不尽相同的工作日历,即混合工作日历现象在多品种小批量生产制造型企业中普遍存在。然而,现有作业车间调度研究成果尚不能有效解决混合工作日历下的作业车间调度问题。

作业车间调度求解方法主要有以下几种:即最优化方法、启发式方法、仿真方法、专家系统方法、神经网络方法、智能搜索方法等。最优化方法旨在通过数学规划方法获取最优调度方案,仅适用于求解小规模调度问题。启发式方法旨在基于调度规则获取近似调度方案,缺乏对整体性能的有效把握和预见能力,在实际应用中常将它与其他方法结合使用。仿真方法旨在通过对实际生产环境的建模来模拟实际生产过程从而得到近似调度方案,仿真结论往往因模型不同而不同,很难获得一致的结论。专家系统旨在通过基于知识的系统根据车间信息选择最好的调度规则从而得到近似调度方案,但开发周期长、成本高昂,需要丰富的调度经验知识,对新的环境适应性较差。人工神经网络方法旨在通过模仿生物神经系统来获取调度方案,仅适用于解决实验环境下规模较小的问题。目前作业车间调度应用较多的求解方法是智能搜索方法,包括遗传算法、禁忌搜索算法、模拟退火算法、蚁群搜索算法、粒子群搜索算法、蜂群搜索算法、蝙蝠算法等以及这些算法的混合算法。其中,遗传算法因其有较好的全局搜索性能、鲁棒性好、可扩展性好等优点被广泛用于求解作业车间调度问题。本书针对以生产周期最短为优化目标的一类混合工作日历下作业车间调度问题,研究提出了一种基于遗传算法优化方法。

4.1　问题描述

车间需在若干台设备上安排一批工件加工任务。
假设条件如下。
(1) 各设备按指定的工作日历运行。工作日历是工作制和日工作安排的合称。一旦某设备的工作制和日工作安排被设定,则该设备在同一个调度周期内此工作日历运行。
(2) 各设备采用的工作日历不尽相同。
(3) 各工件的工艺流程事先被确定。
(4) 各工件每道工序所用设备事先被唯一确定。
(5) 各工序在指定设备上的调整时间和加工时间事先被确定。
(6) 工件加工是非抢占式的,即当一个工件正在加工时,不能停下来加工其他工件。

(7) 设备调整或工件加工可跨越设备停工时段,即当设备按工作日历停工时,设备停止调整、工件停止加工,待设备重新开工时继续未完成的工作。

(8) 设备初始状态时其时间轴连续,即尚未被安排任何任务。

(9) 调度从调度起始时刻往后进行,该调度起始时刻由调度员给定。

要求:在以上假设条件下进行合理调度,在满足一定约束条件下使生产周期最短。

4.2 数学模型构建

1. 符号定义

符号定义如表4.1所示。

表4.1 符号定义

符号	说明
m	工件数
n	工序数
J_i	工件 i, $i \in (1,m)$
n_i	工件 i 的工序数
W_k	设备 k 工作时段集合
b_t	调度起始时刻
m_p	生产周期
s_{tij}	J_i 工序 j 的设备调整时间(h),$i \in (1,m)$,$j \in (1,n_i)$
c_{tij}	J_i 工序 j 的加工时间(h),$i \in (1,m)$,$j \in (1,n_i)$
t_{sbij}	J_i 工序 j 设备调整开始时刻,$i \in (1,m)$,$j \in (1,n_i)$
t_{seij}	J_i 工序 j 设备调整结束时刻,$i \in (1,m)$,$j \in (1,n_i)$
t_{cbij}	J_i 工序 j 加工开始时刻,$i \in (1,m)$,$j \in (1,n_i)$
t_{ceij}	J_i 工序 j 加工结束时刻,$i \in (1,m)$,$j \in (1,n_i)$

2. 优化模型

以生产周期最短为优化目标,建立一类混合工作日历作业车间调度优化模型。

(1) 目标函数

$$\min m_p = \min[\max_{i=1}^{m}(t_{cein_i}) - \min_{i=1}^{m}(t_{sbi1})] \tag{4.1}$$

(2) 约束条件

$$t_{sbij} \geq t_{cei(j-1)}, 若 J_i 工序 j 采用设备 p,工序 j-1 采用设备 q 加工且 p=q。 \tag{4.2}$$

$$t_{cbij} \geq t_{cei(j-1)}, 若 J_i 工序 j 采用设备 p,工序 j-1 采用设备 q 加工且 p \neq q。 \tag{4.3}$$

$$At(t_{cbij} \sim t_{ceij}) = c_{tij}, \forall i,j \tag{4.4}$$

$$At(t_{sbij} \sim t_{seij}) = s_{tij}, \forall i,j \tag{4.5}$$

$$t_{sbij} \in W_k, t_{seij} \in W_k, t_{cbij} \in W_k, t_{ceij} \in W_k, \forall i,j, J_{ij} 所用设备号为 k \tag{4.6}$$

$$t_{sbij} \geq b_t, t_{seij} \geq b_t, t_{cbij} \geq b_t, t_{ceij} \geq b_t, \forall i,j \tag{4.7}$$

式(4.1)表示生产周期最小化,这里的生产周期是指 m 个工件的加工结束时刻与最早的设备调整时刻之间的日历时间。式(4.2)表示若 J_i 的工序 $j-1$ 与工序 j 所用设备相同($p=q$),由于设备被占用无法提前调整,故工序 j 必须在工序 $j-1$ 加工结束时刻之后才能开始设备调整;式(4.3)表示若 J_i 工序 $j-1$ 与 j 工序所用设备不同($p\neq q$),则工序 j 可以提前开始进行设备调整以保证工序 $j-1$ 加工结束后它能尽快开始加工;式(4.4)表示任意工序的加工开始时刻与加工结束时刻之间的有效工作时间等于其加工时间;式(4.5)表示任意工序的设备调整开始时刻与结束时刻之间的有效工作时间等于其调整时间;式(4.6)表示任意工序的设备调整开始时刻和结束时刻、加工开始时刻和结束时刻必须落入所用设备的工作时段内;式(4.7)表示任意工序的设备调整开始时刻不能早于给定的调度起始时刻 b_t。

从以上优化模型可以看出,该调度优化模型不是常规的线性规划模型,约束条件(4.4)、(4.5)、(4.6)不属于常规约束条件。相对于传统的作业车间调度问题,该问题具有更高的复杂性,适合采用智能搜索算法求解。本节选用遗传算法对上述优化模型进行求解。

4.3 设备工作日历设置与时间推算

本章设备工作日历设置与时间推算与第 3 章的内容相同,不再赘述。

4.4 遗传算法设计

以 VBA 为平台设计了一种遗传进化算法。

4.4.1 工作表设计

除了工作日历用到的“工作制”“日工作安排”工作表和“设备”工作表外,根据需要,设计了“工件”“工艺流程”“其他参数”“进化过程”“最优解”等工作表,用于输入参数的设置和进化结果的输出。“工件”工作表结构如图 4.1 所示,“工艺流程”工作表如图 4.2 所示,“进化过程”工作表如图 4.3 所示,“最优解”工作表如图 4.4 所示。

	A	B	C	D
1	工件号	工件名称	型号	工序数
2				
3				
4				

图 4.1 “工件”工作表

	A	B	C	D	E	F	G	H	I
1	工件号	名称	工序号	工序名称	设备号	设备代码	设备类别	St	Ct
2									
3									
4									

图 4.2 “工艺流程”工作表

	A	B	C
1	epoc	生产周期	适应度
2			
3			
4			

图 4.3 “进化过程”工作表

	D	E	F	G	H	I	J	K	L
1	工序	设备号	设备代码	调整时间	加工时间	调整开始时刻	调整结束时刻	加工开始时刻	加工结束时刻
2									
3									
4									

图 4.4 "最优解"工作表

4.4.2 类型、变量及数组定义

根据算法需要,定义了图 4.5 所示的自定义类型 mach、pr、job、chm 和表 4.2 所示的全局变量及数组。其中,chm.**R** 为 tpn×10 的矩阵,1~10 列依次存储任务序号、工件号、工序号、设备号、调整时间、加工时间、设备调整开始时刻、设备调整结束时刻、加工开始时刻、加工结束时刻。**MA** 为 mn×5 的数组,用于存储设备工作日历。**JB** 为 jn 个元素的数组,其元素类型为 job,用于存储各工件的参数。**MMB** 为 mn 个元素的数组,其元素类型为 mach,用于存储调度前各设备的时间状态。

$$pr\begin{cases} name（String，工序名称）\\ mn（Integer，设备号）\\ ct（Double，加工时间，小时）\\ st（Double，设备高速时间，小时）\end{cases}$$

$$job\begin{cases} name（String，工件名称）\\ type（String，工件类型）\\ pn（Integer，工序数）\\ \mathbf{PR}()（pr，工序）\end{cases}$$

$$mach\ \{\mathbf{TS}()（Variant，设备时间状态向量）$$

$$chm\begin{cases} \mathbf{R}()（Variant，调度矩阵）\\ O（Double，目标值）\\ fit（Double，适应度值）\\ ps（Double，选择概率）\\ pls（Doble，累计选择概率）\\ \mathbf{MMA}()（mach，解码后设备时间状态对象数组）\end{cases}$$

图 4.5 自定义类型

表 4.2 全局变量及数组定义

名称	含义	类别
jn	工件数	输入参数
tpn	总工序数	输入参数
mn	设备数	输入参数
bt	调度起始时刻	输入参数
tln	时间大值	输入参数
ln	大数	输入参数
thr_1	开工、停工阈值	输入参数
ps	种群规模	输入参数
pc	交叉率	输入参数

续表

名称	含义	类别
pm	变异率	输入参数
mgen	最大进化代数	输入参数
MA( )	设备数组	输入参数
JB( )	工件数组	输入参数
MMB( )	解码前设备时间状态数组	输入参数

4.4.3　算法流程

算法的计算流程如图4.6所示。

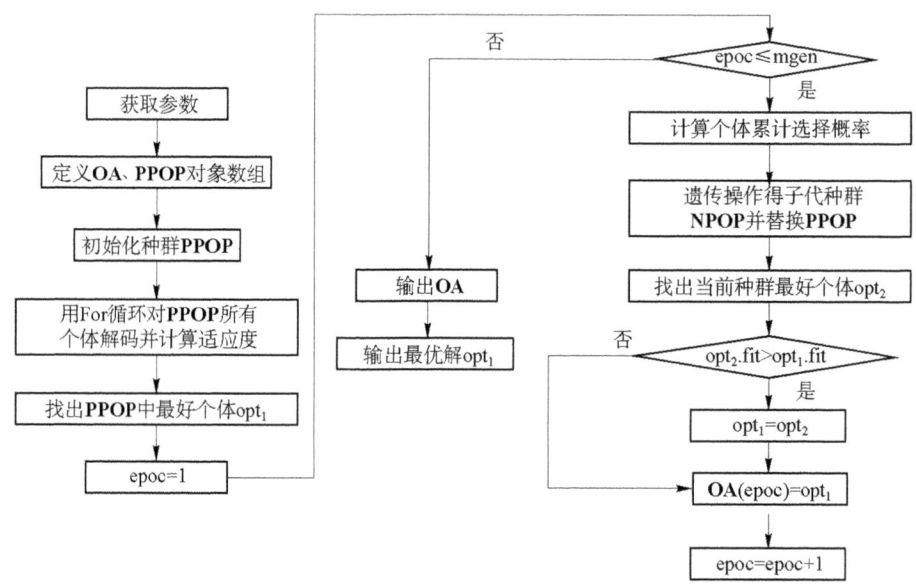

图4.6　算法流程

4.4.4　获取参数

从工作表中读取相关参数赋给表4.2中的变量及数组。其中，**MA**从"设备"工作表读取第2行及以后的数据。**MMB**按如下方法赋值：按照假设条件(8)，调度初始时刻各设备时间轴连续，假设条件(9)表明调度从调度起始时刻 bt 往后进行，因此在本算法中采用 For 循环为各设备的空闲时间段各赋两个元素，bt 和 tln。以设备 i 为例，令 **MMB**(i).**TS**(1)= bt, **MMB**(i).**TS**(2)=tln。**Jb**按如下方法赋值：采用 For 循环从 1~jn 分别对 **JB** 的每一个元素赋值。对工件 i，先从工作表"工件"中读取第 i 个工件的工件名称、型号、工序数分别赋给 **JB**(i).name, **JB**(i).type、**JB**(i).pn，再用 Redim **JB**(i).**PR**(**JB**(i).pn)重新定义 **JB**(i).**PR** 的维数，再用 For 循环从工作表"工艺流程"的中读取该工件对应工序参数分别赋给 **JB**(i).**PR**(i)~**JB**(i).**PR**(**JB**(i).pn)。

4.4.5 编码方式

采用基于工序的编码方式对个体进行编码。如式(4.8)所示,ch.R 为 tpn×10 的矩阵,第 2 列为编码所用,基因值为 1~jn 的随机整数,各整数出现的次数等于对应工件的工序数,其他各列为辅助或解码所用。

$$\text{ch.}\boldsymbol{R} = \begin{pmatrix} 1 & 2 & 1 & 3 & \cdots & \cdots \\ 2 & 1 & 1 & 4 & \cdots & \cdots \\ 3 & 1 & 2 & 3 & \cdots & \cdots \\ 4 & 2 & 2 & 2 & \cdots & \cdots \\ \vdots & \vdots & \vdots & \vdots & & \vdots \\ \text{tpn} & 5 & 3 & 4 & \cdots & \cdots \end{pmatrix} \tag{4.8}$$

4.4.6 种群初始化

按照图 4.7 所示的流程分别产生 ps 个随机可行个体,依次存入种群 **PPOP**,从而完成种群初始化。图中,给第 4 列赋设备号的方法如下:根据工件号 $R(i,2)$、工序号 $R(i,3)$ 直接从 **JB** 对象数组中读取。例如,对于第 i 行,有 $R(i,4)=\mathbf{JB}(R(i,2)).\mathbf{PR}(R(i,3)).\text{mn}$。

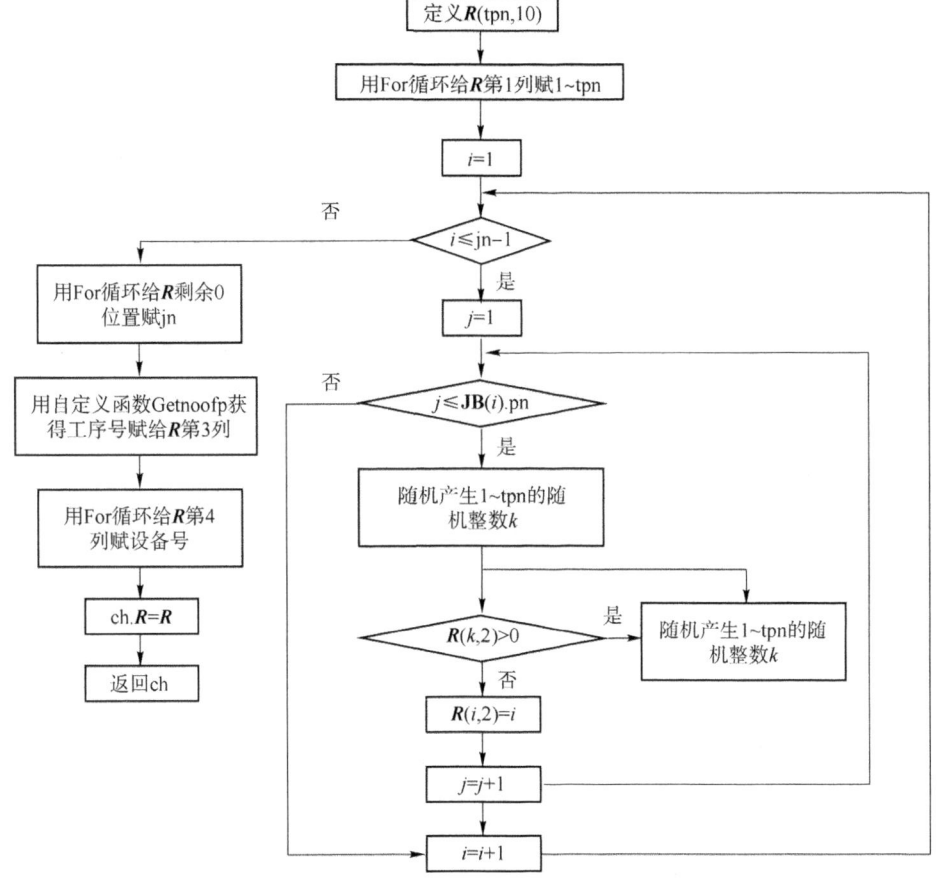

图 4.7 产生随机个体流程

4.4.7 遗传操作

1. 遗传操作流程

本节设计的遗传操作流程如图 4.8 所示。

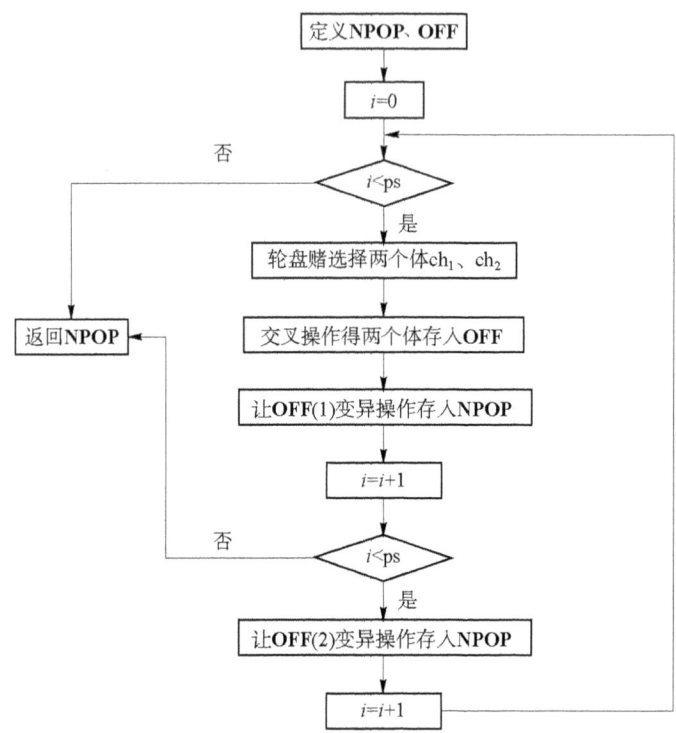

图 4.8 遗传操作流程

2. 交叉操作

根据个体编码方式的特点,为减少计算次数,基于遗传算子改进策略,采用基于工序顺序的交叉方式来保证子代个体可行性。具体方法如下:同一工件的工序之间具有先后顺序,为保证交叉操作不破坏这种先后顺序,固定某父体的某个工件号所在行内容(工件号、工序号和设备号)不变,从上到下依次用另一父体中除该工件号所在行之外的其他行取代本父体剩余行。例如,式(4.9)中,若 $p1.R$ 中固定工件 1,$p2.R$ 中固定工件 2 不动,则 $p1.R$ 与 $p2.R$ 交叉后的结果如式(4.10)所示。

$$p1.R = \begin{pmatrix} 1 & 2 & 1 & 4 \\ 2 & 1 & 1 & 1 \\ 3 & 2 & 2 & 3 \\ 4 & 2 & 3 & 2 \\ 5 & 1 & 2 & 3 \\ 6 & 3 & 1 & 3 \\ 7 & 1 & 3 & 2 \\ 8 & 3 & 2 & 4 \end{pmatrix} \quad p2.R = \begin{pmatrix} 1 & 1 & 1 & 5 \\ 2 & 1 & 2 & 2 \\ 3 & 3 & 1 & 1 \\ 4 & 3 & 2 & 3 \\ 5 & 2 & 1 & 4 \\ 6 & 1 & 3 & 2 \\ 7 & 2 & 2 & 5 \\ 8 & 2 & 3 & 3 \end{pmatrix} \tag{4.9}$$

$$p1'.\mathbf{R}=\begin{pmatrix}1&3&1&1\\2&1&1&1\\3&3&2&3\\4&2&1&4\\5&1&2&3\\6&2&2&5\\7&1&3&2\\8&2&3&3\end{pmatrix} \quad p2'.\mathbf{R}=\begin{pmatrix}1&1&1&1\\2&1&2&3\\3&3&1&3\\4&1&3&2\\5&2&1&4\\6&3&2&4\\7&2&2&5\\8&2&3&3\end{pmatrix} \quad (4.10)$$

3. 变异操作

与交叉操作类似，为减少计算次数，基于遗传算子改进策略，采用基于工序顺序的变异方式来保证子代个体可行性。具体方法如下：随机产生一个 1～tpn 之间的整数 mp 作为变异点，以此点为基准向上向下分别寻找与该点工件号相同的最近位置 s_1 和 s_2，若向上没有找到则令 $s_1=0$，向下没有找到则令 $s_2=\mathrm{tpn}+1$；取 $k_1=s_1+1,k_2=s_2-1$，随机产生 $k_1\sim k_2$ 的整数 k，将该工件号、工序号及设备号滑移至 k 位置。例如，式(4.10)中，若 $p1'.\mathbf{R}$ 中假定 $mp=3$，则可求得 $k_1=2,k_2=8$，若随机产生的整数 $k=6$，则 $p1'.\mathbf{R}$ 变异后的结果如式(4.11)所示。

$$p1''.\mathbf{R}=\begin{pmatrix}1&3&1&1\\2&1&1&1\\3&2&1&4\\4&1&2&3\\5&2&2&5\\6&3&2&3\\7&1&3&2\\8&2&3&3\end{pmatrix} \quad (4.11)$$

4.4.8 解码操作

解码操作的目的是根据 ch.$\mathbf{R}$ 的 1～4 列及相关参数，从前到后依次安排每个加工任务，确定 ch.$\mathbf{R}$ 的第 5～10 列。由于本节优化目标是求生产周期最短化，为了尽可能缩短生产周期，采用如下两种措施。第一种是将工序时间细分为设备调整时间和加工时间，使得下道工序的设备调整工作有条件提前进行，从而使上道工序加工完毕后能尽早开始加工；第二种是采用正向"间隙挤压式"调度方法，在设备的时间轴上安排工序，以便尽可能减少设备空闲时间。解码操作流程如图 4.9 所示，对应函数名称为 Decode，其代码见附录 12。

第一步：将解码前设备时间状态对象数组 **MMB** 赋给 **MM**，将 ch.$\mathbf{R}$ 赋给 $\mathbf{R}$。

第二步：令 $i=1\sim\mathrm{tpn}$，从前往后依次安排各工序，确定 ch.$\mathbf{R}$ 的第 5～10 列值。此步又分以下 5 个子步骤。

(1) 获取设备调整时间 st 和加工时间 ct。直接从 **JB** 读出，即 $\mathrm{st}=\mathbf{JB}(\mathbf{R}(i,2)).\mathbf{PR}(\mathbf{R}(i,3)).\mathrm{st},\mathrm{ct}=\mathbf{JB}(\mathbf{R}(i,2)).\mathbf{PR}(\mathbf{R}(i,3)).\mathrm{ct}$。

(2) 获取工件 $\mathbf{R}(i,2)$ 的工序 $\mathbf{R}(i,3)$ 设备最早可开始调整时刻 g。如图 4.10 所示，分三种情况分别处理。

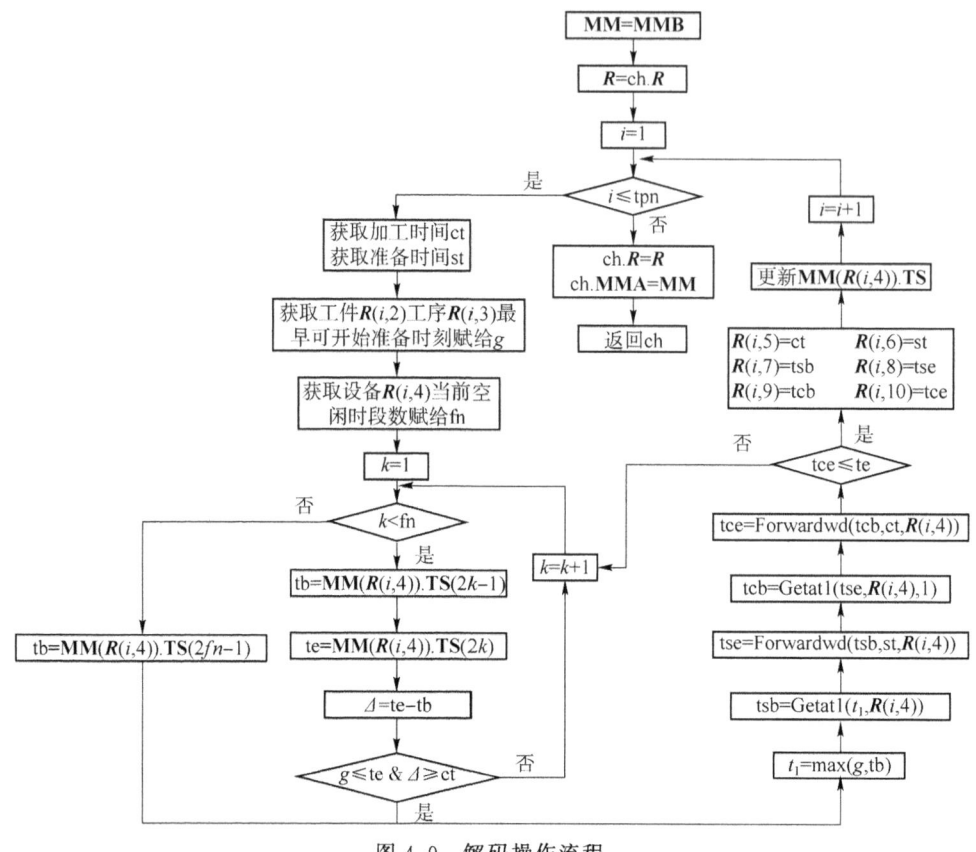

图 4.9 解码操作流程

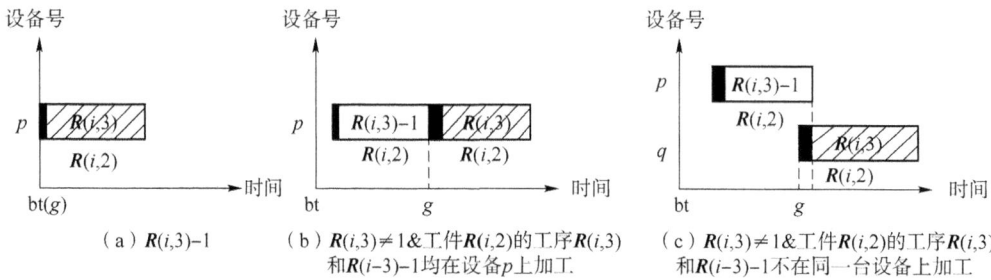

(a) $R(i,3)-1$

(b) $R(i,3)\neq 1$ & 工件 $R(i,2)$ 的工序 $R(i,3)$ 和 $R(i-3)-1$ 均在设备 p 上加工

(c) $R(i,3)\neq 1$ & 工件 $R(i,2)$ 的工序 $R(i,3)$ 和 $R(i-3)-1$ 不在同一台设备上加工

图 4.10 获取工件 $R(i,2)$ 的工序 $R(i,3)$ 的设备最早可开始调整时刻 g

情况 1：$R(i,3)=1$ 时，即待安排工序是工件 $R(i,2)$ 的第 1 道工序，若不考虑设备的工作日历和已占用时间，则该工序的最早可开始设备调整时刻与调度起始时刻相等，故取 $g=$ Getat1(at,$R(i,4)$)。

情况 2：$R(i,3)\neq 1$ 且工件 $R(i,2)$ 的工序 $R(i,3)$ 与 $R(i,3)-1$ 均在同一台设备 p 上加工，这种情况下，工件 $R(i,2)$ 的工序 $R(i,3)$ 必须等到工序 $R(i,3)-1$ 完工后才能开始设备调整，故取 $g=$ 工件 $R(i,2)$ 的工序 $R(i,3)-1$ 的加工结束时刻。设工件 $R(i,2)$ 的工序 $R(i,3)-1$ 在 R 中的行号为 h，则取 $g=$ Getat1($R(h,10)$,$R(i,4)$)。

情况 3：$R(i,3)\neq 1$ 且工件 $R(i,2)$ 的工序 $R(i,3)$ 与 $R(i,3)-1$ 不在同一台设备上加工，此时工件 $R(i,2)$ 的工序 $R(i,3)-1$ 可从 $R(i,3)-1$ 的加工结束时刻提前 st 小时开始设备

调整,待设备调整完毕,工序 $R(i,3)-1$ 正好完成加工,使工序 $R(i,3)$ 可立即开始加工。设工件 $R(i,2)$ 的工序 $R(i,3)-1$ 在 R 中的行号为 h,则首先采用 Getat1 函数根据设备 $R(i,4)$ 的工作日历正向推算得到工作时刻 t(工序 $R(i,3)-1$ 的加工结束时刻未必在 $R(i,4)$ 的工作时间段内,其最早可能开始加工时刻为正向推算得到的工作时刻 t),再利用 Backwd 函数从 t 反向推算 st 小时得到设备最早可开始调整时刻 g。具体地,第一步,令 $t=$ Getat1($R(h,10)$,$R(i,4)$);第二步,令 $g=$ Backwd(t,st,$R(i,4)$)。

(3) 获得设备 $R(i,4)$ 当前空闲时间段数赋给 fn。方法如下:令 fn = Ubound(**MM**($R(i,4)$).**TS**)/2。

(4) 令 tb = **MM**($R(i,4)$).**TS**($2k-1$),te = **MM**($R(i,4)$).**TS**($2k$),$\Delta =$ te−tb。

(5) 令 $k=1\sim$ fn 依次判断是否 Δ 大于等于 ct 且 te 大于等于 g,若不满足上述必要条件,则考虑下一个空闲时间段;否则:将 g 和 tb 的最大值赋给 $t1$,令 tsb = Getat1($t1$,$R(i,4)$) 得到设备调整开始时刻,再令 tse = Forwardwd(tsb,st,$R(i,4)$) 得到设备调整结束时刻,令 tcb = Getat1(tse,$R(i,4)$) 得到工序加工开始时刻,令 tce = Forwardwd(tcb,ct,$R(i,4)$) 得到工序加工结束时刻,然后判断 tce 是否小于等于 te,若不满足上述条件,则转向下一个空闲时间段,若满足条件则表示当前工序可插入设备 $R(i,4)$ 的第 k 个空闲时间段,将 ct、st、tsb、tse、tcb、tce 依次存入 $R(i,5)\sim R(i,10)$,并更新 **MM**($R(i,4)$).**TS**。

图 4.11 为更新 **MM**($R(i,4)$).**TS** 的示意图。**MM**($R(i,4)$).**TS** 的初始长度为 2,仅包含两个元素,第 1 个为调度起始时刻 bt,第 2 个为时间大值 tln。此时空闲时间段数 fn=1。当为设备 $R(i,4)$ 安排某工序 a 后,需在 bt$\sim$tln 之间插入 2 个值,分别是 tsba(设备调整开始时刻)和 tcea(加工结束时刻)。此时 bt$\sim$tln 被分割成两个空闲时间段,分别是 bt$\sim$tsba 和 tcea$\sim$tln,空闲时间段数 fn=2。当再为 $R(i,4)$ 安排某工序 b 后(假设工序 b 安排在工序 a 加工结束时刻之后),空闲时间段分别为 bt$\sim$tsba、tcea$\sim$tsbb、tceb$\sim$tln,空闲时间段数 fn=3。依次类推,随着工序的不断安排,**MM**($R(i,4)$).**TS** 的长度动态变化、元素动态更新。需说明的是:若 tcea=tsbb 则 **MM**($R(i,4)$).**TS** 数据结构仍旧不变,空闲时间段数和空闲时间段保持不变。只是第 2 个空闲时间段的时间差为 0,在后续的工序安排中,由解码操作流程可以看出不会在 tcea$\sim$tsbb 之间插入工序。设插入时段为设备 $R(i,4)$ 的第 k 个空闲时段,则更新 **MM**($R(i,4)$).**TS** 的步骤如下:首先,将 **MM**($R(i,4)$).**TS** 的长度增加 2 位;然后,从 k 空闲时段对应的第 2 个数据起,将后面的数据后移 2 位,从而腾出两个空位;最后,在两个空位处分别填入待插入工序的设备调整开始时刻和加工结束时刻。

第三步:当把 $1\sim$ tpn 个工序全部安排完毕后,将得到的调度数组 R 及 **MM** 赋给 ch。即令 ch.$R=R$,ch.**MMA** = **MM**。至此,解码操作结束。

4.4.9 适应度

计算个体适应度的流程如图 4.12 所示。首先,利用解码函数 Decode 对个体 ch 进行解码得到调度数组 ch.R,然后采用 For 循环找出 ch.R 第 7 列的最小值赋给 smin、第 10 列的最大值赋给 smax,再计算目标值 ch.o(ch.$o=$ smax−smin)。由于本节优化目标是求生产周期的最小化,故需优化目标转化为求最大化。转化的方法一般有两种,一种是取倒数,另一种是用足够大的正数减去目标值。本节采用第二种方法计算适应度,用大数 ln 减去目标值 ch.o 得到适应度,即 ch.fit = ln − ch.o。

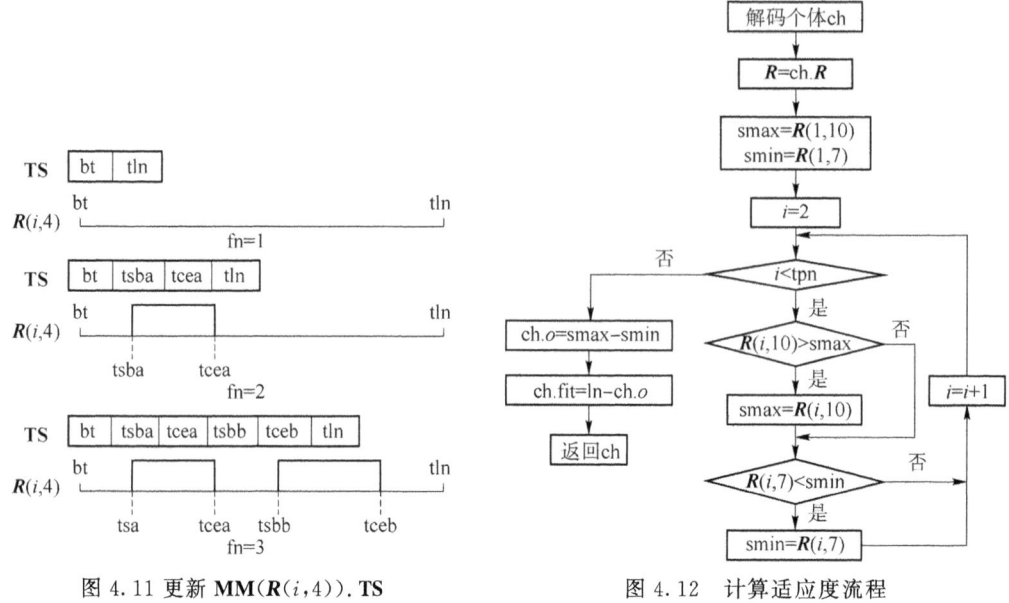

图 4.11 更新 $MM(R(i,4)).TS$　　图 4.12 计算适应度流程

4.5 案例分析

某机加车间在某调度周期内要在 9 台设备上安排 15 个工件的加工,工件信息如表 4.3 所示、工艺流程如表 4.4 所示,设备工作日历如表 4.5 所示。其中,"工作制"设置如图 2.23 所示,"日工作安排"如图 4.13 所示。其他参数如表 4.6 所示。图 4.14 是某次进化过程图。表 4.7、图 4.15、图 4.16 分别是某次进化的最优解对应的调度表、工件甘特图和设备甘特图。

表 4.3 工件信息

工件号	工件名称	型号	工序数
1	L200	L1	6
2	G278	G1	5
3	Z401	Z1	5
4	M900	M1	6
5	N351	N1	5
6	HP306	H1	6
7	M230	L2	5
8	G890	G2	5
9	U302	Z2	5
10	A205	M2	4
11	P350	N2	7
12	D500	H2	5
13	G400	G3	4
14	F300	L4	5
15	G560	G4	5

表 4.4 工艺流程

工件号	工件名称	工序号	工序名称	设备号	设备代码	设备类别	调整时间/小时	加工时间/小时
1	L200	1	车成型	1	N01	车床	0.9	11.2
		2	车端面	2	N02	车床	0.9	8.6
		3	车外圆	3	N03	车床	1.2	13.2
		4	磨倒角	4	G01	磨床	0.9	9.9
		5	磨外圆	6	G03	磨床	1.5	7.3
		6	磨端面	8	G05	磨床	1.05	8.5
2	G278	1	车成型	1	N01	车床	0.9	13.7
		2	车端面	2	N02	车床	0.9	7.9
		3	车外圆	3	N03	车床	1.2	9.9
		4	磨倒角	4	G01	磨床	0.9	11.6
		5	磨外圆	7	G04	磨床	1.2	9.3
⋮	⋮	⋮	⋮	⋮	⋮	⋮	⋮	⋮
15	G560	1	车成型	2	N02	车床	0.9	6.2
		2	车端面	1	N01	车床	0.9	5
		3	车外圆	3	N03	车床	0.9	7.2
		4	磨倒角	4	G01	磨床	0.9	5.5
		5	磨外圆	6	G03	磨床	1.2	7.8

表 4.5 设备工作日历

设备号	设备代码	设备类别	工作制	日工作安排
1	N01	车床	Z 工作制	A
2	N02	车床	X 工作制	B
3	N03	车床	Y 工作制	C
4	G01	磨床	X 工作制	B
5	G02	磨床	Y 工作制	A
6	G03	磨床	Z 工作制	D
7	G04	磨床	Z 工作制	A
8	G05	磨床	Y 工作制	A
9	G06	磨床	X 工作制	D

	A	B	C	D	E	F	G	H	I	J	K	L	M	N	O	P	Q	R	S	T	U	V	W	X	Y	Z	AA	AB
1	A							B							C							D						
2	2	2	2	2	2	2	2	3	3	3	3	3	3	3	2	2	2	2	2	2	2	3	3	3	3	3	3	3
3	0:00	0:00	0:00	0:00	0:00	0:00	0:00	0:00	0:00	0:00	0:00	0:00	0:00	0:00	0:00	0:00	0:00	0:00	0:00	0:00	0:00	0:00	0:00	0:00	0:00	0:00	0:00	0:00
4	12:00	12:00	12:00	12:00	12:00	12:00	12:00	7:00	7:00	7:00	7:00	7:00	7:00	7:00	8:00	8:00	8:00	8:00	8:00	8:00	8:00	8:00	8:00	8:00	8:00	8:00	8:00	8:00
5	13:00	13:00	13:00	13:00	13:00	13:00	13:00	8:00	8:00	8:00	8:00	8:00	8:00	8:00	9:00	9:00	9:00	9:00	9:00	9:00	9:00	9:00	9:00	9:00	9:00	9:00	9:00	9:00
6	17:00	17:00	17:00	17:00	17:00	17:00	17:00	15:00	15:00	15:00	15:00	15:00	15:00	15:00	17:00	17:00	17:00	17:00	17:00	17:00	17:00	12:00	12:00	12:00	12:00	12:00	12:00	12:00
7								16:00	16:00	16:00	16:00	16:00	16:00	16:00								13:00	13:00	13:00	13:00	13:00	13:00	13:00
8								23:00	23:00	23:00	23:00	23:00	23:00	23:00								18:00	18:00	18:00	18:00	18:00	18:00	18:00

图 4.13 "日工作安排"设置

表 4.6 其他参数

参数	值	参数	值
jn	15	thr_1	0.001
tpn	78	ps	100
mn	9	pc	0.5
bt	2020/3/2 8:00:00	pm	0.1
tln	4637/11/26 0:00:00	mgen	50
ln	1000000		

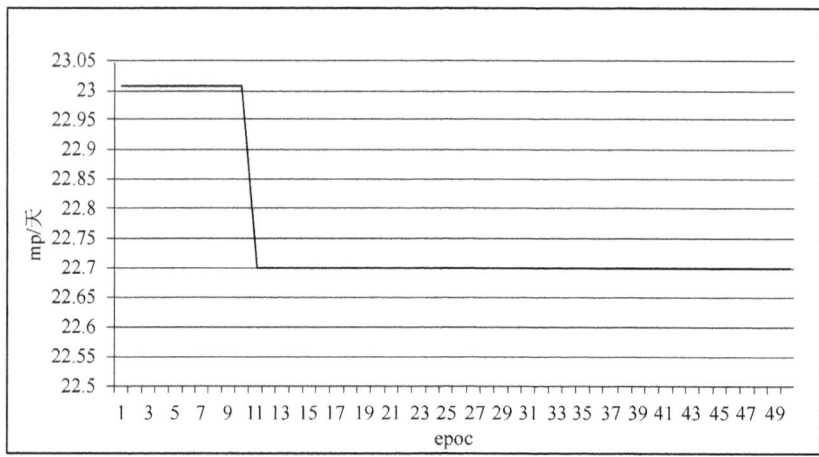

图 4.14 某次进化过程

表 4.7 最优解对应的调度表

序号	任务	工件	工序	设备号	设备代码	调整时间/小时	加工时间/小时	调整开始时刻	调整结束时刻	加工开始时刻	加工结束时刻
1	J8.1	8	1	1	N01	0.9	4.8	2020/3/2 8:00	2020/3/2 8:54	2020/3/2 8:54	2020/3/2 14:42
2	J9.1	9	1	1	N01	0.9	5.8	2020/3/2 14:42	2020/3/2 15:36	2020/3/2 15:36	2020/3/3 13:24
3	J3.1	3	1	1	N01	0.9	7.2	2020/3/3 13:24	2020/3/3 14:18	2020/3/3 14:18	2020/3/4 13:30
4	J6.1	6	1	1	N01	0.9	11.7	2020/3/4 13:30	2020/3/4 14:24	2020/3/4 14:24	2020/3/6 9:06
5	J15.1	15	1	2	N02	0.9	6.2	2020/3/2 8:00	2020/3/2 8:54	2020/3/2 8:54	2020/3/2 16:06
6	J1.1	1	1	1	N01	0.9	11.2	2020/3/6 9:06	2020/3/6 10:00	2020/3/6 10:00	2020/3/9 14:12
7	J6.2	6	2	2	N02	0.9	11.5	2020/3/6 8:12	2020/3/6 9:06	2020/3/6 9:06	2020/3/6 21:36
8	J12.1	12	1	3	N03	0.9	5.6	2020/3/2 9:00	2020/3/2 9:54	2020/3/2 9:54	2020/3/2 15:30
25	J4.2	4	2	2	N02	1.2	11.2	2020/3/17 6:54	2020/3/17 9:06	2020/3/17 9:06	2020/3/17 21:18
⋮	⋮	⋮	⋮	⋮	⋮	⋮	⋮	⋮	⋮	⋮	⋮

续表

序号	任务	工件	工序	设备号	设备代码	调整时间/小时	加工时间/小时	调整开始时刻	调整结束时刻	加工开始时刻	加工结束时刻
27	J13.1	13	1	2	N02	0.9	6.2	2020/3/3 22:42	2020/3/4 0:36	2020/3/4 0:36	2020/3/4 6:48
28	J15.3	15	3	3	N03	0.9	7.2	2020/3/17 15:06	2020/3/17 16:00	2020/3/17 16:00	2020/3/18 6:12
29	J1.3	1	3	3	N03	1.2	13.2	2020/3/9 16:36	2020/3/10 0:48	2020/3/10 0:48	2020/3/10 15:00
30	J11.4	11	4	3	N03	0.9	7.1	2020/3/19 11:24	2020/3/19 12:18	2020/3/19 12:18	2020/3/20 2:24
31	J15.4	15	4	4	G01	0.9	5.5	2020/3/18 5:18	2020/3/18 6:12	2020/3/18 6:12	2020/3/18 12:42
32	J10.1	10	1	1	N01	0.9	7.5	2020/3/20 14:48	2020/3/20 15:42	2020/3/20 15:42	2020/3/23 15:12
33	J1.4	1	4	4	G01	0.9	9.9	2020/3/10 14:06	2020/3/10 15:00	2020/3/10 16:00	2020/3/11 2:54
34	J3.2	3	2	2	N02	0.9	6.2	2020/3/4 12:36	2020/3/4 13:30	2020/3/4 13:30	2020/3/4 20:42
35	J13.2	13	2	1	N01	0.9	4.5	2020/3/23 15:12	2020/3/23 16:06	2020/3/23 16:06	2020/3/24 11:36
⋮	⋮	⋮	⋮	⋮	⋮	⋮	⋮	⋮	⋮	⋮	⋮
77	J1.6	1	6	8	G05	1.1	8.5	2020/3/11 10:06	2020/3/11 11:12	2020/3/11 11:12	2020/3/12 11:42
78	J2.5	2	5	7	G04	1.2	9.3	2020/3/13 15:48	2020/3/13 17:00	2020/3/16 8:00	2020/3/17 9:18

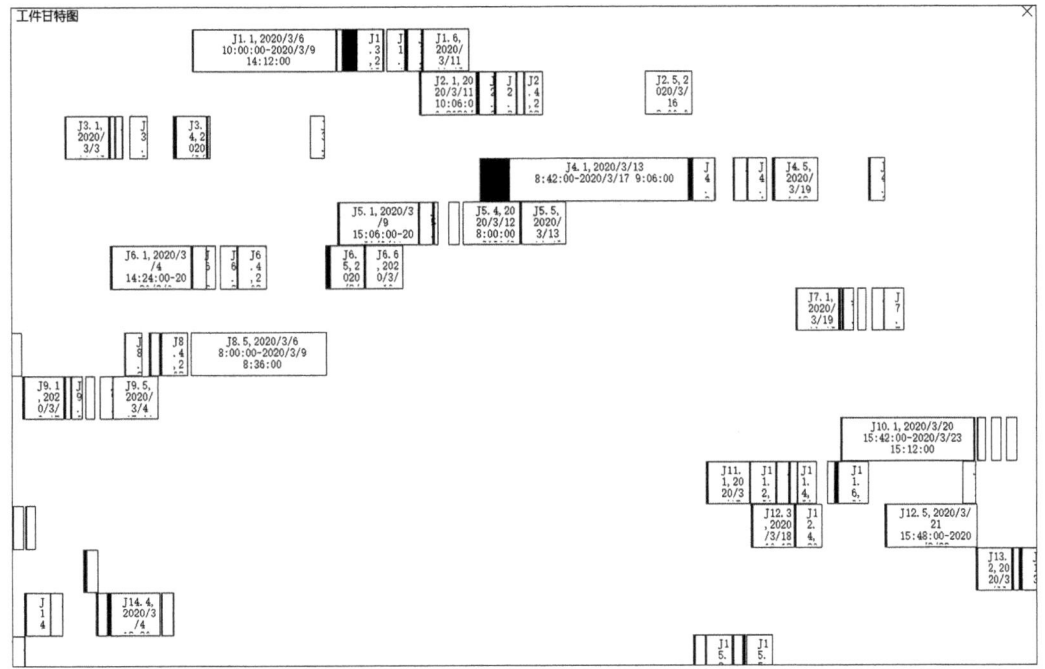

图 4.15 工件甘特图

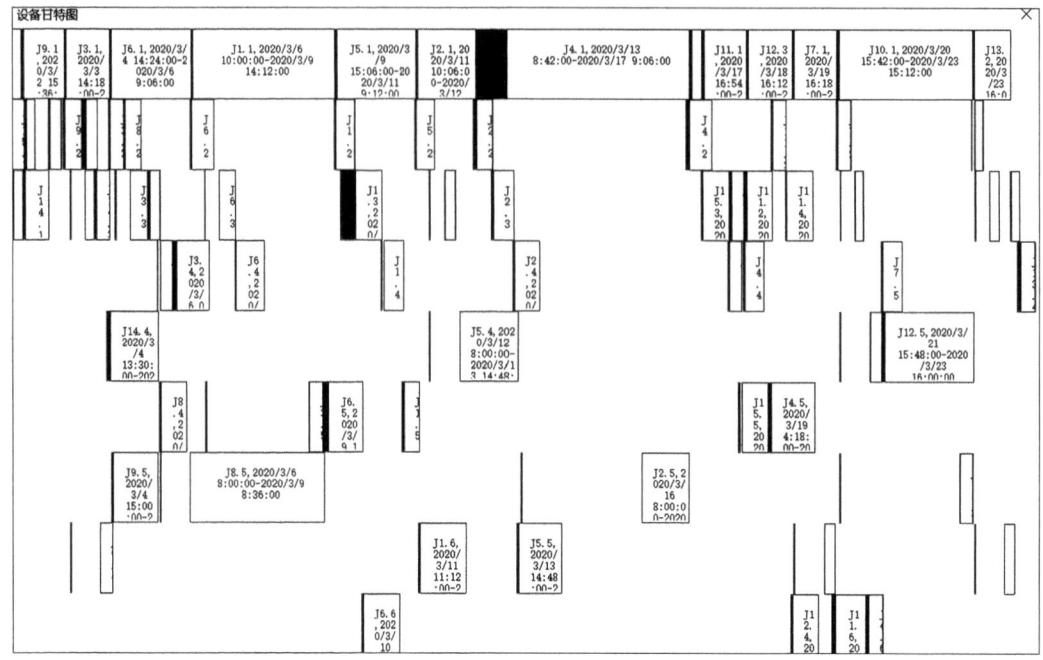

图 4.16 设备甘特图

从表 4.7 第 29 行可以看出,工序 J1.3 在设备 3(代码为 N03)上加工,其调整起始时刻为 2020/3/9 16:36、结束时刻为 2020/3/10 0:48。易知,2020/3/9 16:36~2020/3/10 0:48 之间的日历时间远大于 1.2 小时。从表 4.5 可知,设备 3 的工作制为"Y 工作制",日工作安排为"C"。从图 2.23 知,对于"Y 工作制",2020/3/9 是工作日周一。从图 4.13 可知,日工作安排"C"周一有 2 个工作时段,分别是 0:00~8:00 和 9:00~17:00。综合得知,从 2020/3/9 16:36 开始的当日剩余工作时间仅为 24 分钟,不足以完成设备调整。剩余时间为 1.2×60-24=48 分钟,需延迟到 2020/3/10 0:00 开始,因此调整结束时刻为 2020/3/10 0:48,正好与表中第 29 行的调整结束时刻相等,即 2020/3/9 16:36~2020/3/10 0:48 的工作时间为 1.2 小时,正好与调整时间 1.2 小时相吻合。

同样,表 4.7 的第 6 行可以看出,工序 J1.1 在设备 1(代码为 N01)上加工,其工序加工起始时刻为 2020/3/6 10:00、结束时刻为 2020/3/9 14:12。易知,2020/3/6 10:00~2020/3/9 14:12 之间的日历时间远大于 11.2 小时。从表 4.5 知,设备 1 的工作制为"Z 工作制",日工作安排为"A"。从图 2.23 知,对于"Z 工作制",2020/3/6 是工作日周五,2020/3/7 是休息日周六,2020/3/8 是休息日周日,2020/3/9 是工作日周一。从图 4.13 可知,日工作安排"A"周一有 2 个工作时段,分别是 8:00~12:00 和 13:00~17:00。综合得知,从 2020/3/6 10:00 开始的剩余工作时间仅为 6 小时,不足以完成该工序的加工。剩余时间为 11.2-6=5.2 小时,需延迟到 2020/3/9 8:00 开始,因此该工序加工结束时刻为 2020/3/9 14:12,正好与表中第 6 行的加工结束时刻相等,即 2020/3/6 10:00~2020/3/9 14:12 的工作时间为 11.2 小时,正好于加工时间 11.2 小时相吻合。

以上表明算法在工序的安排过程考虑了设备的工作日历(包括工作制和工作时段),使得设备调整起止时刻、工序加工起止时刻与实际情况完全吻合。

从表 4.7 第 3 行、34 行可以看出,J3.1 在设备 1 上加工,J3.2 在设备 2 上加工,即工件 3 的相邻工序 J3.1 和 J3.2 分别在不同的设备上加工,因此可以提前进行设备调整,当上道工序完成加工时,可立即开始下道工序的加工,采用这种安排方式在一定程度上缩短了生产周期。其他工件在安排工序时与工件 3 采用了相同的处理方式。

从表 4.7 可以看出,按序号升序排列,设备 5(代码为 G02)上安排的工序依次为 J5.4、J14.4、J7.4、J12.5,而从图 4.16 可以看出,设备 5 上从左到右安排的工序依次为 J14.4、J5.4、J7.4、J12.5,两者不一定完全一致。产生这种现象的原因在于解码过程中采用了正向"间隙挤压式"调度方法。采用这种调度方法,只要设备的空闲时间段足够安排工序,在不违反同一个工件的加工先后顺序的情况下,后安排的工序有可能在某些先安排工序的前面安排,采用这种方法可以尽可能地减少设备空闲时间从而缩短生产周期。

4.6 结论

针对混合工作日历下作业车间调度问题,提出了一种基于遗传算法的优化方法。在该方法中,对于工序起止调整时刻、起止加工时刻的计算采用自定义的时间推算函数进行准确推算,能保证混合工作日历下作业车间调度方案的可行性。在解码过程中采用了两项技术用以缩短生产周期:将工序时间细分为设备调整时间和加工时间,能使下道工序的设备可提前开始设备调整;采用"间隙挤压式"调度方法安排工序。研究表明,该方法能在可接受的计算时间内得到有效的作业车间优化调度方案。

第5章　混合工作日历下柔性作业车间调度

柔性作业车间调度问题多年来一直是学术界的研究热点,国内外学者针对该问题的研究已经取得了较为丰富的成果。考虑到设备自动化程度、运行可靠性、固定成本、生产任务量的不同及人性化管理的需要,我国生产制造型企业或车间内各设备往往采用不尽相同的工作日历,因此研究提出混合工作日历下柔性作业车间调度优化方法具有重要意义。

混合工作日历下柔性作业车间调度问题属于高度复杂的组合优化问题,其复杂性主要体现在以下两个方面:(1) 它是一个复杂的 NP-hard 问题。柔性作业车间调度问题(Flexible Job shop Scheduling Problem, JSP)是作业车间调度问题的扩展,包括两个子问题,一是加工设备的选择,二是工序的安排。作业车间调度问题已被证明是 NP-hard 问题,柔性作业车间调度比其更为复杂。(2) 混合工作日历现象增加了生产周期计算的难度,这是因为,在考虑工作日历的情况下,设备调整起止时刻、工序加工起止时刻需根据设备的工作日历和工序的加工时间进行准确推算。显然,一般的数学方法无法有效求解该问题,需借助启发式方法、仿真方法、专家系统方法、神经网络方法、智能搜索方法等对其求解。目前柔性作业车间调度应用较多的求解方法是智能搜索方法,包括遗传算法、蚁群搜索算法、粒子群搜索算法、蜂群搜索算法等。其中,遗传算法因其有较好的全局搜索性能、鲁棒性好、可扩展性好等优点被广泛用于求解柔性作业车间调度问题。

本章分别从混合工作日历下单件生产柔性作业车间多目标调度、混合工作日历下批量生产柔性作业车间多目标调度、混合工作日历下柔性作业车间多目标序贯调度、混合工作日历下柔性作业车间可定制目标调度和混合工作日历下可定制目标柔性作业车间网络化调度五个方面进行了系统的研究,提出了相应的解决方法。

本章的设备工作日历设置与时间推算方法与第3、4章相同,不再赘述。

5.1　混合工作日历下单件生产柔性作业车间多目标调度

5.1.1　问题描述

车间需在若干台设备上安排一批工件的加工任务。

假设条件如下。

(1) 设备按指定的工作日历运行。工作日历是工作制和日工作安排的合称,一旦某设备的工作日历被设定,则该设备在同一个调度周期内按此工作日历运行。

(2) 每个工件有多道工序,每道工序可选设备有多个。

(3) 工件的工艺流程已知,各工序在各可选设备上的调整时间和加工时间已知。

(4) 当一个工件正在加工时,不能停下来加工其他工件。

(5) 当设备按工作日历停工时,设备停止调整、工件停止加工,待设备重新开工时继续未完成的工作。

(6) 调度从指定的调度起始时刻往后进行。

(7) 设备初始状态:自调度起始时刻往后的时间轴连续,即尚未被安排任何加工任务。

要求:在以上假设条件下进行合理调度,使生产周期最短、生产成本最低。

5.1.2 NSGA II 算法设计

以 Excel VBA 为平台设计了一种带精英策略的非支配排序遗传算法(NSGA II)。

1. 类型及变量定义

根据算法需要,定义了图 5.1 所示的自定义类型 pr、job、mach、chm 和表 5.1 所示的全局变量及数组。其中,chm.R 为 tpn×12 的数组,1~12 列分别存储任务序号、工件号、工序号、设备号、调整时间、加工时间、设备调整开始时刻、设备调整结束时刻、加工开始时刻、加工结束时刻、调整成本、加工成本。**MA** 为 mn×5 的数组,用于存储各设备的参数。**JB** 为 jn 个元素的数组,其元素类型为 job,用于存储各工件的参数。**MMB** 为 mn 个元素的数组,其元素类型为 mach,用于存储调度前各设备的时间状态。

pr {
name(String,工序名称)
MN( )(Integer,可行设备号向量)
CT( )(Double,可行设备对应的加工时间向量,小时)
ST( )(Double,可行设备对应的调整时间向量,小时)
PC( )(Double,可行设备对应的单位时间加工成本向量,元/小时)
PS( )(Double,可行设备对应的单位时间调整成本向量,元/小时)
}

job {
name(String,工件名称)
type(String,工件类型)
pn(Integer,工序数)
PR( )(pr,工序)
}

mach { **TS**( )(Variant,设备时间状态向量) }

chm {
R( )(Variant,调度矩阵)
O( )(Double,目标值向量)
MMA( )(mach,解码后设备时间状态)
ra(Integer,个体前沿值)
cd(Double,个体拥挤度值)
}

图 5.1 类型定义

表 5.1 全局变量及数组定义

名称	含义	类别
jn	工件数	输入参数
tpn	总工序数	输入参数
mn	设备数	输入参数
bt	调度起始时刻	输入参数
tln	时间大值	输入参数

续表

名称	含义	类别
thr1	开工、停工阈值	输入参数
ps	种群规模	输入参数
cr	交叉比例	输入参数
mr	变异比例	输入参数
pc	交叉率	输入参数
pm	变异率	输入参数
mgen	最大进化代数	输入参数
MA( )	设备数组	输入参数
JB( )	工件数组	输入参数
MMB( )	解码前设备时间状态数组	输入参数

2. 获取参数

首先,根据算法需要,设计了"工件""调度工件""工艺流程""其他参数"工作表,用于调度员进行相关参数的设置。然后,算法从工作表中读取相关参数赋给表 5.1 中的变量和数组。**MA** 从工作表"设备"读取第 2 行及以后的数据。**MMB** 按如下方法赋值:按照假设条件(5)、(6),采用 For 循环为设备时间状态向量赋初值。以设备 i 为例,令 **MMB**(i).**TS**$(1)=$bt,**MMB**(i).**TS**$(2)=$tln。**JB** 按如下方法赋值:采用 For 循环从 1~jn 分别对 **JB** 的每一个元素赋值。对于工件 i,先从工作表"工件"中读取第 i 个工件的工件名称、型号、工序数分别赋给 **JB**(i).name、**JB**(i).type、**JB**(i).pn,再用 ReDim **JB**(i).**PR**(**JB**(i).pn)重新定义 **JB**(i).**PR** 的维数,再用 For 循环从工作表"工艺流程"的中读取该工件对应工序参数分别赋给 **JB**(i).**PR**$(1)\sim$**JB**(i).**PR**(**JB**(i).pn)。

3. 编码方式

与 4.4.5 节的编码方式类似,采用"分段"方式分别对工序和加工设备进行编码,唯一的区别在于本节 **CHR**(i).**R** 为 tpn×12 的数组(比 4.4.5 节的编码方式多 2 列,分别是第 11 列调整成本和第 12 列加工成本)。

4. 种群初始化

按照图 4.7 所示的流程依次产生 ps 个随机个体,存入种群 **PPOP**,完成种群初始化。其中,给 R 第 4 列赋设备号的流程如图 5.2 所示。从图 4.7 和图 5.2 可见,产生的随机个体为可行个体。

5. 交叉操作

采用"分段"方式分别对工序和加工设备进行交叉。

(1) 工序交叉

基于遗传算子改进策略,采用"基于工序顺序的交叉"方式来保证子代个体可行性:同一工件的工序之间具有先后顺序,为保证交叉操作不破坏这种先后

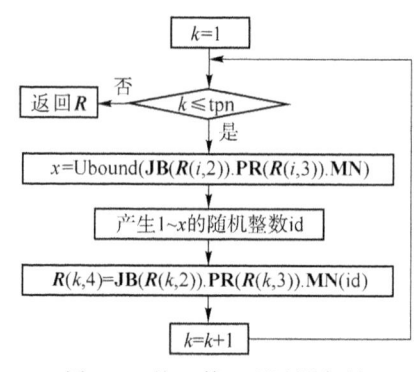

图 5.2 给 R 第 4 列赋设备号

顺序,固定某父体的某个工件号所在行(工件号、工序号和设备号)不变,从上到下依次用另一父体中除该工件号所在行之外的其他行取代本父体剩余行,如式(5.1)中,若 $p1.\boldsymbol{R}$ 中固定工件 1,$p2.\boldsymbol{R}$ 中固定工件 3 不动,则 $p1.\boldsymbol{R}$ 与 $p2.\boldsymbol{R}$ 交叉后的结果如式(5.2)所示。

$$p1.\boldsymbol{R}=\begin{pmatrix}1 & 3 & 1 & 4\\ 2 & 1 & 1 & 1\\ 3 & 2 & 1 & 3\\ 4 & 3 & 2 & 2\\ 5 & 1 & 2 & 4\\ 6 & 2 & 2 & 3\\ 7 & 4 & 1 & 2\\ 8 & 4 & 2 & 4\end{pmatrix} \quad p2.\boldsymbol{R}=\begin{pmatrix}1 & 2 & 1 & 5\\ 2 & 3 & 1 & 2\\ 3 & 1 & 1 & 3\\ 4 & 1 & 2 & 1\\ 5 & 4 & 1 & 4\\ 6 & 2 & 2 & 2\\ 7 & 4 & 2 & 5\\ 8 & 3 & 2 & 3\end{pmatrix} \quad (5.1)$$

$$p1'.\boldsymbol{R}=\begin{pmatrix}1 & 2 & 1 & 5\\ 2 & 1 & 1 & 1\\ 3 & 3 & 1 & 2\\ 4 & 4 & 1 & 4\\ 5 & 1 & 2 & 4\\ 6 & 2 & 2 & 2\\ 7 & 4 & 2 & 5\\ 8 & 3 & 2 & 3\end{pmatrix} \quad p2'.\boldsymbol{R}=\begin{pmatrix}1 & 1 & 1 & 1\\ 2 & 3 & 1 & 2\\ 3 & 2 & 1 & 3\\ 4 & 1 & 2 & 4\\ 5 & 2 & 2 & 2\\ 6 & 4 & 1 & 2\\ 7 & 4 & 2 & 4\\ 8 & 3 & 2 & 3\end{pmatrix} \quad (5.2)$$

(2) 加工设备交叉

采用"两点交叉"方式进行设备交叉:产生两个 $1\sim tpn$ 的随机整数 mp1、mp2,保证 mp1<mp2,对于父体 $p1'$,根据 $p1'.\boldsymbol{R}$ 的第 k 行(k 从 mp1~mp2 变化)工件号 $p1'.\boldsymbol{R}(k,2)$、工序号 $p1'.\boldsymbol{R}(k,3)$,在父体 $p2'.\boldsymbol{R}$ 中找到对应的工件号、工序号所在行号 r,令 $p1'.\boldsymbol{R}(k,4)=p2'.\boldsymbol{R}(r,4)$;对于父体 $P2'$ 按类似方法进行处理。例如,若 mp1=3,mp2=5,式(5.2)的 $p1'$、$p2'$ 设备交叉后的结果如式(5.3)所示。显然,通过这种交叉操作能保证交叉后的设备号为对应工序的可行设备号,从而保证交叉后的子代个体可行。

$$\boldsymbol{OFF}(1).\boldsymbol{R}=\begin{pmatrix}1 & 2 & 1 & 5\\ 2 & 1 & 1 & 1\\ 3 & 3 & 1 & 2\\ 4 & 4 & 1 & 2\\ 5 & 1 & 2 & 4\\ 6 & 2 & 2 & 2\\ 7 & 4 & 2 & 5\\ 8 & 3 & 2 & 3\end{pmatrix} \quad \boldsymbol{OFF}(2).\boldsymbol{R}=\begin{pmatrix}1 & 1 & 1 & 1\\ 2 & 3 & 1 & 2\\ 3 & 2 & 1 & 5\\ 4 & 1 & 2 & 3\\ 5 & 2 & 2 & 2\\ 6 & 4 & 1 & 2\\ 7 & 4 & 2 & 4\\ 8 & 3 & 2 & 3\end{pmatrix} \quad (5.3)$$

交叉后需对新个体进行重新解码,分别赋给 $\boldsymbol{OFF}(1)$ 和 $\boldsymbol{OFF}(2)$。

6. 变异操作

采用"分段"方式分别对工序和加工设备进行变异。

(1) 工序变异

基于遗传算子改进策略,采用"滑动变异"方式来保证子代个体可行性:对于父体 p,产生一个 1~tpn 之间的随机整数 mp 作为变异点,以此点为基准向上向下分别寻找与该点工件号相同的最近位置 $s1$ 和 $s2$,若向上没有找到则令 $s1=0$,向下没有找到则令 $s2=$tpn$+1$;取 $k1=s1+1$、$k2=s2-1$,产生 $k1$~$k2$ 的随机整数 k,将该工件号、工序号及设备号滑移至 k 位置。例如,式(5.4)中,若 mp$=3$,可求得 $k1=2$、$k2=8$,若产生的随机整数 $k=6$,变异后的结果如式(5.5)所示。

$$p.\mathbf{R}=\begin{pmatrix} 1 & 3 & 1 & 1 \\ 2 & 1 & 1 & 1 \\ 3 & 3 & 2 & 3 \\ 4 & 2 & 1 & 4 \\ 5 & 1 & 2 & 3 \\ 6 & 2 & 2 & 5 \\ 7 & 1 & 3 & 2 \\ 8 & 2 & 3 & 3 \end{pmatrix} \tag{5.4}$$

$$p'.\mathbf{R}=\begin{pmatrix} 1 & 3 & 1 & 1 \\ 2 & 1 & 1 & 1 \\ 3 & 2 & 1 & 4 \\ 4 & 1 & 2 & 3 \\ 5 & 2 & 2 & 5 \\ 6 & 3 & 2 & 3 \\ 7 & 1 & 3 & 2 \\ 8 & 2 & 3 & 3 \end{pmatrix} \tag{5.5}$$

(2)加工设备变异

采用"单点变异"方式进行设备变异:产生 1 个 1~tpn 的随机整数 mp 作为变异点,令 $k=$**UBound**(**JB**($p'.\mathbf{R}$(mp,2)).**PR**($p'.\mathbf{R}$(mp,3)).**MN**),产生 1~k 的随机整数 id 作为新的加工设备号的索引,再令 $p'.\mathbf{R}$(mp,4)=**JB**($p'.\mathbf{R}$(mp,2)).**PR**($p'.\mathbf{R}$(mp,3)).**MN**(id)。

变异后需对新个体进行重新解码赋给 ch。

7. 解码操作

本节解码操作与 4.4.8 节相似,不同点有两个:一是调整时间(st)和加工时间(ct)的获取方法不同,本节获取设备调整时间(st)和加工时间(ct)的方法如下:由设备号 $\mathbf{R}(i,4)$ 求得其在 **JB**($\mathbf{R}(i,2)$).**PR**($\mathbf{R}(i,3)$).**MN** 中的索引号 id,取 st$=$**JB**($\mathbf{R}(i,2)$).**PR**($\mathbf{R}(i,3)$).**ST**(id),ct$=$**JB**($\mathbf{R}(i,2)$).**PR**($\mathbf{R}(i,3)$).**CT**(id);二是需要计算 ch.$\mathbf{R}$ 的第 5~12 列(其中,第 11 列为调整成本,第 12 列为加工成本)。

8. 计算目标值

用 For 循环找出 ch.$\mathbf{R}$ 第 7 列的最小值赋给 smin、第 10 列的最大值赋给 smax、第 11 列和 12 列的和赋给 s,再令 ch.$\mathbf{O}(1)=$smax$-$smin、ch.$\mathbf{O}(2)=s$。

5.1.3 案例分析

某机加车间要在 10 台设备上安排 7 个工件的加工任务,工件信息如表 5.2 所示;工艺流程如表 5.3 所示,以图 5.3 所示的形式存入"工艺流程"工作表,其中 ct 为工序的单件加工时间(单位:小时),st 为设备的调整时间(单位:小时),pc 为单位时间加工成本(单位:元/小时),ps 为单位时间调整成本(单位:元/小时);设备所用工作制如图 2.23 所示;"日工作安排"如图 5.4 所示;设备工作日历如表 5.4 所示;其他参数如表 5.5 所示。

表 5.2 工件信息

工件号	工件名称	型号	工序数
1	F2190	X5	6
2	G380	L5	6
3	ZA902	M3	6
4	GH210	M2	6
5	H208	X5	6
6	PH100	Y2	6
7	RF201	M6	6

表 5.3 工艺流程

工件号	工件名称	工序号	工序名称	设备号	加工时间/小时	调整时间/小时	加工单价/(元/小时)	调整单价/(元/小时)
1	F2190	1	车成型	1、2、3、4	1.5、3、3.5、4	0.6、1、1.3、1.5	280、190、180、170	130、140、150、160
		2	车端面	2、4	2、3	1、1.5	190、170	140、160
		3	车外圆	2、4	3、4	1、1.5	190、170	140、160
		4	铣20扁势	5、6	1.5、2.5	0.8、1	200、130	110、110
		5	磨外圆	7、8	2、4	0.5、0.8	240、150	120、130
		6	磨端面	9、10	2、4	0.8、1	180、150	125、130
2	G380	1	车成型	1、2、3、4	1.5、2.5、3、3.5	0.6、1、1.3、1.5	280、190、180、170	130、140、150、160
		2	车端面	2、4	4、4.5	1、1.5	190、170	140、160
		3	车外圆	2、4	2、3	1、1.5	190、170	140、160
		4	铣20扁势	5、6	1.5、2.5	0.8、1	200、130	110、110
		5	磨外圆	7、8	2、4	0.5、0.8	240、150	120、130
		6	磨端面	9、10	2、4	0.8、1	180、150	125、130
3	ZA902	1	车成型	2、4	2、3	1、1.5	190、170	140、160
		2	车端面	1、2、4	1.5、3、3.5	0.6、1、1.5	280、190、170	130、140、160
		3	车外圆	1、2、4	1.5、6、7	0.6、1、1.5	280、190、170	130、140、160
		4	铣20扁势	5、6	1.5、2.5	0.8、1	200、130	110、110
		5	磨外圆	7、8	2、4	0.5、0.8	240、150	120、130
		6	磨端面	9、10	2、4	0.8、1	180、150	125、130

续 表

工件号	工件名称	工序号	工序名称	设备号	加工时间/小时	调整时间/小时	加工单价/(元/小时)	调整单价/(元/小时)
4	GH210	1	车成型	1、2、3、4	1.5、2、3、3	0.6、1、1.3、1.5	280、190、180、170	130、140、150、160
		2	车端面	1、2、3、4	2、3、3、3.5	0.6、1、1.3、1.5	280、190、180、170	130、140、150、160
		3	车外圆	3、4	2.5、3.5	1.3、1.5	180、170	150、160
		4	铣20扁势	5、6	1.5、2.5	0.8、1	200、130	110、110
		5	磨外圆	7、8	2、4	0.5、0.8	240、150	120、130
		6	磨端面	9、10	2、4	0.8、1	180、150	125、130
5	H208	1	车成型	1、2、3、4	2、3、3.5、4	0.6、1、1.3、1.5	280、190、180、170	130、140、150、160
		2	车端面	3、4	2、3	1.3、1.5	180、170	150、160
		3	车外圆	3、4	3、4	1.3、1.5	180、170	150、160
		4	铣20扁势	5、6	1.5、2.5	0.8、1	200、130	110、110
		5	磨外圆	7、8	2、4	0.5、0.8	240、150	120、130
		6	磨端面	9、10	2、4	0.8、1	180、150	125、130
6	PH100	1	车成型	1、2、3、4	2、3、4、4.5	0.6、1、1.3、1.5	280、190、180、170	130、140、150、160
		2	车端面	1、2	1.5、4	0.6、1	280、190	130、140
		3	车外圆	1、2	2、5	0.6、1	280、190	130、140
		4	铣20扁势	5、6	1.5、3	0.8、1	200、130	110、110
		5	磨外圆	7、8	2、4	0.5、0.8	240、150	120、130
		6	磨端面	9、10	2、4	0.8、1	180、150	125、130
7	RF201	1	车成型	1、2	1.5、3	0.6、1	280、190	130、140
		2	车端面	1、2	2、4	0.6、1	280、190	130、140
		3	车外圆	2、3、4	3、5、4	1、1.3、1.5	190、180、170	140、150、160
		4	铣20扁势	5、6	1.5、3	0.8、1	200、130	110、110
		5	磨外圆	7、8	2、4	0.5、0.8	240、150	120、130
		6	磨端面	9、10	2、4	0.8、1	180、150	125、130

图 5.3 "工艺流程"工作表

	A	B	C	D	E	F	G	H	I	J	K	L	M	N	O	P	Q	R	S	T	U	V	W	X	Y	Z	AA	AB
1	A							B							C							D						
2	2	2	2	2	2	2	2	2	2	2	2	2	2	2	3	3	3	3	3	3	3	3	3	3	3	3	3	3
3	8:00	8:00	8:00	8:00	8:00	8:00	8:00	0:00	0:00	0:00	0:00	0:00	0:00	0:00	0:00	0:00	0:00	0:00	0:00	0:00	0:00	0:00	0:00	0:00	0:00	0:00	0:00	0:00
4	12:00	12:00	12:00	12:00	12:00	12:00	12:00	8:00	8:00	8:00	8:00	8:00	8:00	8:00	7:00	7:00	7:00	7:00	7:00	7:00	7:00	8:00	8:00	8:00	8:00	8:00	8:00	8:00
5	13:00	13:00	13:00	13:00	13:00	13:00	13:00	9:00	9:00	9:00	9:00	9:00	9:00	9:00								9:00	9:00	9:00	9:00	9:00	9:00	9:00
6	17:00	17:00	17:00	17:00	17:00	17:00	17:00	17:00	17:00	17:00	17:00	17:00	17:00	17:00	15:00	15:00	15:00	15:00	15:00	15:00	15:00	12:00	12:00	12:00	12:00	12:00	12:00	12:00
7															16:00	16:00	16:00	16:00	16:00	16:00	16:00	13:00	13:00	13:00	13:00	13:00	13:00	13:00
8															23:00	23:00	23:00	23:00	23:00	23:00	23:00	18:00	18:00	18:00	18:00	18:00	18:00	18:00

图 5.4 "日工作安排"设置

表 5.4 设备工作日历

设备号	设备代码	设备类别	工作制	日工作安排
1	C001	数控车床	Z 工作制	A
2	C002	数控车床	Y 工作制	A
3	C003	数控车床	X 工作制	C
4	C004	数控车床	Y 工作制	A
5	X001	铣床	X 工作制	A
6	X002	铣床	Y 工作制	D
7	WM01	外圆磨床	X 工作制	D
8	WM02	外圆磨床	X 工作制	A
9	NM01	内圆磨床	Y 工作制	A
10	NM02	内圆磨床	Y 工作制	D

表 5.5 其他参数

参数	值	参数	值
jn	7	ps	50
tpn	42	cr	0.7
mn	10	mr	0.3
bt	2020/11/2 8:00:00	pc	0.7
tln	4637/11/26 0:00:00	pm	0.1
thr1	0.001	mgen	300

利用本节算法独立运行多次,均能得到基本相同且均匀的 Pareto 解集,表明收敛效果较好。图 5.5 是某次进化计算得到的 Pareto 解集,决策者可从中进行选择。表 5.6 分别是某方案(生产周期为 2.71 天,生产成本为 23 991 元)对应的调度表,图 5.6、图 5.7 是该方案对应的工件甘特图和设备甘特图。

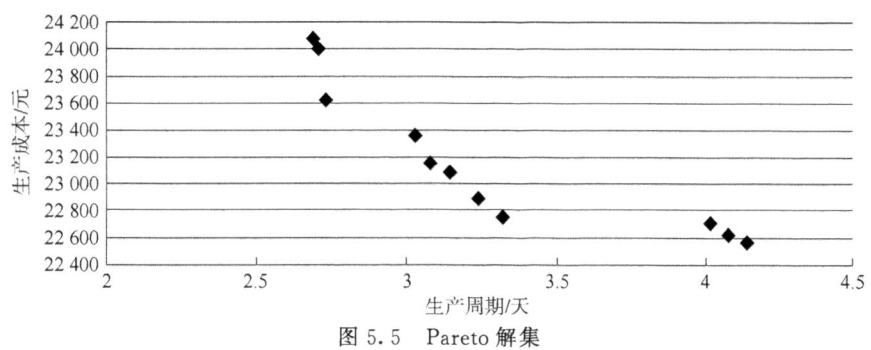

图 5.5 Pareto 解集

表 5.6 某方案的调度表

序号	工件	工序号	设备号	调整时间/小时	加工时间/小时	调整开始时刻	调整结束时刻	加工开始时刻	加工结束时刻	调整成本	加工成本
1	1	1	2	1	3	2020/11/2 9:00	2020/11/2 10:00	2020/11/2 10:00	2020/11/2 13:00	140	570
2	7	1	1	0.6	1.5	2020/11/2 8:00	2020/11/2 8:36	2020/11/2 8:36	2020/11/2 10:06	78	420
3	7	2	1	0.6	2	2020/11/2 10:06	2020/11/2 10:42	2020/11/2 10:42	2020/11/2 13:42	78	560
4	4	1	3	1.3	3	2020/11/2 8:00	2020/11/2 9:18	2020/11/2 9:18	2020/11/2 12:18	195	540
5	2	1	3	1.3	3	2020/11/2 12:18	2020/11/2 13:36	2020/11/2 13:36	2020/11/2 17:36	195	540
6	1	2	2	1	2	2020/11/2 13:00	2020/11/2 14:00	2020/11/2 14:00	2020/11/2 16:00	140	380
7	1	3	2	1	3	2020/11/2 16:00	2020/11/2 17:00	2020/11/2 17:00	2020/11/3 3:00	140	570
8	7	3	2	1	3	2020/11/3 3:00	2020/11/3 4:00	2020/11/3 4:00	2020/11/3 7:00	140	570
9	5	1	1	0.6	2	2020/11/2 13:42	2020/11/2 14:18	2020/11/2 14:18	2020/11/2 16:18	78	560
10	3	1	2	1	3	2020/11/3 7:00	2020/11/3 8:00	2020/11/3 9:00	2020/11/3 11:00	140	380
11	4	2	3	1.3	2.5	2020/11/2 17:36	2020/11/2 18:54	2020/11/2 18:54	2020/11/2 21:54	195	540
12	2	2	2	1	4	2020/11/2 11:00	2020/11/2 12:00	2020/11/2 12:00	2020/11/3 16:00	140	760
13	1	4	6	1	1.5	2020/11/3 2:00	2020/11/3 3:00	2020/11/3 3:00	2020/11/3 5:30	110	325
14	1	5	7	0.5	2	2020/11/3 5:00	2020/11/3 5:30	2020/11/3 5:30	2020/11/3 7:30	60	480
15	5	2	3	1.3	1.5	2020/11/2 22:00	2020/11/3 0:18	2020/11/3 0:18	2020/11/3 2:18	195	360
16	3	2	1	0.6	1.5	2020/11/3 10:24	2020/11/3 11:00	2020/11/3 11:00	2020/11/3 13:30	78	420
17	7	4	5	0.8	2	2020/11/2 16:12	2020/11/2 17:00	2020/11/2 17:00	2020/11/3 9:30	88	300
18	2	3	2	1	2	2020/11/3 16:00	2020/11/3 8:00	2020/11/3 8:00	2020/11/4 2:00	140	380
19	6	1	4	1.5	4.5	2020/11/2 8:00	2020/11/2 9:30	2020/11/2 9:30	2020/11/3 15:00	240	765
20	7	5	7	0.5	2	2020/11/3 9:00	2020/11/3 9:30	2020/11/3 9:30	2020/11/3 11:30	60	480
21	5	3	3	1.3	3	2020/11/3 2:18	2020/11/3 3:36	2020/11/3 3:36	2020/11/3 6:36	195	540
22	3	3	1	0.6	1.5	2020/11/3 13:30	2020/11/3 14:06	2020/11/3 14:06	2020/11/3 15:36	78	420

续 表

序号	工件	工序号	设备号	调整时间/小时	加工时间/小时	调整开始时刻	调整开始时刻	加工开始时刻	加工结束时刻	调整成本	加工成本
23	3	4	6	1	2.5	2020/11/3 14:36	2020/11/3 15:36	2020/11/3 15:36	2020/11/4 0:06	110	325
24	4	3	3	1.3	2.5	2020/11/3 6:36	2020/11/3 8:54	2020/11/3 8:54	2020/11/3 11:24	195	450
25	6	2	1	0.6	1.5	2020/11/2 16:18	2020/11/2 16:54	2020/11/2 16:54	2020/11/3 9:24	78	420
26	5	4	5	0.8	1.5	2020/11/3 9:30	2020/11/3 10:18	2020/11/3 10:18	2020/11/3 11:48	88	300
27	3	5	7	0.5	2	2020/11/3 17:36	2020/11/4 0:06	2020/11/4 0:06	2020/11/4 2:06	60	480
28	6	3	1	0.6	1.5	2020/11/3 15:36	2020/11/3 13:36	2020/11/3 13:36	2020/11/4 9:12	78	560
29	4	4	5	0.8	2	2020/11/3 11:48	2020/11/3 13:00	2020/11/3 13:00	2020/11/3 15:06	88	300
30	5	5	7	0.5	2	2020/11/3 11:30	2020/11/2 17:00	2020/11/2 17:00	2020/11/4 10:00	60	480
31	3	6	9	0.8	1.5	2020/11/2 16:12	2020/11/3 17:00	2020/11/3 17:00	2020/11/3 10:00	100	360
32	1	6	9	0.8	2	2020/11/3 16:12	2020/11/4 8:00	2020/11/4 8:00	2020/11/4 9:30	100	360
33	2	4	5	0.8	1.5	2020/11/3 15:00	2020/11/3 15:30	2020/11/3 15:30	2020/11/4 17:30	88	300
34	4	5	7	0.5	2	2020/11/4 9:30	2020/11/4 10:18	2020/11/4 10:18	2020/11/4 11:48	60	480
35	6	4	5	0.8	1.5	2020/11/4 9:00	2020/11/4 9:30	2020/11/4 9:30	2020/11/4 11:30	88	300
36	2	5	7	0.5	2	2020/11/4 11:30	2020/11/4 12:00	2020/11/4 13:00	2020/11/4 15:00	60	480
37	6	5	7	0.5	2	2020/11/3 10:42	2020/11/4 11:30	2020/11/4 13:00	2020/11/4 15:00	60	480
38	7	6	9	0.8	2	2020/11/4 14:00	2020/11/4 15:00	2020/11/4 15:00	2020/11/4 14:30	100	360
39	6	6	10	1	4	2020/11/4 10:00	2020/11/4 10:48	2020/11/4 10:48	2020/11/5 1:00	130	600
40	5	6	9	0.8	2	2020/11/3 16:30	2020/11/3 17:30	2020/11/3 17:30	2020/11/4 13:48	100	360
41	4	6	10	1	4	2020/11/3 13:48	2020/11/4 14:36	2020/11/4 14:36	2020/11/4 3:30	130	600
42	2	6	9	0.8	2	2020/11/4 13:48	2020/11/4 14:36	2020/11/4 14:36	2020/11/4 16:36	100	360

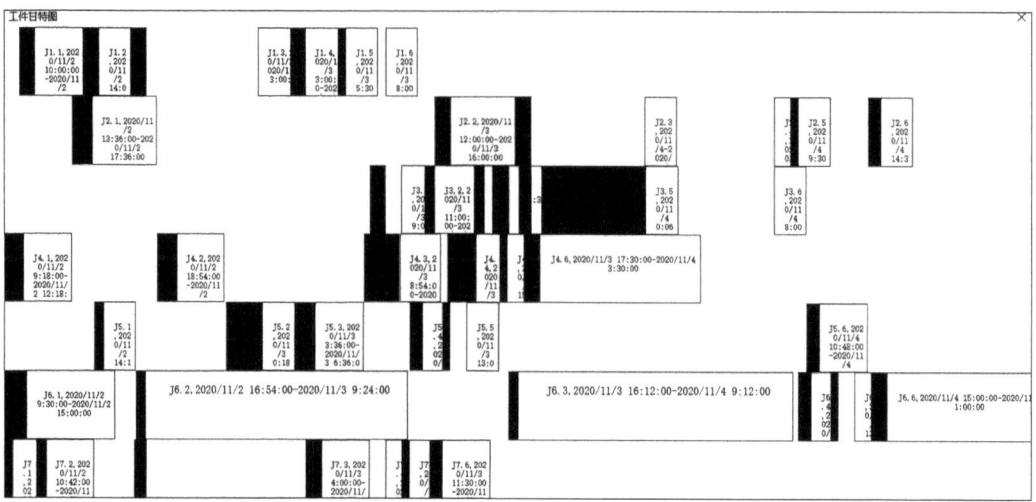

图 5.6 工件甘特图

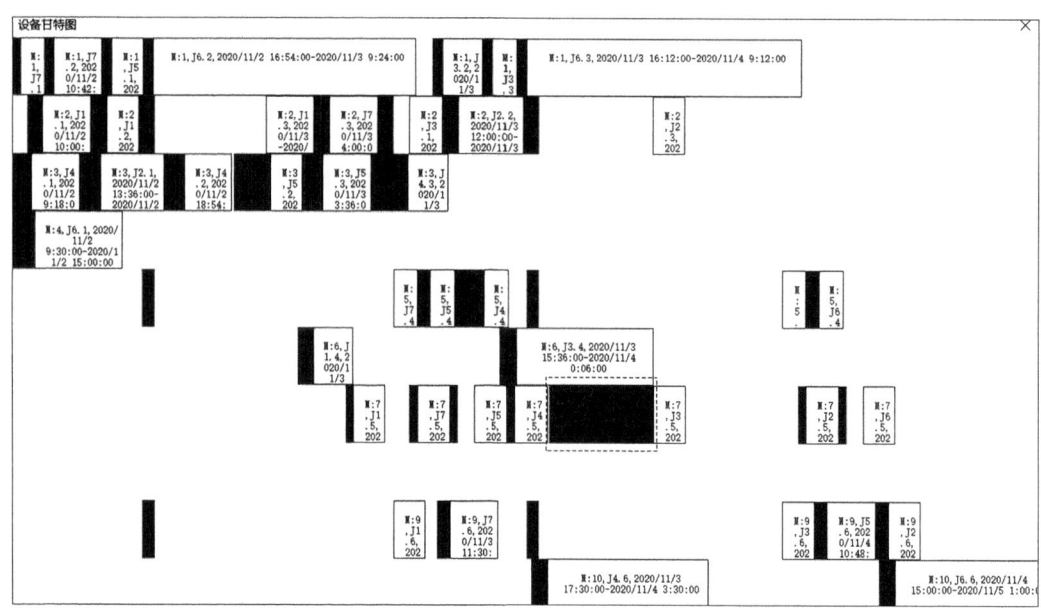

图 5.7 设备甘特图

图 5.6、图 5.7 中,带 s 标识符的方框表示设备调整起止时间段,带 J 或 M 标识符的方框表示工序的加工起止时刻。例如,图 5.7 中虚线方框是工件 3 第 5 道工序的设备调整起止时刻,紧随其后的方框表示工件 3 第 5 道工序在设备号 7 上加工的起止时间段。从表 5.6 第 27 行可以看出,该工序调整起始时刻为 2020/11/3 17:36,调整结束时刻为 2020/11/4 0:06,其加工起始时刻为 2020/11/4 0:06,加工结束时刻为 2020/11/4 2:06。根据设备 7(代码为 WM01)的工作日历进行验算,2020/11/3 17:36~2020/11/4 0:06 的日历时间为 6.5 小时,但工作时间却为 0.5 小时;2020/11/4 0:06~2020/11/4 2:06 之间的日历时间和工作时间相等,均为 2 小时,0.5 小时和 2 小时正好与表 5.5 中该工序的设备调整时间和加工时间相吻合,表明计算结果正确。

从表 5.6 的 7 行和 13 行可见,工件 1 的工序 3 和工序 4 为相邻工序,由于分别在不同的设备上加工,因此可以提前进行设备调整,当上道工序(工序 3)完成加工时,可立即开始下道工序(工序 4)的加工,采用这种安排方式能在一定程度上缩短生产周期。

从表 5.6 可以看出,按序号升序排列,设备 9(代码为 NW01)上安排的工序依次为 J3.6、J1.6、J7.6、J5.6、J2.6,而从图 5.7 可以看出,设备 9 上从左到右安排的工序依次为 J1.6、J7.6、J3.6、J5.6、J2.6,两者非完全一致。产生这种现象的原因在于解码过程中采用了"间隙挤压式"调度方法。采用这种调度方法,只要设备的空闲时间段足够安排工序,在不违反同一个工件的加工先后顺序的情况下,后安排的工序有可能在某些先安排工序的前面安排,采用这种方法可以尽可能地减少设备空闲时间从而缩短生产周期。

从图 5.6 可以看出,由于同一道工序的可选设备不唯一,导致某些具有加工效率或加工成本优势的设备被选中的机会大,某些不具备优势的设备被选中的机会低一些,例如设备 1、2、7 上安排的工序多达 7 个,而设备 6、10 上安排的工序仅 2 个、设备 4 上安排的工序仅 1 个,设备 8 上未安排任何工序,这正好体现了"能者多劳"。

5.1.4 结论

针对混合工作日历下柔性作业车间多目标调度问题,提出了一种基于非支配排序遗传算法的多目标优化方法。在工序调度过程中,通过时间推算函数准确推算设备调整起止时刻和工序加工起止时刻,能保证调度方案的有效性。算法在解码过程中采用两项技术能在一定程度上缩短生产周期:采用"间隙挤压式"调度方法安排工序;将工序时间细分为设备调整时间和加工时间,能使下道工序的设备可提前开始设备调整。柔性作业车间调度的结果能体现"能者多劳"的效果,即在加工效率和加工成本方面具有优势的设备有可能被安排更多的工序。本节提出的方法突破了传统柔性作业车间调度的局限,能在可接受的计算时间内得到有效的混合工作日历下柔性作业车间优化调度方案集(Pareto 解集)供决策者选择。

5.2 混合工作日历下批量生产柔性作业车间多目标调度

当前,批量生产已成为我国最主要的生产方式之一。批量生产作业车间调度对于提高生产率、降低生产成本、保证均衡生产等具有重要意义。随着市场竞争的日益激烈,生产调度过程中往往需要综合考虑多个目标。在同一个企业或车间里,往往不同型号、新旧不一而功能相同的设备共同存在,同一道工序往往能在多台设备上加工。调查发现,在一些企业或车间里不同设备有可能按不同的工作日历运行。综上所述,受到多目标、设备柔性、混合工作日历因素的综合影响,使得调度员往往无从寻优,主要依靠自身经验进行生产调度,导致调度效果较差,给企业带来较大损失。因此,研究提出一种混合工作日历下批量生产柔性作业车间调度方法成为一个新的研究课题。

在批量生产方式下,为了缩短生产周期,可采用三种精细化调度措施:一是将工序时间细分为调整时间和加工时间,可使一个加工子批的下道工序提前进行调整;二是将一个加工子批划分为多个移动子批,采用平顺移动方式移动,实现同一个加工子批前后工序的交叉作业;三是采用"间隙挤压"法安排工序,即采用"见缝插针"方式,在时间轴上从左到右依次搜索设备的空闲时间段进行工序安排。

已经证明,柔性作业车间调度是一个复杂的 NP-hard 问题。混合工作日历下批量生产柔性作业车间多目标调度,是柔性作业车间的扩展,考虑了混合工作日历、批量生产、多目标优化等因素,因此它是一个高度复杂的 NP-hard 问题。基于此,研究提出了一种混合工作日历下批量生产柔性作业车间多目标调度方法以辅助生产调度。

5.2.1 问题描述

车间需在若干台设备上安排多种以成批生产方式生产的产品的加工任务。

假设条件如下。

(1) 每个加工子批有多道工序,一道工序的可选加工设备可能不唯一。

(2) 每个加工子批的工艺流程,各工序的调整时间、加工时间已知。

(3) 同一个加工子批可按平顺移动方式移动,相对于加工时间而言,移动时间忽略不计。

(4) 当一个加工子批正在加工时,不允许被停下来加工其他加工子批。

(5) 各个加工子批之间具有相同的优先级。

(6) 设备按指定的工作日历运行。这里的工作日历是工作制和日工作安排的合称,一旦某设备的工作日历被设定,则该设备在同一个调度周期内按此工作日历运行。

(7) 当设备按其工作日历停工时,设备停止调整、加工子批停止加工,待设备重新开工时继续进行未完成的工作。

(8) 设备初始时间轴连续。

(9) 调度从指定的调度起始时刻往后进行。

要求:在以上假设条件下进行合理调度,使得生产周期最短、生产成本最低。

5.2.2 NSGA II 算法设计

上述问题是一个高度复杂的 NP-hard 问题,可采用智能搜索算法对其求解。鉴于遗传算法的诸多优点,以 Excel VBA 为平台,设计了带精英策略的非支配排序的遗传算法(NSGA-Ⅱ)对其求解。

1. 对象、变量及数组定义

根据算法需要,定义了图 5.8 所示的自定义类型和表 5.1 所示的变量和数组。由于本节研究的是批量生产调度,安排的对象是加工子批而不是工件,故表 5.1 中的 jn 含义为加工子批数。**MMB** 为调度前设备时间状态对象数组,其元素为 mach,**MMB**(i).**TS** 存储设备 i 的调度前时间状态向量;**JB** 为加工子批对象数组,其元素为 job,**JB**(i)为加工子批 i。**CHR** 为个体对象数组,其元素为 chm,**CHR**(i)为个体 i。

2. 读取参数

从工作表"设备"读取参数赋给数组 **MA**;从工作表"加工子批"和"工艺流程"读取参数赋给对象数组 **JB**;从工作表"工作制"读取参数赋给数组 **WS**;按照假设条件(8),令 $i=1$, $2,\cdots,mn$,为 **MMB**(i).**TS** 的每行赋 2 个元素,bt 和 tln;从工作表"其他参数"读取参数赋给表 5.1 中的变量。

$$
\text{pr}\begin{cases} \text{an(integer,可行设备数)} \\ \text{MN( )(integer,可行设备号向量)} \\ \text{CT( )(double,可行设备对应的加工时间向量,单位为小时)} \\ \text{CT1( )(double,可行设备对应的移动批次加工时间向量,单位为小时)} \\ \text{ST( )(double,可行设备对应的调整时间向量,单位为小时)} \\ \text{PC( )(double,可行设备对应的单位时间加工成本向量,单位为元/小时)} \\ \text{PS( )(double,可行设备对应的单位时间调整成本向量,单位为元/小时)} \end{cases}
$$

$$
\text{job}\begin{cases} \text{cn(integer,加工批量)} \\ \text{va(integer,移动批量)} \\ \text{vn(integer,最大移动次数,vn=cn/va)} \\ \text{pn(integer,工序数)} \\ \text{PR( )(pr,工序)} \end{cases}
$$

$$
\text{mach}\begin{cases} \text{TS( )(variant,调度前设备时间状态向量)} \end{cases}
$$

$$
\text{chm}\begin{cases} \text{R( )(variant,调度矩阵)} \\ \text{O( )(double,目标值向量)} \\ \text{ra(integer,个体前沿值)} \\ \text{cd(double,个体拥挤度值)} \end{cases}
$$

图 5.8 自定义类型

3. 编码方式

采用基于"工序和设备的分段编码"方式分别对工序和设备进行编码。如式 5.6 所示，ch.R 为 tpn×13 的数组，第 2、4 列用于编码，第 1 列为任务号，第 3 列为各加工子批的工序号，第 5~13 列用于解码。第 2 列的自然数表示加工子批号，其范围为 1~jn，各自然数出现的次数等于该加工子批对应的工序数；第 4 列为各工序选择的设备号，来自该工序的可行加工设备号向量。式 5.6 表示加工子批 1 的第 1 道工序在设备 4 上加工(行 2)、第 2 道工序在设备 1 上加工(行 4)，加工子批 2 的第 1 道工序在设备 2 上加工(行 1)、第 2 道工序在设备 3 上加工(行 3)，依次类推。

$$
\text{ch.}\boldsymbol{R} = \begin{pmatrix} 1 & 2 & 1 & 2 & \cdots & \cdots \\ 2 & 1 & 1 & 4 & \cdots & \cdots \\ 3 & 2 & 2 & 3 & \cdots & \cdots \\ 4 & 1 & 2 & 1 & \cdots & \cdots \\ \vdots & \vdots & \vdots & \vdots & \vdots & \vdots \\ \text{tpn} & 6 & 3 & 4 & \cdots & \cdots \end{pmatrix} \tag{5.6}
$$

4. 种群初始化

个体编码按如下方法获取：①为 **CHR**(i).R 的第 1 列赋以从 1~tpn 的任务号；②令 $j=1,2,\cdots,\text{jn}$，在 **CHR**(i).R 第 2 列依次随机寻找 **JB**(j).pn 个空元素，将它们赋为 j，同时将对应工序号赋给 **CHR**(i).R 的同行第 3 列；③令 $j=1,2,\cdots,n$，对每个 j 随机产生 1~**JB**(**CHR**(i).$R(j,2)$).**PR**(**CHR**(i).$R(j,3)$).an 的自然数 k，将 **JB**(**CHR**(i).$R(j,2)$).**PR**(**CHR**(i).$R(j,3)$).**MN**(k) 赋给 **CHR**(i).R 的第 j 行第 4 列。可见，通过以上方式获得的加工顺序及设备编码保证了个体编码的可行性。令 $i=1,2,\cdots,\text{ps}$，对 **CHR**(i)，按照上述过程对 **CHR**(i).R 赋值，重新定义 **CHR**(i).**O**(tn)，完成种群初始化。

5. 交叉操作

与 5.1.2 节的内容相同。

6. 变异操作

与 5.1.2 节的内容相同。

7. 解码操作

对于个体 ch，解码操作的目的是计算 ch.R 的第 5～13 列值，它们依次对应：工序的移动子批对应的加工时间(第 5 列)、调整时间(第 6 列)、加工时间(第 7 列)、调整成本(第 8 列)、加工成本(第 9 列)、调整开始时刻(第 10 列)、调整结束时刻(第 11 列)、加工开始时刻(第 12 列)、加工结束时刻(第 13 列)。

解码操作过程如下。

(1) 令 R＝ch.R，MM＝MMB。

(2) 给第 5～9 列赋值：先获取 $R(i,4)$ 在 JB($R(i,2)$).PR($R(i,3)$).MN 数组中的索引号 in，再令 $R(i,5)$＝JB($R(i,2)$).PR($R(i,3)$).CT1(in)；令 $R(i,6)$＝JB($R(i,2)$).PR($R(i,3)$).ST(in)；

令 $R(i,7)$＝JB($R(i,2)$).PR($R(i,3)$).CT(in)；

令 $R(i,8)$＝JB($R(i,2)$).PR($R(i,3)$).ST(in)＊JB($R(i,2)$).PR($R(i,3)$).PS(in)；

令 $R(i,9)$＝JB($R(i,2)$).PR($R(i,3)$).CT(in)＊JB($R(i,2)$).PR($R(i,3)$).PC(in)。

(3) 给第 10～13 列赋值

令 i＝1,2,3,…,jn，对于任务 i，完成下面的操作。

1) 确定最早可能的调整开始时刻 g。

分三种情况处理：

① 若当前工序是加工子批 $R(i,2)$ 的第 1 道工序，令 g＝bt；

② 找到加工子批 $R(i,2)$ 的上一道工序所在的行号 h，若 $R(h,4)$＝$R(i,4)$(图 5.9(a))，则令 g＝max($t1$,bt)，表示若当前工序与上道工序所用设备相同，则须上道工序加工结束后才能开始当前工序的调整工作；

③ 找到加工子批 $R(i,2)$ 的上一道工序所在的行号 h，若 $R(h,4)$≠$R(i,4)$(图 5.9(b))，则令 g＝max($t2$,$t3$,bt)，$t2$ 取 $R(h,13)$ 逆向推算 min($R(h,5)$,$R(i,5)$)＊(JB($R(i,2)$).vn－1)＋$R(i,6)h$ 所得的时刻，$t3$ 取 $R(h,12)$ 正向推算 $R(h,5)h$ 所得的时刻。表示若当前工序与上道工序所用设备不相同，则按"平顺移动原理"得到下一道工序的最早可能的调整开始时刻。由于设备 $R(k,4)$ 与 $R(i,4)$ 所用的工作日历有可能不同，导致 $t2$ 有小于 $t3$ 的可能，但上道工序的第一个移动子批加工未结束时，不能开始下一道工序，故要取 g＝max($t2$,$t3$,bt)。

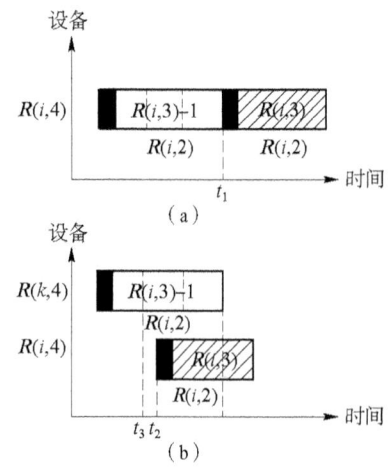

图 5.9 理论最早可调整开始时刻

2) 从左向右，采用"间隙挤压法"，根据 MM($R(i,4)$).TS 数组依次寻找设备 $R(i,4)$ 的可行空闲时间段；如图 5.10 所示，对于空闲时段 k，取 tb＝max(g,MM(R

$(i,4)).TS(2*k-1))$,然后从 tb 正向推算 $R(i,6)+R(i,7)$h 后得到加工结束时刻 te,若 te≤$MM(R(i,4)).TS(2*k-1)$,表明当前工序能安排在设备 $R(i,4)$ 的第 k 个空闲时间段,否则判断设备其下一个空闲时间段,直到找到可行空闲时间段为止。$MM(R(i,4)).TS(2*k-1))$、$MM(R(i,4)).TS(2*k)$ 分别是设备 $R(i,4)$ 的第 k 个空闲时间段的下限和上限。

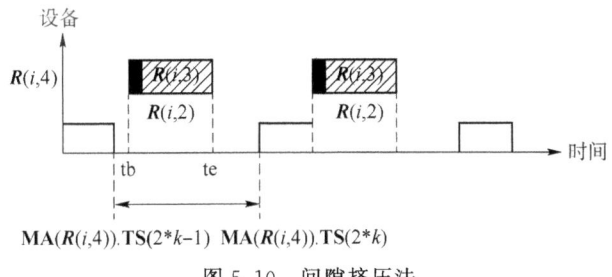

图 5.10 间隙挤压法

3) 安排当前任务:设找到设备 $R(i,4)$ 的第 k 个空闲时间段为可行时间段,则令 $R(i,10)$=tb,$R(i,11)$、$R(i,12)$ 取 tb 正向推算 $R(i,6)$ 所得时刻,$R(i,13)$ 取 te。

4) 更新设备 $R(i,4)$ 的时间状态向量 $MM(R(i,4)).TS$,更新方法与 4.4.8 节的内容相同。当所有任务安排完毕,令 ch.R=R,ch.MMA=MM,解码结束。

8. 计算目标值

在得到 ch.R 的第 5~13 列之后,求出 ch.R 第 13 列最大值与第 10 列最小值的差值赋给 ch.$O(1)$,将第 8、9 列之和赋给 ch.$O(2)$。

5.2.3 案例分析

某车间生产的产品如表 5.7 所示,产品工艺参数如表 5.8 所示(以图 5.3 所示的形式存入"工艺流程"工作表)。该车间拥有 18 台数设备,某次生产任务涉及产品 1~4。为了缩短生产周期,调度前已将 4 种产品进行了批量划分,形成了 8 个加工子批,各加工子批的参数如表 5.9 所示。设备所用工作制如图 2.23 所示,"日工作安排"如图 5.11 所示。设备工作日历设置如表 5.10 所示。其他参数如表 5.11 所示。现要合理安排 8 个加工子批的生产作业计划,达到生产周期和生产成本最小化。

表 5.7 产品

产品号	产品名称	产品型号
1	M201	L5
2	Z208	M3
3	A310	M2
4	C290	X5
5	D320	Y2
6	F290	M6
7	G45F	N7
8	F218	Y1

续表

产品号	产品名称	产品型号
9	E280	X8
10	G32F	X5

表 5.8 产品工艺流程

工件号	工件名称	工序号	工序名称	设备号	加工时间/(小时)	调整时间/(小时)	加工单价/(元/小时)	调整单价/(元/小时)
1	M201	1	车成型	1、2、3	1、1.1、1.2	2、2、2.3	600、600、540	480、480、420
		2	车端面	2、3	1.1、1.2	2、2.3	600、540	480、420
		3	车外圆	2、4	1.1、1.3	2、2.3	600、540	480、420
		4	车锥面	1、4	0.9、1.3	2、2.3	600、540	480、420
		5	钻、铰销孔	5、6、7	0.9、1、1.2	0.5、0.5、0.5	300、200、200	240、200、180
		6	铣20扁势	8、9	1、1.2	1、1	300、280	300、250
		7	研中孔	10、11、12	0.7、0.8、0.9	1.7、1.67、1.7	240、200、180	180、160、150
		8	磨倒角	13、14	0.6、0.7	0.8、0.8	300、250	240、200
		9	磨外圆	15、16	0.8、0.9	0.8、0.8	270、240	240、200
		10	磨端面	17、18	0.7、0.9	1.2、1.2	240、200	180、160
⋮	⋮	⋮	⋮	⋮	⋮	⋮	⋮	⋮
10	G32F	1	车成型	1、2、3、4	1、1.1、1.2、1.3	2、2、2.3、2.3	600、600、540、540	480、480、420、420
		2	车端面	1、3	0.9、1.2	2、2.3	600、540	480、420
		3	车外圆	1、2、4	0.8、1、1.2	2、2、2.3	600、600、540	480、480、420
		4	车锥面	1、2、3、4	1、1.1、1.2、1.3	2、2、2.3、2.3	600、600、540、540	480、480、420、420
		5	钻、铰销孔	5、6、7	0.8、0.9、1	0.5、0.5、0.5	300、240、200	240、200、180
		6	铣20扁势	8、9	0.6、0.8	1、1	300、280	300、250
		7	研中孔	10、11、12	0.7、0.8、0.9	1.7、1.67、1.7	240、200、180	180、160、150
		8	磨倒角	13、14	0.5、0.6	0.8、0.8	300、250	240、200
		9	磨外圆	15、16	0.8、0.9	0.8、0.8	270、240	240、200
		10	磨端面	17、18	0.7、0.8	1.2、1.2	240、200	180、160

表 5.9 加工子批

子批号	所属产品号	所属产品名称	总工序数	加工批量
1	1	M201	10	30
2	1	M201	10	30
3	2	Z208	10	20
4	2	Z208	10	20

续表

子批号	所属产品号	所属产品名称	总工序数	加工批量
5	3	A310	10	20
6	3	A310	10	20
7	4	C290	10	20
8	4	C290	10	20

	A	B	C	D	E	F	G	H	I	J	K	L	M	N	O	P	Q	R	S	T	U	V	W	X	Y	Z	AA	AB
1	A							B							C							D						
2	2	2	2	2	2	2	2	2	2	2	2	2	2	2	3	3	3	3	3	3	3	3	3	3	3	3	3	3
3	8:00	8:00	8:00	8:00	8:00	8:00	8:00	0:00	0:00	0:00	0:00	0:00	0:00	0:00	0:00	0:00	0:00	0:00	0:00	0:00	0:00	0:00	0:00	0:00	0:00	0:00	0:00	0:00
4	12:00	12:00	12:00	12:00	12:00	12:00	12:00	9:00	9:00	9:00	9:00	9:00	9:00	9:00	7:00	7:00	7:00	7:00	7:00	7:00	7:00	8:00	8:00	8:00	8:00	8:00	8:00	8:00
5	13:00	13:00	13:00	13:00	13:00	13:00	13:00	9:00	9:00	9:00	9:00	9:00	9:00	9:00	8:00	8:00	8:00	8:00	8:00	8:00	8:00	9:00	9:00	9:00	9:00	9:00	9:00	9:00
6	17:00	17:00	17:00	17:00	17:00	17:00	17:00	17:00	17:00	17:00	17:00	17:00	17:00	17:00	15:00	15:00	15:00	15:00	15:00	15:00	15:00	12:00	12:00	12:00	12:00	12:00	12:00	12:00
7															16:00	16:00	16:00	16:00	16:00	16:00	16:00	13:00	13:00	13:00	13:00	13:00	13:00	13:00
8															23:00	23:00	23:00	23:00	23:00	23:00	23:00	18:00	18:00	18:00	18:00	18:00	18:00	18:00

图 5.11 "日工作安排"设置

表 5.10 设备工作日历

设备号	设备代码	设备类别	工作制	日工作安排
1	NCL1	数控车床	Z工作制	A
2	NCL2	数控车床	Y工作制	B
3	NCL3	数控车床	Z工作制	C
4	NCL4	数控车床	Y工作制	A
5	BD1	台钻	Z工作制	D
6	BD2	台钻	Z工作制	A
7	BD3	台钻	Y工作制	C
8	MM1	铣床	Z工作制	A
9	MM2	铣床	Y工作制	D
10	GL1	横研机床	Z工作制	D
11	GL2	横研机床	Z工作制	A
12	GL3	横研机床	Y工作制	A
13	CGM1	半自动外圆磨床	Z工作制	C
14	CGM2	半自动外圆磨床	Y工作制	A
15	ACG1	外圆磨床	Z工作制	D
16	ACG2	外圆磨床	Z工作制	A
17	IG1	内圆磨床	Y工作制	A
18	IG2	内圆磨床	Z工作制	D

表 5.11　其他参数

参数	值	参数	值
jn	8	cr	0.7
mn	18	mr	0.3
tpn	80	ps	50
bt	2020/11/2 8:00:00	pc	0.7
tln	4637/11/26 0:00:00	pm	0.1
thr1	0.001	mgen	300

移动批量均取为 5,采用本节设计的算法独立计算多次,均能得到比较接近且均匀的 Pareto 解集。图 5.12 是某次独立计算得到的 Pareto 解集。Pareto 解 A 对应的调度表如表 5.12 所示、加工子批甘特图如图 5.13 所示、设备甘特图如图 5.14 所示。

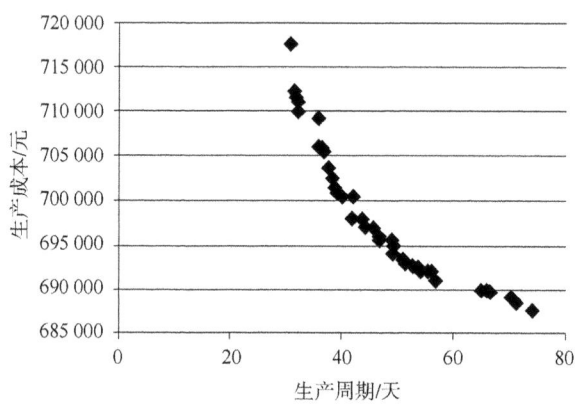

图 5.12　Pareto 解集

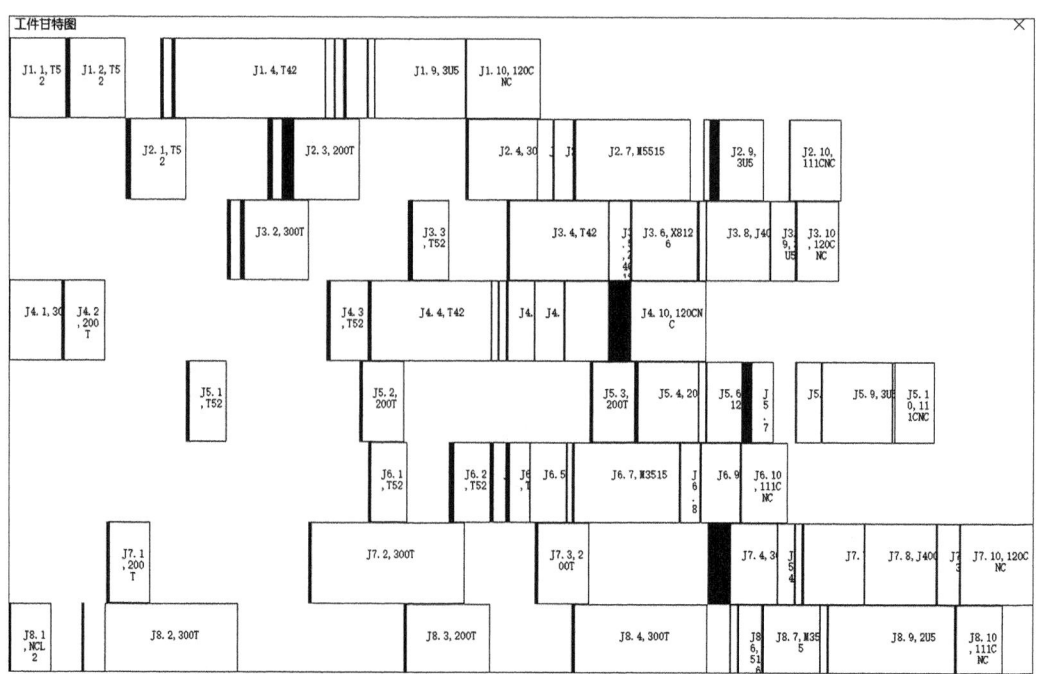

图 5.13　Pareto 解 A 对应的加工子批甘特图

表 5.12 Pareto 解 A 的调度表

任务号	子批号	产品号	工序标识	工序号	设备号	设备代码	调整时间/小时	加工时间/小时	调整成本/元	加工成本/元	调整开始时刻	调整结束时刻	加工开始时刻	加工结束时刻
1	8	4	J8.1	1	2	NCL2	2	22	960	13 200	2020/3/2 9:00	2020/3/2 11:00	2020/3/2 11:00	2020/3/3 17:00
2	1	1	J1.1	1	3	NCL3	2.33	36	978.6	19 440	2020/3/2 8:00	2020/3/2 10:19	2020/3/2 10:19	2020/3/4 3:19
3	4	2	J4.1	1	1	NCL1	2	20	960	12 000	2020/3/2 8:00	2020/3/2 10:00	2020/3/2 10:00	2020/3/4 15:00
4	4	2	J4.2	2	2	NCL2	2	22	960	13 200	2020/3/4 0:00	2020/3/4 2:00	2020/3/4 2:00	2020/3/5 8:00
5	1	1	J1.2	2	3	NCL3	2.33	36	978.6	19 440	2020/3/4 3:19	2020/3/4 5:39	2020/3/4 5:39	2020/3/5 22:39
6	2	1	J2.1	1	3	NCL3	2.33	36	978.6	19 440	2020/3/5 22:39	2020/3/6 1:59	2020/3/6 1:59	2020/3/7 18:59
7	7	4	J7.1	1	2	NCL2	2	22	960	13 200	2020/3/5 9:00	2020/3/5 11:00	2020/3/5 11:00	2020/3/6 17:00
8	5	3	J5.1	1	3	NCL3	2	24	978.6	12 960	2020/3/7 18:59	2020/3/7 21:19	2020/3/7 21:19	2020/3/9 1:19
9	1	1	J1.3	3	2	NCL2	2	33	960	19 800	2020/3/7 0:00	2020/3/7 2:00	2020/3/7 2:00	2020/3/9 3:00
10	3	2	J3.1	1	3	NCL3	2.33	24	978.6	12 960	2020/3/9 1:19	2020/3/9 3:39	2020/3/9 3:39	2020/3/10 3:00
11	2	1	J2.2	2	3	NCL3	2.33	36	978.6	19 440	2020/3/10 6:39	2020/3/10 9:58	2020/3/10 9:58	2020/3/12 2:58
12	1	1	J1.4	4	4	NCL4	2.33	39	978.6	21 060	2020/3/7 8:00	2020/3/7 10:19	2020/3/7 10:19	2020/3/9 9:19
13	4	2	J4.3	3	3	NCL3	2.33	24	978.6	12 960	2020/3/12 2:58	2020/3/12 5:18	2020/3/12 5:18	2020/3/13 9:18
14	6	3	J6.1	1	3	NCL3	2.33	24	978.6	12 960	2020/3/13 9:18	2020/3/13 11:38	2020/3/13 11:38	2020/3/14 14:38
15	3	2	J3.2	2	1	NCL1	2	16	960	9 600	2020/3/9 10:39	2020/3/9 13:39	2020/3/9 13:39	2020/3/11 13:39
16	2	1	J2.3	3	2	NCL2	2	33	960	19 800	2020/3/10 16:58	2020/3/11 1:58	2020/3/11 1:58	2020/3/13 2:58
17	4	2	J4.4	4	4	NCL4	2.33	26	978.6	14 040	2020/3/13 9:19	2020/3/13 11:39	2020/3/13 11:39	2020/3/17 14:39
18	3	2	J3.3	3	3	NCL3	2.33	24	978.6	12 960	2020/3/14 14:38	2020/3/14 17:58	2020/3/14 17:58	2020/3/15 20:58
...	...	...	...	...	...	...	...	...	...	...	...	...	...	...
76	7	4	J7.10	10	17	120CNC	1.17	20	210.6	4 800	2020/3/31 8:00	2020/3/31 9:10	2020/3/31 9:10	2020/4/2 14:10
77	6	3	J6.10	10	18	111CNC	1.17	20	187.2	4 000	2020/3/24 15:59	2020/3/24 17:09	2020/3/24 17:09	2020/3/26 3:09

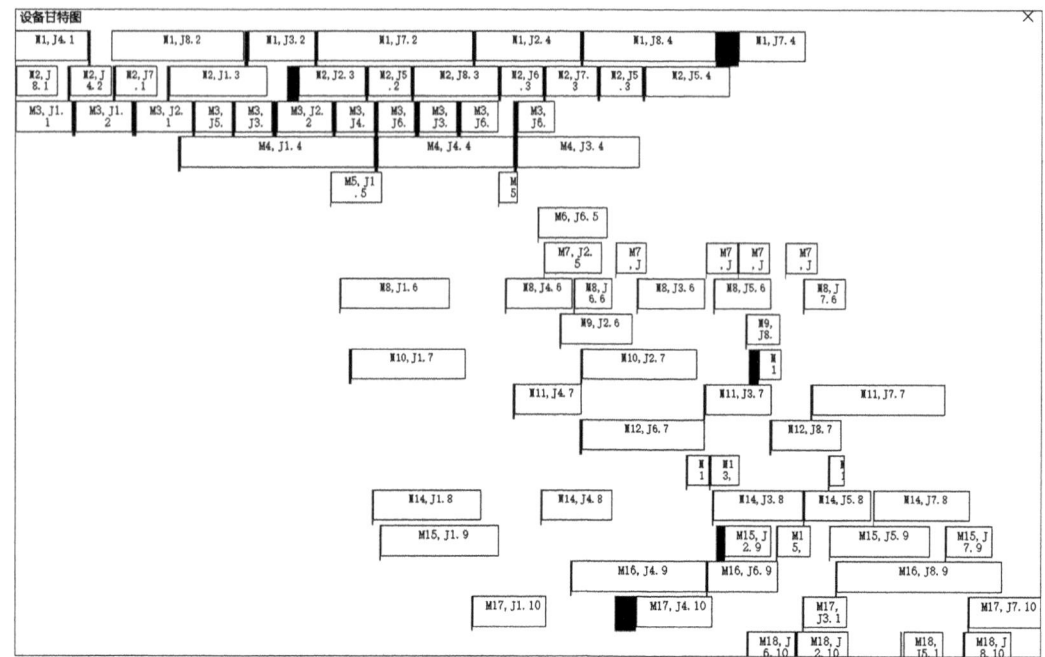

图 5.14　Pareto 解 A 对应的设备甘特图

图 5.13 中每一行代表一个加工子批的生产作业计划,图 5.14 中每一行代表一个设备的生产排程。其中,带"s"标识的方框代表设备调整起止时刻,不带"s"标识的方框代表工序加工起止时刻。从图 5.13 和表 5.12 可见,同一个加工子批的部分相邻两道工序之间存在时间上的交叉现象,这是平顺移动的结果。平顺移动有利于下道工序尽早开工,从而有效缩短生产周期。

由表 5.12 第 12 行可见,工序 J1.4 在设备 4(NCL4)上加工,加工开始时刻为 2020/3/7 10:19、加工结束时刻为 2020/3/13 9:19,易知 2020/3/7 10:19～2020/3/13 9:19 的日历时间为 143 小时,远大于加工时间 39 小时。从表 5.10 可知,设备 4 采用"Y 工作制",日工作安排为"A";从图 2.23 可知,按照"Y 工作制"2020/3/8 为非工作日期;从图 5.11 可知,日工作安排 A 每天运行 8 小时。由此,易知 2020/3/7 10:19～2020/3/13 9:19 的实际运行时间只有 39 小时,正好与工序的加工时间相等。同样,由表 5.12 第 16 行知,工序 J2.3 在设备 2(NCL2)上加工,其调整开始时刻为 2020/3/10 16:58、结束时刻为 2020/3/11 1:58,易知 2020/3/10 16:58～2020/3/11 1:58 的日历时间为 9 小时,也远远大于其调整时间 2 小时。用类似的方法同样可以得到 2020/3/10 16:58～2020/3/11 1:58 的实际运行时间只有 2 小时,正好与设备的调整时间相等。以上表明,算法在进行时间推算的时候考虑了设备的工作日历,这样能保证所推算的设备调整起止时刻、工序加工起止时刻与实际情况吻合。

为了比较移动批量对生产效率的影响,保持其他参数不变,再分别取如下两种移动批量分别进行进化计算:①30-30-20-20-20-20-20-20;②移动批量 10-10-10-10-10-10-10-10。将得到的 Pareto 解集与移动批量 5-5-5-5-5-5-5-5 的 Pareto 解集进行对比,如图 5.15 所示。

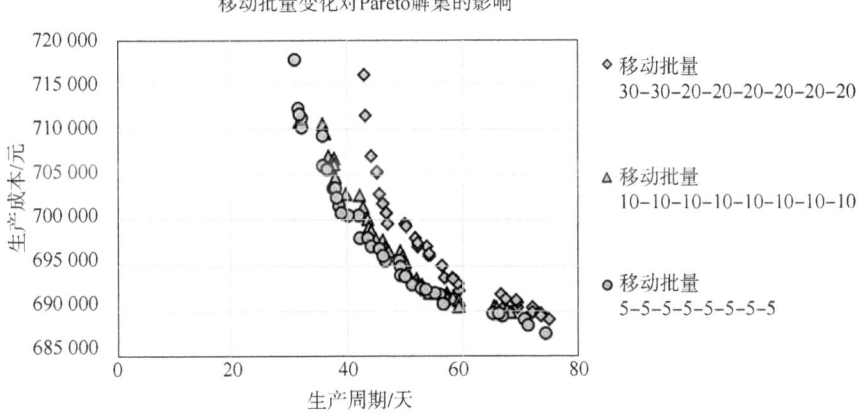

图 5.15 移动批量变化对 Pareto 解集的影响

从图 5.15 可见，在一定范围内，移动批量越小，Pareto 解集整体左移，即生产周期越短。这是因为平顺移动下，移动批量的减小可以使单个移动批次的加工时间缩短，按照平顺移动原则，下道工序可以提前更多的时间开始进行设备调整，最终使得生产周期缩短。但是，移动批量也不宜过小，移动批量过小，移动次数可能会有所增加，会给物料搬运人员造成较大工作量。

5.2.4 结论

针对混合工作日历下批量生产柔性作业车间调度问题，提出了一种基于非支配排序遗传算法的多目标调度方法。在工序调度过程中，通过时间推算函数准确推算设备调整起止时刻和工序加工起止时刻，能保证调度方案的有效性。算法在解码过程中采用三项技术能在一定程度上缩短生产周期：将工序时间细分为设备调整时间和加工时间，能使下道工序的设备可提前开始设备调整；采用"平顺移动"方式安排工序，可使得下道工序在上道工序未全部完成时即可开始，从而在一定程度上缩短生产周期；采用"间隙挤压式"调度方法安排工序，能在一定程度上减少设备的空闲时间段。研究表明，加工批量固定的情况下，减小移动批量，通过平顺移动能较明显缩短生产周期。但随着移动批量的减小，移动次数会增加，应在调度质量和付出的"代价"之间进行适当权衡。

5.3 混合工作日历下柔性作业车间多目标序贯调度

考虑混合工作日历的车间调度与不考虑工作日历的车间调度最大的区别在于，前者在进行相邻两批任务的调度时，后一批任务要以前一批调度对设备的占用为基础重构调度设备的时间状态，唯有如此，才能保证后一批任务的调度结果有效。基于此，本节研究提出了一种混合工作日历下柔性作业车间序贯调度方法。

5.3.1 问题描述

车间需在若干台设备上安排多批工件的加工任务。

假设条件如下。

(1) 设备按指定的工作日历运行。工作日历是工作制和日工作安排的合称。一旦某设备的工作日历被设定,则该设备在同一个调度周期内按此工作日历运行。

(2) 每个工件有多道工序,每道工序可选设备可能有多台。

(3) 工件的工艺流程已知,工序在可选设备上的调整时间和加工时间已知。

(4) 当设备按其工作日历停工时,设备停止调整、工件停止加工,待设备重新开工时继续进行未完成的工作。

(5) 当一个工件正在加工时,不允许被停下来加工其他工件。

(6) 相邻两批调度时,下一批调度应以上一批被选中的调度方案的设备时间占用状态作为初始状态。

(7) 调度从指定的调度起始时刻往后进行。

(8) 下一批调度的调度起始时刻不早于上一批的调度起始时刻。

要求:在以上假设条件下进行合理调度,使得生产周期最短、总成本最低。

5.3.2 类型及变量、数组定义

根据算法需要,定义了图 5.16 所示的自定义类型和表 5.13 所示的变量及数组。其中,chm.**R** 为 tpn×12 的数组,1~12 列分别存储任务序号、工件号、工序号、设备号、调整时间、加工时间、调整开始时刻、调整结束时刻、加工开始时刻、加工结束时刻、调整成本、加工成本;**MA** 用于存储各设备的参数;**JB** 用于存储各工件的参数;**MMB** 用于存储调度前设备的时间状态。

pr
- name(string,工序名称)
- **MN**( )(integer,可行设备号向量)
- **CT**( )(double,可行设备对应的加工时间向量,单位为小时)
- **ST**( )(double,可行设备对应的调整时间向量,单位为小时)
- **PC**( )(double,可行设备对应的单位时间加工成本向量,单位为元/小时)
- **PS**( )(double,可行设备对应的单位时间调整成本向量,单位为元/小时)

job
- name(string,工件名称)
- type(string,工件类型)
- pnum(integer,工序数)
- avalue(double,平均价值,单位为元)
- dtime(date,交货时刻)
- prc(double,提前完工费率,单位为元/天)
- dec(double,误期完工费率,单位为元/天)
- **PR**( )(pr,工序)

mach
- **TS**( )(Variant,设备时间状态向量)

chm
- **R**( )(variant,调度矩阵)
- **O**( )(double,目标值向量)
- **MMA**( )(mach,解码后设备时间状态)
- ra(integer,个体前沿值)
- cd(double,个体拥挤度值)

图 5.16 自定义类型

表 5.13 变量及数组定义

名称	含义	元素类型	类别
jn	调度工件数	Integer	输入参数
tpn	调度工序数	Integer	输入参数
mn	调度设备数	Integer	输入参数
bt	调度起始时刻	Date	输入参数
tln	时间大值	Double	输入参数
ps	种群规模	Integer	输入参数
pc	交叉率	Double	输入参数
pm	变异率	Double	输入参数
cr	交叉比例	Double	输入参数
mr	变异比例	Double	输入参数
tn	优化目标数	Integer	输入参数
mgen	最大进化代数	Integer	输入参数
wsn	工作制种数	Integer	输入参数
wtn	日工作安排数	Integer	输入参数
thr	开工、停工阈值	Double	中间参数
epoc	当前进化代数	Integer	中间参数
p_1、p_2	交叉前的两个父代个体	chm	中间参数
ch	个体	chm	中间参数
r	0~1 的随机实数	Double	中间参数
st	设备调整时间,单位为小时	Double	中间参数
ct	工序加工时间,单位为小时	Double	中间参数
g	某工序最早可开始调整时刻	date	中间参数
fn	某设备空闲时段个数	Integer	中间参数
tb	某设备第 k 个空闲时段的开始时刻	Date	中间参数
te	某设备第 k 个空闲时段的结束时刻	Date	中间参数
tsb	某工序调整开始时刻	Date	中间参数
tse	某工序调整结束时刻	Date	中间参数
tcb	某工序加工开始时刻	Date	中间参数
tce	某工序加工结束时刻	Date	中间参数
jc	工序详情	String	中间参数
MA( )	设备,mn×5	Variant	输入参数
JB( )	工件,jn×1	job	输入参数
MMB( )	调度前设备时间状态,mn×1	mach	输入参数
PPOP( )	父代种群,ps×1	chm	中间参数
PLPOP( )	NSGA II 配对池,ps/2×1	chm	中间参数
OPOP( )	NSGA II 交叉、变异得到的种群,ps×1	chm	中间参数
INPOP( )	NSGA II 合并种群,2ps×1	chm	中间参数
CPOP( )	子代种群,ps×1	chm	中间参数
OC( )	交叉操作两个子代个体,2×1	chm	中间参数

5.3.3 序贯调度技术

如何根据设备时间状态和调度起始时刻构造下一批调度的设备时间占用状态、如何基于设备工作日历进行"挤压插入"式的工序安排,是解决多目标柔性作业车间序贯调度的关键环节。本节解决这些关键环节的技术步骤如下。

(1) 根据"设备时间状态"工作表和给定的调度起始时刻构造调度前设备时间状态,将其赋给设备时间状态数组 **MMB**。

"设备时间状态"工作表如图 5.17 所示。图中每一行存储一台设备的时间状态信息。A 列为设备号,B、C 列是该设备第 1 个空闲时间段的开始时刻和结束时刻,C~G 列依次是该设备上安排的第 1 道工序对应的设备调整开始时刻、设备调整结束时刻、工序详情、工序加工开始时刻、工序加工结束时刻;G、H 列是该设备第 2 个空闲时间段的开始时刻和结束时刻,H~L 列依次是该设备上安排的第 2 道工序对应的设备调整开始时刻、设备调整结束时刻、工序详情、工序加工开始时刻、工序加工结束时刻;依此类推。

	A	B	C	D	E	F	G	H	...
1	1	2017/3/4 8:00	2017/3/8 18:23	2017/3/8 19:21	DH:1,J6,2车锥面,2017/3/8 19:21:00–2017/3/9 13:51:00	2017/3/8 19:21	2017/3/9 13:51	2017/3/9 13:51	...
2	2	2017/3/4 8:00	2017/3/4 8:00	2017/3/4 9:12	DH:1,J4,4车锥面,2017/3/4 9:12:00–2017/3/4 14:12:00	2017/3/4 9:12	2017/3/6 14:51	2017/3/6 14:12	...
3	...	...	...	...	...	...	...	...	...

图 5.17 "设备时间状态"工作表

构造调度前设备时间状态的示意图如图 5.18 所示。根据"设备时间状态"工作表和给定的调度起始时刻进行判断,对设备 i,若给定的调度起始时刻位于设备 i 第 k 个空闲时段之间(a),则设备 i 第 1 个空闲时段起始时刻取给定的调度起始时刻、结束时刻取第 k 个空闲时段的结束时刻,后续空闲时段依次往后取;若给定的调度起始时刻位于某工序起止时刻之间(b),则设备 i 第 1 个空闲时段起始时刻取该工序的结束时刻、结束时刻则取该工序之后的空闲时段结束时刻,后续空闲时段依次往后取。

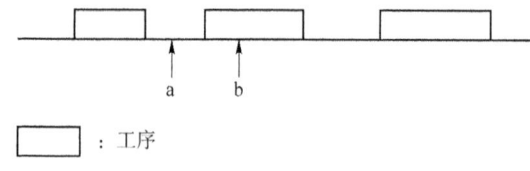

图 5.18 构造调度前设备时间状态

(2) 调度前将 **MMB** 赋给个体的 **MMA** 属性。

(3) 对个体解码时采用"间隙挤压"的方式进行工序安排。

如图 5.19 所示,要在设备 i 上安排工序 a,须首先在根据设备 i 的时间状态寻找第 1 个

可行的空闲时段 k,然后将工序 a 插入到该空闲时段,最后更新设备 i 的时间状态。寻找第 1 个可行的空闲时段的方法是,从左到右,依次判断每个空闲时段是否够用,若够用,则找到第 1 个可行的空闲时间段 k,否则继续往后寻找。而判断空闲时段 k 是否够用的方法是,在考虑设备工作日历的情况下,须从工序 a 的最早可开始调整时刻根据该设备的工作日历和工序 a 的设备调整时间和加工时间进行正向推算得到该工序的加工结束时刻,若工序 a 的加工结束时刻不大于空闲时段 k 的结束时刻,则空闲时段 k 为可行空闲时段,否则为不可行空闲时段。更新设备 i 的时间状态的方法是,将设备时间状态数组 **MMA** 中第 i 个元素(对应设备 i)的 **TS** 长度增加 5 位,从空闲时段 k 对应的第 2 个数据起,将后面的数据后移 5 位,从而腾出五个空位,再在 5 个空位处分别填入工序 a 的设备调整开始时刻、调整结束时刻、工序详情、加工开始时刻和加工结束时刻。

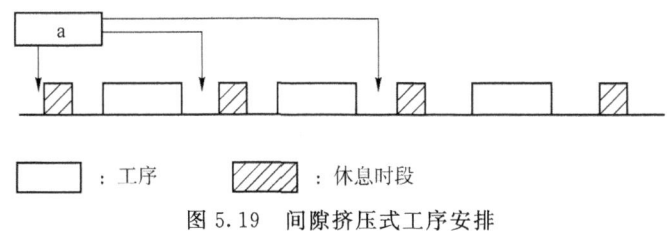

图 5.19 间隙挤压式工序安排

(4)进化结束时,将各个 Pareto 解对应的调度矩阵 **R** 和设备时间状态数组 **MMA** 输出到"Pareto 解集"工作表中。"Pareto 解集"工作表如图 5.20 所示。若某调度方案有两个优化目标,且 **ADD** 列为 Pareto 解的最后一列,则图 5.20 中,**ADE** 列之前为 Pareto 解数据,**A** 至 **D** 列分别为 Pareto 解序号、目标值 1、目标值 2 和 Pareto 解前沿值。**E** 至 **ADD** 列为 Pareto 解的调度矩阵数据,分别为每道工序对应的工序详情、工件号、工序顺序、设备号、设备代码、调整时间、加工时间、调整开始时刻、调整结束时刻、加工开始时刻、加工结束时刻、调整成本、加工成本等。**ADE** 列为设备 1 的时间状态数据个数,**ADF** 列之后的 32 个数据是设备 1 的时间状态数据;依次类推。

	A	B	C	D	E	F	G	H	I	J	K	F	...	ADD	ADE	ADF	ADG
1	1	16	211063	1	1.5(L35MC).1(车成型)	5	1	1	300T	0.96	9	2017/3/6 8:00	...	3042	32	2017/3/4 8:00	2017/3/6 8:00
2	2	23	205990	1	1.4(L90GF).1(车成型)	4	1	2	200T	1.2	12	2017/3/4 8:00	...	2640	22	2017/3/4 8:00	2017/3/6 8:00
...																	

图 5.20 "Pareto 解集"工作表

(5)调度员经决策选中某个 Pareto 解后,算法从其对应的行中提取出调度矩阵存入"Pareto 解"工作表,提取出设备时间状态数据存入"设备时间状态"工作表。

5.3.4 NSGA II 算法设计

本节 NSGA II 算法与 5.1.2 节的内容相似,唯一的区别在于本节的优化目标是生产周期和总成本。其中,总成本是生产成本、提前完工成本和误期完工成本之和。解码得到 ch.**R** 后,计算目标值的方法如下。

(1) 生产周期(ch.O(1))

生产周期是指调度工件的完工时刻与开始调整时刻之间的时间跨度。找出 ch.R 第 10 列的最大值赋给 $s1$，找出 ch.R 第 7 列的最小值赋给 $s2$，令 ch.O(1)=$s1-s2$。

(2) 总成本(ch.O(2))

总成本是指生产成本 $c1$、提前完工成本 $c2$、误期完工成本 $c3$ 之和。

1) 生产成本($c1$)

生产成本是指调度工件所有工序对应的设备调整成本与加工成本之和。由于 ch.R 的第 11 列和第 12 列分别是各工序的设备调整成本和加工成本，因此只需将此两列求和赋给 $c1$ 可。

2) 提前完工成本($c2$)

工件的提前完工成本是指工件的最后一道工序加工结束时刻早于交货期而产生的成本，主要表现存储成本。将每个工件的提前完工成本求和即得到一批调度工件的提前完工成本赋给 $c2$。工件 i 的提前完工成本等于工件 i 的提前完工时间与工件 i 的提前完工费率的乘积。工件 i 的提前完工时间的确定方法是，在 ch.R 的第 10 列中找到该工件的最后一道工序加工结束时刻，然后用该工件的交货期减去该工件的最后一道工序的加工结束时刻，若差值大于 0 则取差值，否则取 0。

3) 误期完工成本($c3$)

工件的误期完工成本是指工件的最后一道工序加工结束时刻晚于交货期而产生的成本，主要表现为误期罚款、赶工费等。将每个工件的误期完工成本求和即得到这一批调度工件的误期完工成本赋给 $c3$。工件 i 的误期完工成本等于工件 i 的误期完工时间与工件 i 的误期完工费率的乘积。工件 i 的误期完工时间的确定方法是，在 ch.R 的第 10 列中找到该工件的最后一道工序加工结束时刻，然后用它减去该工件的交货期，若差值大于 0 则取差值，否则取 0。

将 $c1$、$c2$、$c3$ 之和赋给 ch.O(2)。

5.3.5 案例分析

某机加车间待生产的工件信息如表 5.14 所示，工艺流程如表 5.15 所示（以图 5.3 所示的形式存入"工艺流程"工作表）。车间现有设备 18 台，设备工作制如图 2.23 所示，日工作安排如图 5.21 所示，设备工作日历如表 5.16 所示。

表 5.14 工件信息

工件号	工件名称	型号
1	L2027	X5
2	G46-100F	L5
3	ZU30100B2	M3
4	L90GF	M2
5	L35MC	X5
6	HP6100	Y2
7	16V32G	M6

续表

工件号	工件名称	型号
8	G-45B	N7
9	RT-flex	Y1
10	DK28	X8

表 5.15 工艺流程

工件名称	工序号	工序名称	设备号	加工时间/小时	调整时间/小时	加工单价/(元/小时)	调整单价/(元/小时)
L2027	1	车成型	1、2、3、4	9、12、11.25、15	0.96、1.2、1.2、1.5	390、300、337、259	336、240、297、212
	2	车端面	2、4	10、13	1.2、1.5	250、216	200、177
	3	车外圆	2、4	8、10	1.2、1.5	280、242	240、212
	4	车锥面	1、2、3、4	5.25、7、6.75、9	0.96、1.2、1.2、15	390、300、337、259	322、230、285、203
	5	钻、铰销孔	5、6、7	5.63、7.5、10	0.64、0.8、1	507、390、300	470、336、240
	6	铣20扁势	8、9	9、12	0.8、1	390、300	350、250
	7	研中孔	10、11、12	5.63、7.5、10	0.64、0.8、1	406、312、240	353、252、180
	8	磨倒角	13、14	6.75、9	0.66、0.83	390、300	336、240
	9	磨外圆	15、16	9、12	0.66、0.83	351、270	336、240
	10	磨端面	17、18	7.5、10	0.94、1.17	312、240	252、180
⋮	⋮	⋮	⋮	⋮	⋮	⋮	⋮
G-45B	1	车成型	2、4	8、10	1.2、1.5	300、241	240、199
	2	车端面	1、2、3、4	7.5、10、9.75、13	0.96、1.2、1.2、1.5	325、250、314、241	280、200、279、199
	3	车外圆	2、4	8、10	1.2、1.5	280、241	240、199
	4	车锥面	1、2、3、4	8.25、11、11.25、15	0.96、1.2、1.2、1.5	390、300、314、241	322、230、279、199
	5	钻、铰销孔	5、6、7	7.31、9.75、13	0.64、0.8、1	338、260、200	314、224、160
	6	铣20扁势	8、9	8.25、11	0.8、1	390、300	350、250
	7	研中孔	10、11、12	7.43、9.9、11	0.74、0.92、1	374、288、240	290、207、180
	8	磨倒角	13、14	9、12	0.66、0.83	390、300	336、240
	9	磨外圆	15、16	7.5、10	0.66、0.83	351、270	336、240
	10	磨端面	17、18	7.5、10	0.94、1.17	312、240	252、180

	A	B	C	D	E	F	G	H	I	J	K	L	M	N	O	P	Q	R	S	T	U
1	A							B							C						
2	3	3	3	3	3	1	1	2	2	2	2	2	2	2	3	3	3	3	3	3	3
3	8:00	8:00	8:00	8:00	8:00	8:00	8:00	8:00	8:00	8:00	8:00	8:00	8:00	8:00	0:00	0:00	0:00	0:00	0:00	0:00	0:00
4	12:00	12:00	12:00	12:00	12:00	12:00	12:00	12:00	12:00	12:00	12:00	12:00	12:00	12:00	8:00	8:00	8:00	8:00	8:00	8:00	8:00
5	13:00	13:00	13:00	13:00	13:00			13:00	13:00	13:00	13:00	13:00	13:00	13:00	9:00	9:00	9:00	9:00	9:00	9:00	9:00
6	17:00	17:00	17:00	17:00	17:00			17:00	17:00	17:00	17:00	17:00	17:00	17:00	12:00	12:00	12:00	12:00	12:00	12:00	12:00
7	18:00	18:00	18:00	18:00	18:00										13:00	13:00	13:00	13:00	13:00	13:00	13:00
8	22:00	22:00	22:00	22:00	22:00										17:00	17:00	17:00	17:00	17:00	17:00	17:00

图 5.21 "日工作安排"设置

表 5.16　设备工作日历

设备号	设备代码	设备类别	工作制	工作时段
1	300T	数控车床	Z 工作制	A
2	200T	数控车床	Y 工作制	B
3	T52	数控车床	X 工作制	A
4	T42	数控车床	Y 工作制	C
5	Z6018	台钻	Z 工作制	A
6	Z5018	台钻	Z 工作制	A
7	Z4018	台钻	Y 工作制	B
8	X8126	铣床	X 工作制	C
9	X5126	铣床	Y 工作制	B
10	M5515	横研机床	Z 工作制	A
11	M4515	横研机床	Z 工作制	C
12	M3515	横研机床	Y 工作制	B
13	J5001	半自动外圆磨床	X 工作制	A
14	J4001	半自动外圆磨床	Y 工作制	B
15	3U5	外圆磨床	Z 工作制	C
16	2U5	外圆磨床	Z 工作制	A
17	120CNC	内圆磨床	Y 工作制	B
18	111CNC	内圆磨床	X 工作制	C

（1）取 1 号调度的调度起始时刻为 2020/3/4 8:00:00，它要在 18 台设备上安排 3 个工件的加工任务，各调度工件的信息如表 5.17 所示，设备初始时间状态如图 5.22 所示，其他参数如表 5.18 所示。

表 5.17　1 号调度的调度工件

工件号	工件名称	型号	总工序数	交货期	提前完工费率 /(元/天)	误期完工费率 /(元/天)
1	L2027	X5	10	2020/4/16 10:00	100	1 000
2	G46-100F	L5	10	2020/4/15 10:00	150	1 200
3	ZU30100B2	M3	10	2020/5/13 10:00	80	800

	A	B	C
1	1	2020/3/2 8:00	4637/11/26 0:00
2	2	2020/3/2 8:00	4637/11/26 0:00
3	3	2020/3/2 8:00	4637/11/26 0:00
4	4	2020/3/2 8:00	4637/11/26 0:00
5	5	2020/3/2 8:00	4637/11/26 0:00
6	6	2020/3/2 8:00	4637/11/26 0:00
7	7	2020/3/2 8:00	4637/11/26 0:00
8	8	2020/3/2 8:00	4637/11/26 0:00
9	9	2020/3/2 8:00	4637/11/26 0:00
10	10	2020/3/2 8:00	4637/11/26 0:00
11	11	2020/3/2 8:00	4637/11/26 0:00
12	12	2020/3/2 8:00	4637/11/26 0:00
13	13	2020/3/2 8:00	4637/11/26 0:00
14	14	2020/3/2 8:00	4637/11/26 0:00
15	15	2020/3/2 8:00	4637/11/26 0:00
16	16	2020/3/2 8:00	4637/11/26 0:00
17	17	2020/3/2 8:00	4637/11/26 0:00
18	18	2020/3/2 8:00	4637/11/26 0:00

图 5.22 "设备初始状态"工作表设置

表 5.18 其他参数

参数	值	参数	值
jn	3	cr	0.7
tpn	30	mr	0.3
mn	10	ps	50
bt	2020/3/4 8:00:00	pc	0.5
tln	4637/11/26 0:00:00	pm	0.1
thr1	0.001	mgen	300

利用算法独立运行多次,均能得到基本相同且均匀的 Pareto 解集,表明收敛效果较好。图 5.23 是某次进化计算得到的 Pareto 解集,计算时间约为 40 秒。调度员可从中选择一个 Pareto 解安排生产。表 5.19 是某解(生产周期为 10.13 天,总成本为 106 157.14 元)对应的调度表,图 5.24、图 5.25 是该方案对应的工件甘特图和设备甘特图。

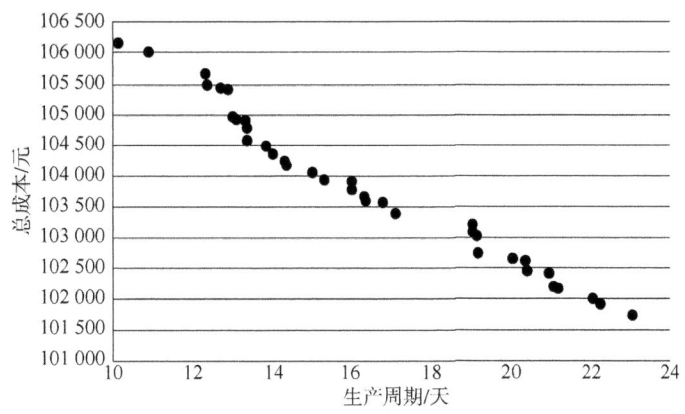

图 5.23 1 号调度的 pareto 解集

表 5.19 某解调度表

序号	工件	工序号	设备号	调整时间/小时	加工时间/小时	调整开始时刻	调整结束时刻	加工开始时刻	加工结束时刻	调整成本/元	加工成本/元
1	2	1	3	1.2	10.5	2020/3/4 8:00	2020/3/4 9:12	2020/3/4 9:12	2020/3/4 21:42	334.89	3 293.84
2	3	1	4	1.5	12	2020/3/4 9:00	2020/3/4 10:30	2020/3/4 10:30	2020/3/5 6:30	299.01	2 895.69
3	1	1	1	0.96	9	2020/3/4 8:00	2020/3/4 8:57	2020/3/4 8:57	2020/3/4 19:57	322.56	3 510.00
4	3	2	1	0.96	7.5	2020/3/4 21:02	2020/3/4 22:00	2020/3/5 8:00	2020/3/5 16:30	268.80	2 437.50
5	3	3	1	0.96	6	2020/3/5 16:30	2020/3/5 18:27	2020/3/5 18:27	2020/3/6 10:27	322.56	2 184.00
6	1	2	2	1.2	10	2020/3/4 15:48	2020/3/4 17:00	2020/3/5 8:00	2020/3/6 10:00	240.00	2 500.00
7	2	2	4	1.5	13	2020/3/5 6:30	2020/3/5 8:00	2020/3/5 9:00	2020/3/6 6:00	299.01	3 136.99
8	1	3	2	1.2	8	2020/3/6 10:00	2020/3/6 11:12	2020/3/6 11:12	2020/3/7 11:12	288.00	2 240.00
9	3	4	2	1.2	7	2020/3/7 11:12	2020/3/7 13:24	2020/3/7 13:24	2020/3/9 11:24	276.00	2 100.00
10	2	3	4	1.5	10	2020/3/6 6:00	2020/3/6 7:30	2020/3/6 7:30	2020/3/9 2:30	299.01	2 413.07
11	3	5	5	0.64	6.75	2020/3/9 10:45	2020/3/9 11:24	2020/3/9 11:24	2020/3/9 20:09	301.06	3 422.25
12	3	6	8	0.8	12	2020/3/9 16:12	2020/3/9 17:00	2020/3/10 0:00	2020/3/10 14:00	280.00	4 680.00
13	3	7	10	0.64	6.75	2020/3/9 13:21	2020/3/9 14:00	2020/3/10 14:00	2020/3/10 21:45	225.79	2 737.80
14	1	4	2	1.2	7	2020/3/9 13:24	2020/3/9 22:00	2020/3/7 8:00	2020/3/10 11:36	276.00	2 100.00
15	2	4	3	1.2	8.25	2020/3/6 20:48	2020/3/10 21:45	2020/3/10 21:45	2020/3/10 11:36	334.89	2 588.02
16	3	8	13	0.664	7.5	2020/3/10 21:05	2020/3/10 21:45	2020/3/10 11:36	2020/3/11 16:15	223.10	2 925.00
17	1	5	5	0.64	5.625	2020/3/10 10:57	2020/3/10 11:36	2020/3/10 11:36	2020/3/10 19:13	301.06	2 851.88
18	2	5	6	0.8	9	2020/3/6 21:27	2020/3/9 8:15	2020/3/9 8:15	2020/3/9 19:15	268.80	3 510.00

续表

序号	工件	工序号	设备号	调整时间/小时	加工时间/小时	调整开始时刻	调整结束时刻	加工开始时刻	加工结束时刻	调整成本/元	加工成本/元
19	2	6	8	0.8	9	2020/3/10 14:00	2020/3/10 14:48	2020/3/10 14:48	2020/3/11 6:48	280.00	3 510.00
20	3	9	15	0.664	9.75	2020/3/11 15:35	2020/3/11 16:15	2020/3/11 16:15	2020/3/12 10:00	223.10	3 422.25
21	1	6	8	0.8	9	2020/3/11 6:48	2020/3/11 7:36	2020/3/11 7:36	2020/3/12 1:36	280.00	3 510.00
22	2	7	11	0.8	6	2020/3/11 6:00	2020/3/11 6:48	2020/3/11 6:48	2020/3/11 14:48	201.60	1 872.00
23	1	7	11	0.8	7.5	2020/3/12 0:48	2020/3/12 1:36	2020/3/12 1:36	2020/3/12 10:06	201.60	2 340.00
24	2	8	13	0.664	6	2020/3/11 16:15	2020/3/11 16:54	2020/3/11 16:54	2020/3/12 9:54	223.10	2 340.00
25	1	8	13	0.664	6.75	2020/3/12 9:54	2020/3/12 10:34	2020/3/12 10:34	2020/3/12 19:19	223.10	2 632.50
26	1	9	16	0.83	12	2020/3/12 18:29	2020/3/12 19:19	2020/3/12 19:19	2020/3/13 19:19	199.20	3 240.00
27	3	10	17	0.936	8.25	2020/3/12 9:03	2020/3/12 10:00	2020/3/12 10:00	2020/3/13 10:15	235.87	2 574.00
28	1	10	18	1.17	10	2020/3/13 15:49	2020/3/13 17:00	2020/3/14 0:00	2020/3/14 11:00	210.60	2 400.00
29	2	9	15	0.664	11.25	2020/3/12 10:00	2020/3/12 10:39	2020/3/12 10:39	2020/3/13 5:54	223.10	3 948.75
30	2	10	17	0.936	6.75	2020/3/13 10:15	2020/3/13 11:11	2020/3/13 11:11	2020/3/14 9:56	235.87	2 106.00

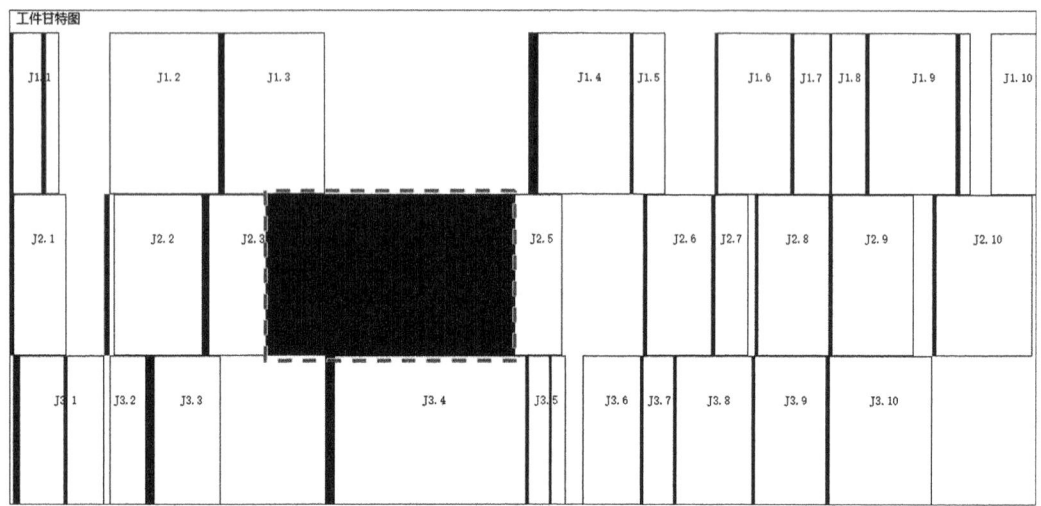

图 5.24 工件甘特图

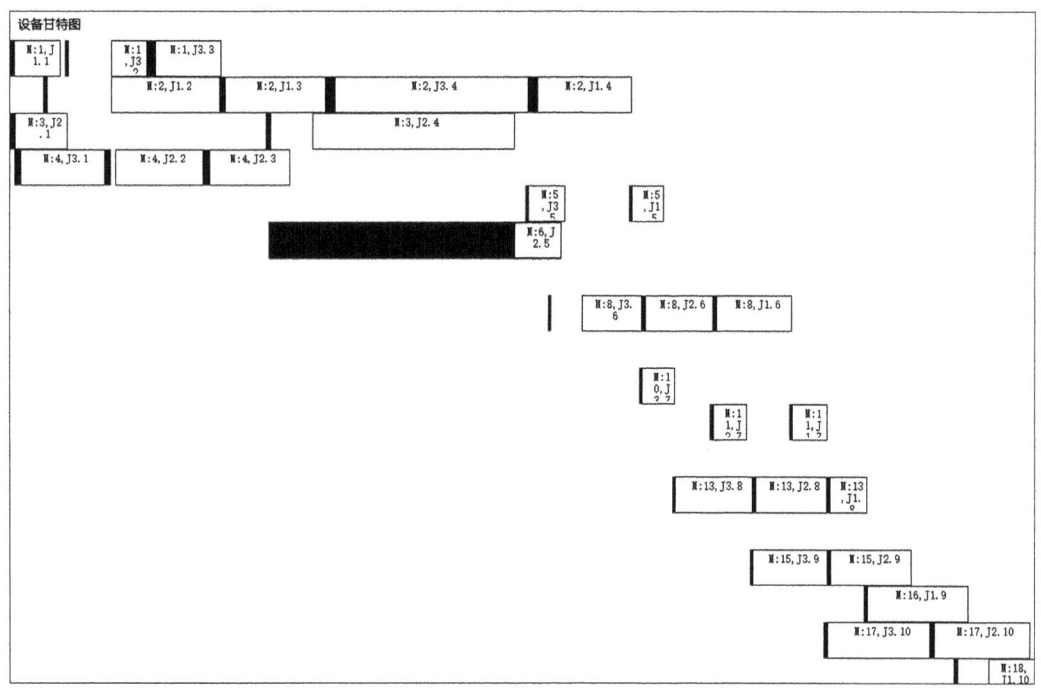

图 5.25 设备甘特图

假设 1 号调度的决策方案为该解,则此时设备的时间轴不再连续。以此不连续的时间轴为基础,继续进行调度。

(2) 2 号调度方案的调度工件信息如表 5.20 所示,调度起始时刻为 2020/3/10 8:00:00,其他条件不变。图 5.26 是某次进化计算得到的 Pareto 解集,计算时间约为 40 秒。调度员可从中进行选择某一个 Pareto 解,某解(生产周期为 13.69 天,总成本为 139 245.97 元)所对应的工件甘特图和设备甘特图分别如图 5.27、图 5.28 所示。假设 2 号调度的决策方案为该解,则得到 1、2 号调度后的设备甘特图如图 5.29 所示。

表 5.20　2 号调度的调度工件

工件号	工件名称	型号	总工序数	交货期	提前完工费率/(元/天)	误期完工费率/(元/天)
2	G46-100F	L5	10	2020/4/15	150	1 200
4	L90GF	M2	10	2020/4/20	120	1 500
5	L35MC	X5	10	2020/4/13	70	600
6	HP6100	Y2	10	2020/4/16	50	500

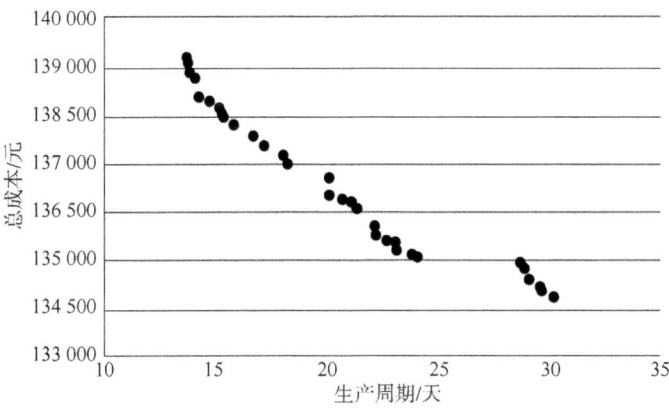

图 5.26　2 号调度的 Pareto 解集

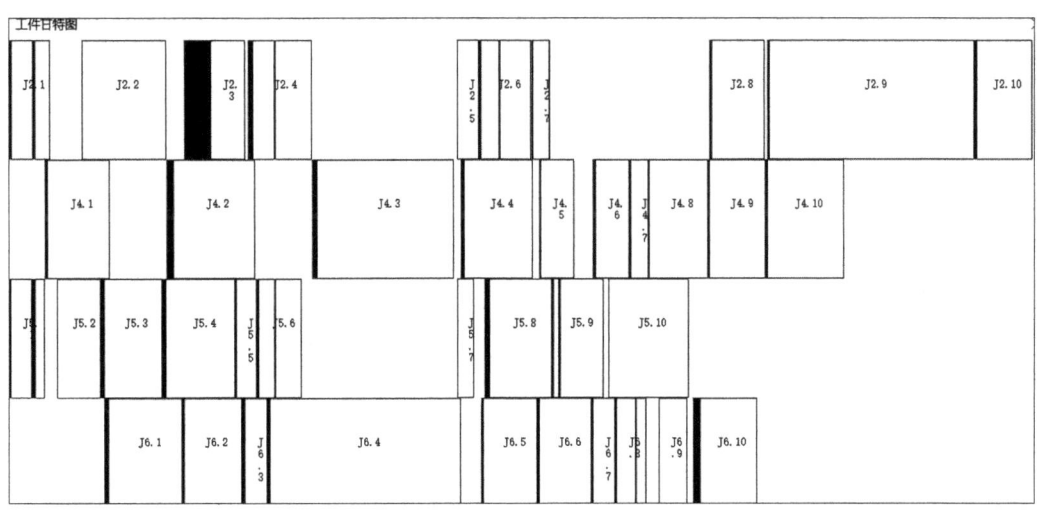

图 5.27　工件甘特图

图 5.29 中,"DH:"后紧跟的数字代表调度号。从图中可以看出,左下角为调度号 1 的决策方案对设备的剩余占用情况(从 2020/3/10 之后),右上角为调度号 2 的决策方案对设备的占用情况,即调度号 2 是在调度号 1 的决策方案基础上进行的,本节称之为"序贯调度"。

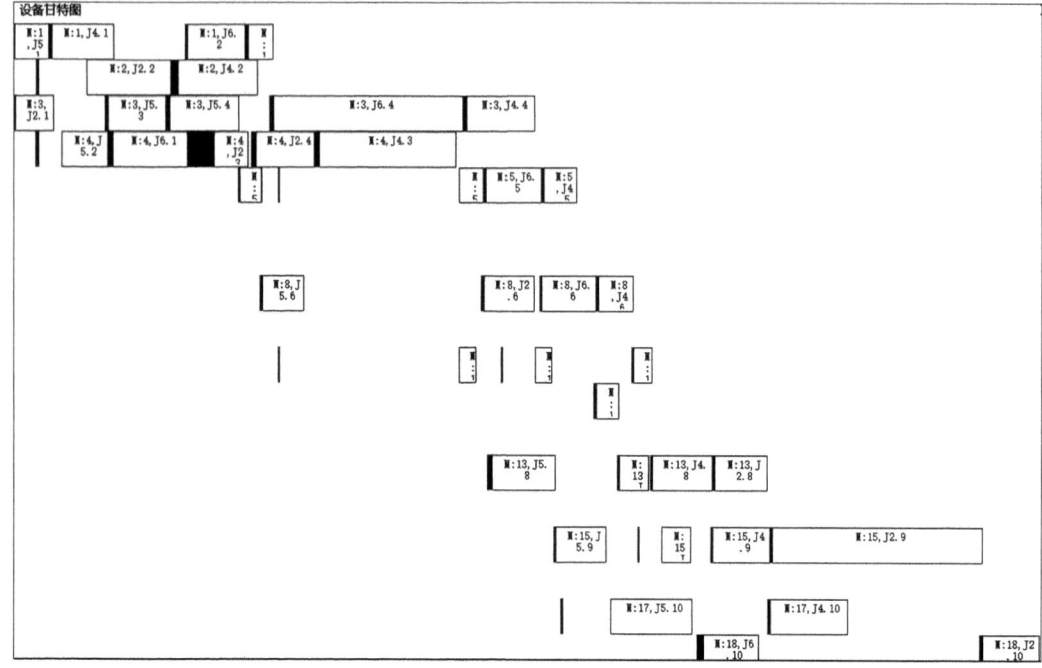

图 5.28 设备甘特图

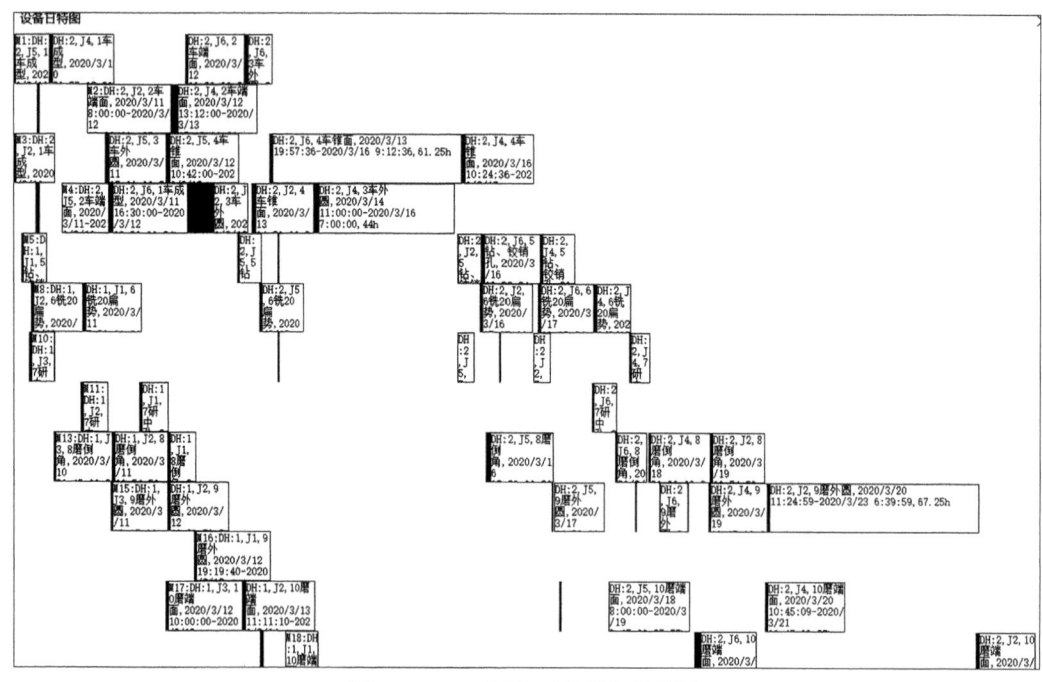

图 5.29 1、2 调度后的设备甘特图

(3) 3 号调度方案的调度工件信息如表 5.21 所示,调度起始时刻为 2020/3/15 8:00:00,其他条件不变。图 5.30 是某次进化计算得到的 Pareto 解集,计算时间约为 40 秒。调度员可从中进行选择某一个 Pareto 解,某解(生产周期为 14.75 天,总成本为 133 842.27 元)所对

106

应的工件甘特图和设备甘特图分别如图 5.31、图 5.32 所示。假设 3 号调度的决策方案为该解,则 1、2、3 号调度后的设备甘特图如图 5.33 所示。

表 5.21 3 号调度的调度工件

工件号	工件名称	型号	总工序数	交货期	提前完工费率/元·天$^{-1}$	误期完工费率/元·天$^{-1}$
5	L35MC	X5	10	2020/4/13	70	600
6	HP6100	Y2	10	2020/4/16	50	500
7	16V32G	M6	10	2020/4/16	100	1 000
8	G-45B	N7	10	2020/4/16	100	1 000

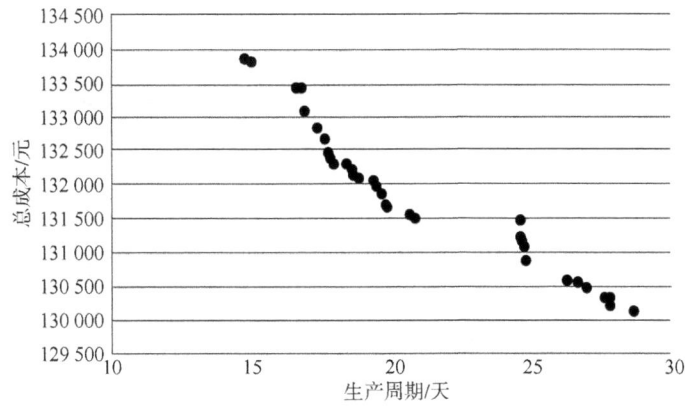

图 5.30 3 号调度的 Pareto 解集

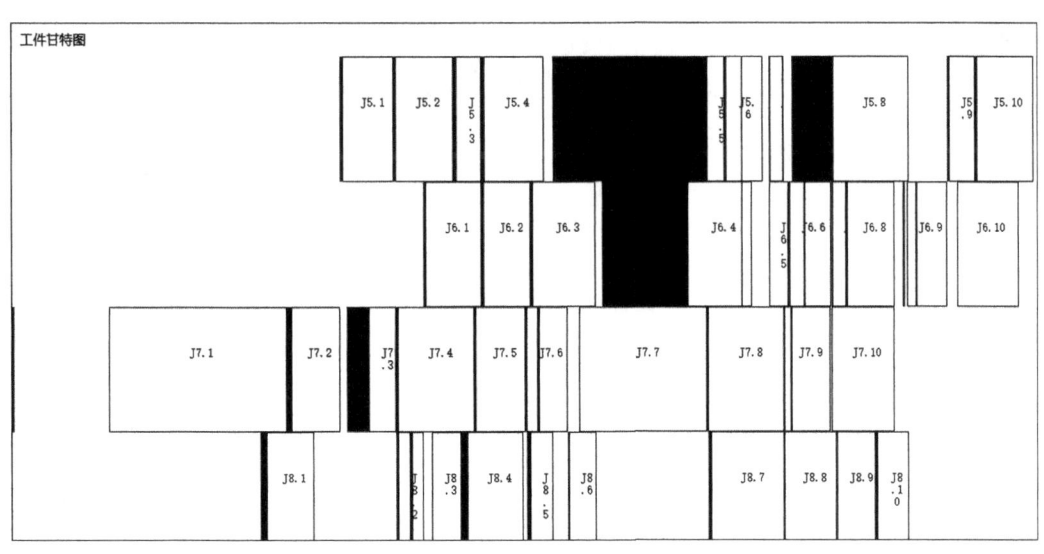

图 5.31 工件甘特图

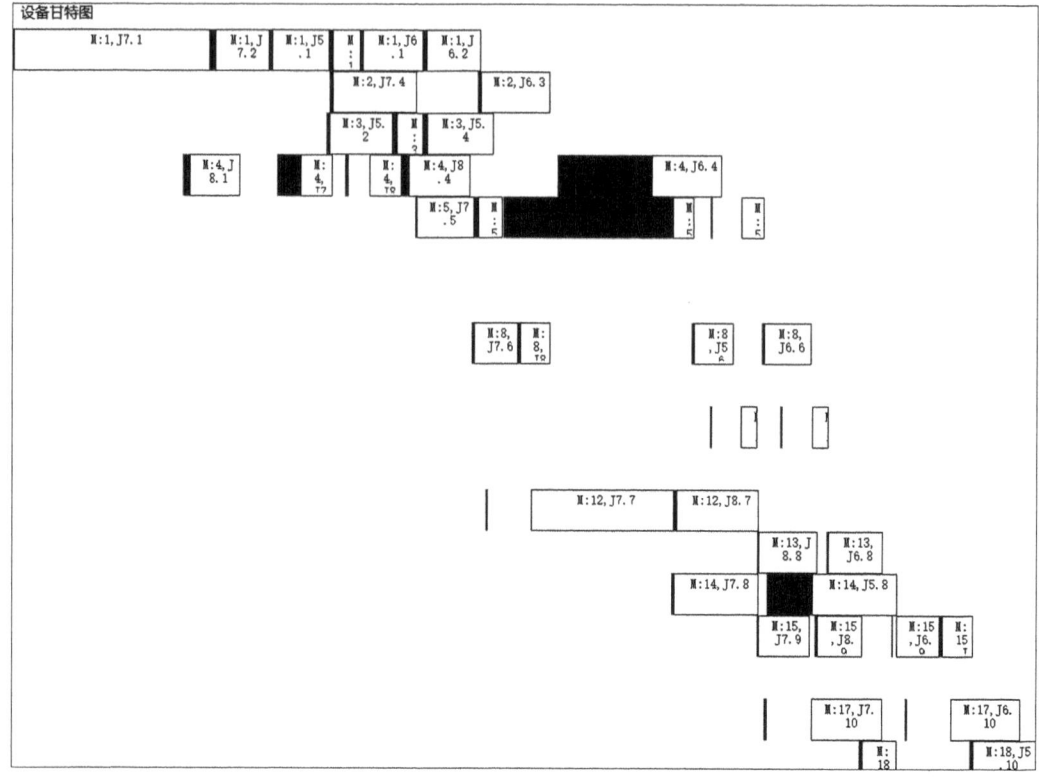

图 5.32 工件甘特图

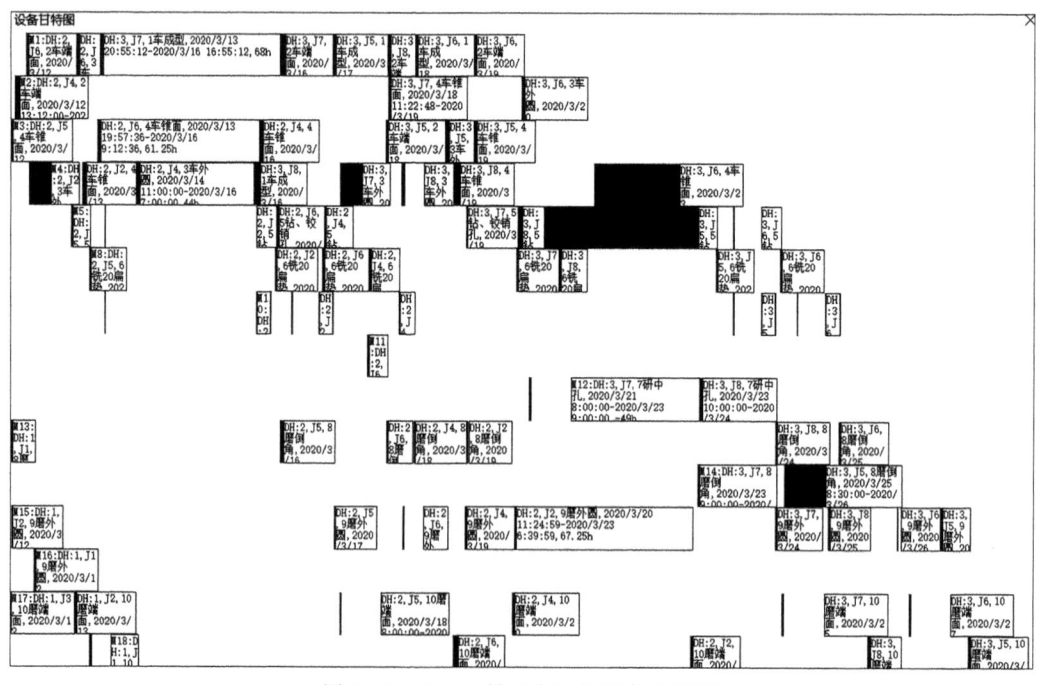

图 5.33 1、2、3 号调度后的设备甘特图

同样,图 5.33 中可以看出,调度号 3 是在调度号 1、2 的决策方案的基础上进行的。

5.3.6 结论

针对混合工作日历下柔性作业车间序贯调度问题,提出了一种基于非支配排序的遗传算法的多目标调度方法。在工序调度过程中,通过时间推算函数准确推算设备调整起止时刻和工序加工起止时刻,能保证调度方案的有效性。算法在解码过程中采用两项技术能在一定程度上缩短生产周期:将工序时间细分为设备调整时间和加工时间,能使下道工序的设备可提前开始设备调整;采用"间隙挤压式"调度方法安排工序,能在一定程度上减少设备的空闲时间段。算法在序贯调度过程中,下一批调度考虑了上一批调度对设备的时间占用情况,保证了调度方案的有效性。利用本节提出的方法能在可接受的计算时间内得到有效的混合工作日历下柔性作业车间多目标序贯调度 Pareto 解集供决策。

5.4 混合工作日历下柔性作业车间可定制目标调度

柔性作业车间调度多年来一直是学术界的研究热点,相关研究成果已很丰富。据不完全统计,作业车间调度优化目标已有 20 多个,主要优化目标如表 5.22 所示。现有柔性作业车间调度是基于固定优化目标的,因此演化出数量众多的柔性作业车间调度优化模型及对应算法,给调度员带来了极大的甄别负担。基于此,混合工作日历下可定制目标柔性作业车间调度成为一个新的研究课题。

表 5.22 柔性作业车间调度主要优化目标

序号	目标名称	序号	目标名称
1	最大完工时刻	9	能源消耗
2	交货满意度	10	存储费
3	生产成本	11	误期罚款
4	误期时间	12	总流程时间
5	提前/误期罚值	13	平均流程时间
6	关键机器的负荷	14	平均误期时间
7	机器总负荷	15	加权误期时间
8	最大机器负荷		

可定制目标作业车间调度的求解需要分单、多目标两种情况进行讨论。单目标优化的常用方法有精确方法和启发式方法。前者又称最优化方法。它通过数学规划方法获取最优

调度方案,只适用于求解简单、小规模作业车间调度问题。启发式方法通过调度规则或搜索算法得到近似调度方案,其中智能搜索算法应用较多,如遗传算法、蚁群搜索算法、粒子群搜索算法等。遗传算法因其全局搜索性能、鲁棒性、可扩展性较好等优点被广泛用于求解作业车间调度问题。多目标优化方法有间接法和直接法两种。前者依据技术手段将多目标转为单目标,然后在单目标空间中寻优,但不能得到完整的Pareto解集。后者是在多目标空间中寻优的方法,常用的方法有变系数法、线性加权法和基于Pareto寻优的方法。变系数法和线性加权要求随机权重足够均匀,很难找到较完整的Pareto解集。基于Pareto寻优的方法是相对更理想的多目标优化方法,其中,带精英策略的非支配排序遗传算法(NSGA-II)是较理想和成熟的Pareto寻优算法。

本节研究提出了一种混合工作日历下可定制目标柔性作业车间调度方法。描述了混合工作日历下可定制目标柔性作业车间调度问题,提出了问题求解的两个关键技术:基于工作日历的时间推算技术、关联目标规避技术,设计了混合工作日历下可定制目标柔性作业车间调度遗传进化算法。

5.4.1 问题描述

一批工件需在车间若干台设备上进行加工安排。

假设条件如下。

(1) 设备在同一个调度周期按照规定的工作日历(工作制和日工作安排的合称)运行。

(2) 各设备的工作日历不尽相同。

(3) 工件每道工序的可选设备数大于或等于1。

(4) 工件的工艺流程、各工序在可选设备上的调整时间和加工时间已知。

(5) 一个工件正在加工时不能被其他工件中断。

(6) 当设备在工作日历下停工时,设备和工件也同时停止调整、加工,当设备重新开工时继续后续工作。

(7) 调度安排从规定的起始时刻往后进行。

(8) 设备在初始状态下,自调度起始时刻往后的时间轴连续。

要求:在以上假设下进行合理调度,按调度员定制的优化目标得到最优调度方案或满意的Pareto解集。

5.4.2 类型、变量及数组定义

根据算法需要定义了图5.34的示的自定义类型、表5.23所示的变量和表5.24所示的数组。其中,chm.R 为 tpn×12 的数组,1~12列分别存储任务序号、工件号、工序号、设备号、调整时间、加工时间、调整开始时刻、调整结束时刻、加工开始时刻、加工结束时刻、调整成本、加工成本;**MA** 用于存储各设备的参数;**JB** 用于存储各工件的参数;**MMB** 用于存储解码前设备的时间状态。

$$\text{pr}\begin{cases} \text{name(string,工序名称)} \\ \textbf{MN}(\ )\text{(integer,可行设备号向量)} \\ \textbf{CT}(\ )\text{(double,可行设备对应的加工时间向量,单位为小时)} \\ \textbf{ST}(\ )\text{(double,可行设备对应的调整时间向量,单位为小时)} \\ \textbf{PC}(\ )\text{(double,可行设备对应的单位时间加工成本向量,单位为元/小时)} \\ \textbf{PS}(\ )\text{(double,可行设备对应的单位时间调整成本向量,单位为元/小时)} \end{cases}$$

$$\text{job}\begin{cases} \text{name(string,工件名称)} \\ \text{type(string,工件类型)} \\ \text{pnum(integer,工序数)} \\ \text{avalue(double,平均价值,单位为元)} \\ \text{dtime(date,交货时刻)} \\ \text{prc(double,提前完工费率,单位为元/天)} \\ \text{dec(double,误期完工费率,单位为元/天)} \\ \textbf{PR}(\ )\text{(pr,工序)} \end{cases}$$

$$\text{mach}\begin{cases} \textbf{TS}(\ )\text{(Variant,设备时间状态向量)} \end{cases}$$

$$\text{chm}\begin{cases} \textbf{R}(\ )\text{(variant,调度矩阵)} \\ \textbf{O}(\ )\text{(double,目标值向量)} \\ \textbf{MMA}(\ )\text{(mach,解码后设备时间状态)} \\ \text{ra(integer,个体前沿值)} \\ \text{cd(double,个体拥挤度值)} \\ \text{fit(double,适应度)} \\ \text{ps(double,选择概率)} \\ \text{pls(double,累计选择概率)} \end{cases}$$

图 5.34 自定义类型

表 5.23 变量定义

名称	含义	类型	名称	含义	类型
jn	调度工件数	Integer	ct	工序加工时间(小时)	Double
tpn	调度工序数	Integer	g	某工序最早可开始调整时刻	date
mn	调度设备数	Integer	fn	某设备空闲时段个数	Integer
bt	调度起始时刻	date	tb	某设备第 k 个空闲时段开始时刻	date
tln	时间大值	Double	te	某设备第 k 个空闲时段结束时刻	date
ps	种群规模	Integer	tsb	某工序调整开始时刻	date
pc	交叉率	Double	tse	某工序调整结束时刻	date
pm	变异率	Double	tcb	某工序加工开始时刻	date
cr	交叉比例	Double	tce	某工序加工结束时刻	date
mr	变异比例	Double	mt	最大完工时刻	date
tn	优化目标数	Integer	ct	生产周期	Double
mgen	最大进化代数	Integer	prc	生产成本	Double
wsn	工作制种数	Integer	ft	流程时间	Double
wtn	工作时段种数	Integer	fv	流程价值	Double
thr	开工、停工阈值	Double	mpt	最大提前完工时间	Double

续表

名称	含义	类型	名称	含义	类型
opt_1	GA 进化时截止当代种群的最优解	chm	apt	平均提前完工时间	Double
opt_2	GA 进化时当代种群的最优解	Integer	mdt	最大误期完工时间	Double
epoc	当前进化代数	chm	adt	平均误期完工时间	Double
p_1、p_2	交叉前两个父代个体	chm	psc	提前完工成本	Double
ch	个体	Double	dc	误期完工成本	Double
r	0～1 的随机实数	Double	njc	非准时完工成本	Double
st	设备调整时间(小时)	Double	ttc	总成本	Double

表 5.24 数组定义

名称	含义	元素类型
MA( )	设备，mn×5	Variant
JB( )	工件，jn×1	job
MMB( )	解码前设备时间状态，mn×1	mach
MB( )	定制目标，tn×3	Variant
OPTA( )	GA 进化到各代为止的最优解，mgen×1	chm
PPOP( )	父代种群，ps×1	chm
PLPOP( )	NSGA-II 配对池，ps/2×1	chm
OPOP( )	NSGA-II 交叉、变异得到的种群，ps×1	chm
INPOP( )	NSGA-II 合并种群，2ps×1	chm
CPOP( )	子代种群，ps×1	chm
OC	交叉操作两个子代个体，2×1	chm

5.4.3 关键技术

求解本节问题的关键技术有两个，基于工作日历的时间推算技术和多目标优化时关联目标规避技术。前者在 2.1.3 节中已介绍，下面介绍后者。

多目标优化过程中，优化目标之间不应具有关联性，主要包括包含关系和交叉关系。本算法采用 Excel 及其 VBA 实现了自动规避关联目标的功能。

用 Excel 设计"目标库"工作表，用于存放所有优化目标。图 5.35 中，A 列用于存放优化目标名称、B 列用于存放优化目标的类型(最大化或最小化)、C 列用于存放大数(用于实现单目标优化时将最小化优化目标转化为最大化适应度，或多目标优化时将最大化优化目标统一转化为最小化优化目标)；用 Excel 设计"关联目标"工作表，用于存放具有包含关系、交叉关系的目标对，如图 5.36 所示。需指出的是，为了便于编程实现，若两个目标之间具有关联性，则在此工作表中应该用两行来表示。例如，"提前完工成本"与"总成本"具有关联性，在此表中占了两行，分别为第 3 行和第 10 行。

	A	B	C
1	优化目标	目标类型	大数
2	生产成本	最小化	100000000
3	提前完工成本	最小化	100000000
4	误期完工成本	最小化	100000000
5	非准时完工成本	最小化	100000000
6	总成本	最小化	100000000
7	生产周期	最小化	1000
8	最大完工时刻	最小化	100000000
9	流程时间	最小化	100000000
10	流程价值	最小化	100000000
11	最大提前完工时间	最小化	100000000
12	平均提前完工时间	最小化	100000000
13	最大误期完工时间	最小化	100000000
14	平均误期完工时间	最小化	100000000

图 5.35 目标库

	A	B
1	目标1	目标2
2	提前完工成本	非准时完工成本
3	提前完工成本	总成本
4	非准时完工成本	提前完工成本
5	非准时完工成本	误期完工成本
6	非准时完工成本	总成本
7	生产成本	总成本
8	误期完工成本	非准时完工成本
9	误期完工成本	总成本
10	总成本	提前完工成本
11	总成本	非准时完工成本
12	总成本	生产成本
13	总成本	误期完工成本

图 5.36 关联目标

用 Excel 设计“优化目标”工作表，用于让调度员在此表中进行优化目标的设置，如图 5.37 所示。采用如下步骤实现了多目标设置时自动规避关联目标：首先设置 A～D 列单元格的保护状态为“锁定”；其次对此工作表进行工作表保护，设置一个保护密码（对调度员保密）；然后提供一个带列表框控件的窗体让调度员选取优化目标：当调度员双击某空白行时，Excel 会弹出上面的窗体，窗体的列表框中列出的优化目标与已选取的优化目标不具有关联性，一旦调度员选中某个优化目标，则通过 VBA 解除此工作表的保护状态（密码为上面设置的保护密码），将该优化目标添加到双击行的 B 列，同时通过查表函数 VLOOKUP 从“目标库”中查询该优化目标对应的目标类型、大数填充到双击行的 C、D 列，并用 VBA 自动填入序号，再通过 VBA 代码用原密码将此工作表进行保护。

	A	B	C	D
1	序号	优化目标	目标类型	大数
2	1	生产周期	最小化	1000
3	2	总成本	最小化	100000000
4				
5				

图 5.37 “优化目标”工作表

其中的关键环节是如何用 VBA 代码保证窗体的列表框中列出的优化目标与已选取的优化目标不具有关联性，具体实现方法如下：首先定义一个一维数组 **A**；其次从“优化目标”工作表将已选取的优化目标名称存入数组 **A**；然后从“关联目标”工作表依次找出与每个已选取的优化目标具有关联性的优化目标并将其存入数组 **A** 的末尾；最后从“目标库”中找出不在数组 **A** 中的优化目标并将其添加到窗体的列表框中。

5.4.4 可定制目标遗传算法设计

1. 算法流程

取 ps 为偶数，设计的算法流程如图 5.38 所示。从图中可见，本节算法实际上是集成了遗传算法（GA）和带精英策略的非支配排序遗传算法（NSGA-II）于一体的遗传进化算法，即当优化目标数 tn＝1 时选用 GA 算法寻找最优解 opt1（图 5.38 中 tn＞1 的“否”分支），当 tn＞1 时选用 NSGA-II 算法获得 Pareto 解集供调度员决策（图 5.38 中 tn＞1 的“是”分支）。

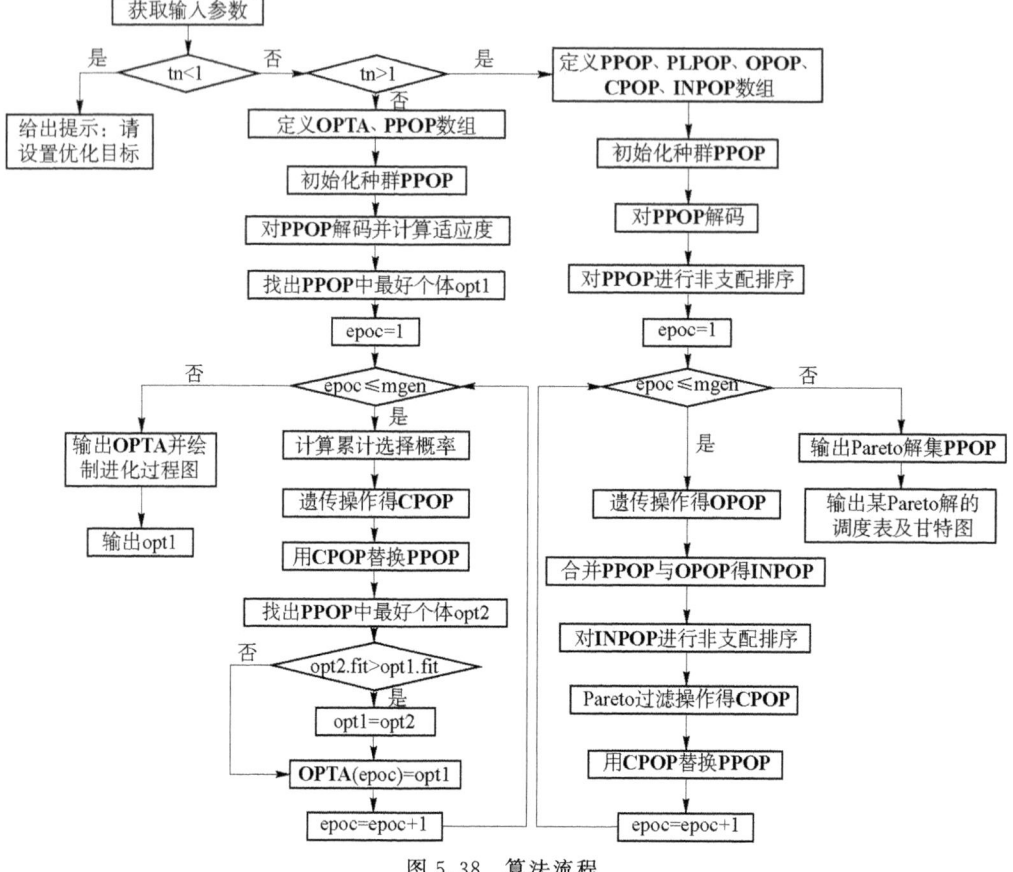

图 5.38 算法流程

2. 计算目标值

根据解码矩阵 ch.R、调度员定制的优化目标 MB 计算第 i 个目标值(i 从 1～tn 变化)赋给 ch.$O(i)$,其流程如图 5.39 所示。从图 5.39 可见,算法采用了 Select Case 语句遍历所有的优化目标,根据遍历的结果计算并返回相应的优化目标值,这是实现定制目标的关键。

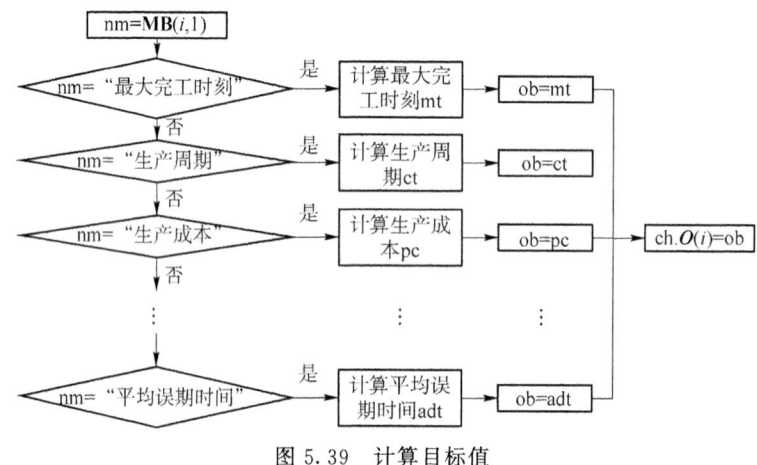

图 5.39 计算目标值

如引言所述,作业车间调度优化的常用目标有 20 多个,为此需要尽可能把这些优化目标在这里一一进行计算。这里仅列出常用的 13 个目标及其计算方法。

(1) 最大完工时刻(mt):指调度工件的完工时刻的最大值。ch.**R** 的第 10 列为工序加工结束时刻,求出此列的最大值赋给 mt。

(2) 生产周期(ct):调度工件的完工时刻与开始调整时刻之间的时间跨度。找出 ch.**R** 第 10 列的最大值赋给 $s1$,找出 ch.**R** 第 7 列的最小值赋给 $s2$,令 $ct=s1-s2$。

(3) 生产成本(prc):指调度工件所有工序对应的设备调整成本与加工成本之和。ch.**R** 的第 11 列和 12 列分别是各工序的设备调整成本和加工成本,汇总此 2 列并将其赋给 productcost。

(4) 流程时间(ft):指工件最后一道工序完工时刻与第一道工序开始调整时刻之间的时间跨度。这里的流程时间是指所有调度工件的流程时间之和。在 ch.**R** 的第 7 列找到某工件的第一道工序对应的调整开始时刻赋给 $s1$,在 ch.**R** 的第 10 列找到该工件的最后一道工序的加工结束时刻 $s2$,$s2-s1$ 即为该工件的流程时间。将所有调度工件的流程时间按此方法求出,再求和得到流程时间赋给 ft。

(5) 流程价值(fv):指一个工件的流程时间与其平均价值的乘积。按照(4)的方法可以求出调度工件中每个工件的流程时间,分别与每个工件的平均价值相乘得到每个工件的流程价值,再将每个工件的流程价值求和得到调度工件的流程价值,将其赋给 fv。相对于流程时间而言,该优化目标更能客观地反映调度方案对资金占用的情况。

(6) 最大提前完工时间(mpt):指工件的最后一道工序加工结束时刻比该工件的交货期提前的时间跨度。设工件 i 的完工时刻为 tc,交货期为 td,则该工件的提前完工时间取 $\max(td-tc,0)$。这里的最大提前完工时间是指调度工件的提前完工时间的最大值。在 ch.**R** 的第 10 列中找到该工件的最后一道工序加工结束时刻,用该工件的交货期减去该工件的最后一道工序的加工结束时刻,若差值大于 0 则取差值,否则取 0,从而得到该工件的提前完工时间。从所有调度工件的提前完工时间中取最大值得到最大提前完工时间,将其赋给 mpt。

(7) 平均提前完工时间(apt):按照(6)的方法计算出每个调度工件的提前完工时间后,取其平均值,得到平均提前完工时间,将其赋给 apt。

(8) 最大误期完工时间(mdt):指工件的最后一道工序加工结束时刻比该工件的交货期误期的时间跨度。设工件 i 的完工时刻为 tc,交货期为 td,则该工件的误期完工时间取 $\max(tc-td,0)$。这里的最大误期完工时间是指调度工件的误期完工时间的最大值。在 ch.**R** 的第 10 列中找到该工件的最后一道工序加工结束时刻,用它减去该工件的交货期,若差值大于 0 则取差值,否则取 0,从而得到该工件的误期完工时间。从所有调度工件的误期完工时间中取最大值得到最大误期完工时间,将其赋给 mdt。

(9) 平均误期完工时间(adt):按照(8)的方法计算出每个调度工件的误期完工时间后,取其平均值,得到平均误期完工时间,将其赋给 adt。

(10) 提前完工成本(psc):指工件的最后一道工序加工结束时刻早于交货期而产生的成本,主要表现存储成本。按照(6)的方法计算出每个调度工件的提前完工时间后,将其与该工件的提前完工费率相乘得到该工件的提前完工成本。将所有调度工件的提前完工成本求和得到总提前完工成本,将其赋给 psc。

(11) 误期完工成本(dc):指工件的最后一道工序加工结束时刻晚于交货期而产生的成本,主要表现为误期罚款、赶工费等。按照(8)的方法计算出每个调度工件的误期完工时间后,将其与该工件的误期完工费率相乘得到该工件的误期完工成本。将所有调度工件的误期完工成本求和得到总误期完工成本,将其赋给 dc。

(12) 非准时完工成本(njc):非准时完工成本等于调度工件的提前完工成本或误期完工成本之和。按照(10)、(11)的方法计算出每个工件的提前完工成本或误期完工成本,对其求和得到非准时完工成本,将其赋给 njc。

(13) 总成本(ttc):指生产成本、非准时完工成本之和。按照(3)的方法求出生产成本,按照(12)的方法求出非准时完工成本,再将它们求和得到总成本,将其赋给 ttc。

计算目标值的函数 Getob 见附录 13。

5.4.5 案例分析

某机加车间待生产的工件信息如表 5.25 所示、工艺流程如表 5.15 所示;现有设备 18 台,设备工作制如图 2.23 所示,日作安排如图 5.40 所示,设备工作日历如表 5.26 所示,其他参数如表 5.27 所示。

表 5.25 工件信息

工件号	工件名称	型号	总工序数	平均价值	交货期	提前完工费率/(元/天)	误期完工费率/(元/天)
1	L2027	X5	10	40 000	2020/4/16	100	1 000
2	G46-100F	L5	10	50 000	2020/4/15	150	1 200
3	ZU30100B2	M3	10	39 000	2020/5/13	80	800
4	L90GF	M2	10	52 000	2020/4/20	120	1 500
5	L35MC	X5	10	38 000	2020/4/13	70	600
6	HP6100	Y2	10	35 000	2020/4/16	50	500

	A	B	C	D	E	F	G	H	I	J	K	L	M	N	O	P	Q	R	S	T	U
1	A							B							C						
2	3	3	3	3	3	1	1	2	2	2	2	2	2	2	3	3	3	3	3	3	3
3	8:00	8:00	8:00	8:00	8:00	8:00	8:00	8:00	8:00	8:00	8:00	8:00	8:00	8:00	0:00	0:00	0:00	0:00	0:00	0:00	0:00
4	12:00	12:00	12:00	12:00	12:00	12:00	12:00	12:00	12:00	12:00	12:00	12:00	12:00	12:00	8:00	8:00	8:00	8:00	8:00	8:00	8:00
5	13:00	13:00	13:00	13:00	13:00			13:00	13:00	13:00	13:00	13:00	13:00	13:00	9:00	9:00	9:00	9:00	9:00	9:00	9:00
6	17:00	17:00	17:00	17:00	17:00			17:00	17:00	17:00	17:00	17:00	17:00	17:00	12:00	12:00	12:00	12:00	12:00	12:00	12:00
7	18:00	18:00	18:00	18:00	18:00										13:00	13:00	13:00	13:00	13:00	13:00	13:00
8	22:00	22:00	22:00	22:00	22:00										17:00	17:00	17:00	17:00	17:00	17:00	17:00

图 5.40 日工作安排

表 5.26 设备工作日历

设备号	设备代码	设备类别	工作制	工作时段
1	300T	数控车床	Z 工作制	B
2	200T	数控车床	X 工作制	B
3	T52	数控车床	Z 工作制	A
4	T42	数控车床	X 工作制	A
5	Z6018	台钻	Z 工作制	A
6	Z5018	台钻	Z 工作制	A

续 表

设备号	设备代码	设备类别	工作制	工作时段
7	Z4018	台钻	X工作制	B
8	X8126	铣床	Z工作制	C
9	X5126	铣床	X工作制	B
10	M5515	横研机床	Z工作制	A
11	M4515	横研机床	Z工作制	A
12	M3515	横研机床	X工作制	B
13	J5001	半自动外圆磨床	Z工作制	A
14	J4001	半自动外圆磨床	X工作制	B
15	3U5	外圆磨床	Z工作制	C
16	2U5	外圆磨床	Z工作制	A
17	120CNC	内圆磨床	X工作制	B
18	111CNC	内圆磨床	Z工作制	B

表 5.27 其他参数

参数	值	参数	值
jn	6	ps	50
tpn	60	pc	0.5
mn	18	pm	0.1
bt	2020/3/4 8:00:00	cr	0.7
tln	4637/11/26 0:00:00	mr	0.3
thr1	0.001	mgen	200

(1) 选择"生产周期"为优化目标,则 tn=1,利用算法得到最短生产周期 16.37 天,图 5.41 是某次进化过程图,表 5.28 是最优解对应的调度表,图 5.42、图 5.43 是最优解对应的工件甘特图和设备甘特图,计算时间约为 40 秒。由于以生产周期为优化目标,因此在选择设备时优先选择调整时间短、加工时间短的设备,同时将工序均衡分配给各设备,因此导致总成本较高。此最优解对应的总成本为 214 389 元。

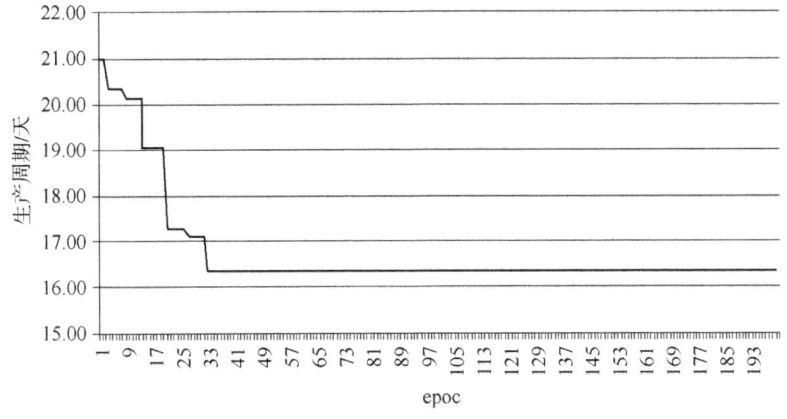

图 5.41 进化过程

表 5.28 最优解对应的调度表

序号	工件	工序号	设备号	调整时间/小时	加工时间/小时	调整开始时刻	调整结束时刻	加工开始时刻	加工结束时刻	调整成本/元	加工成本/元
1	1	1	1	0.96	9	2020/3/4 8:00	2020/3/4 8:57	2020/3/4 8:57	2020/3/5 9:57	323	3 510
2	6	1	2	1.2	12	2020/3/4 8:00	2020/3/4 9:12	2020/3/4 9:12	2020/3/5 14:12	288	3 600
3	2	1	4	1.5	14	2020/3/4 8:00	2020/3/4 9:30	2020/3/4 9:30	2020/3/5 11:30	299	3 378
4	1	2	4	1.5	13	2020/3/5 11:30	2020/3/5 14:00	2020/3/5 14:00	2020/3/6 15:00	265	2 811
5	4	1	1	0.96	9	2020/3/5 9:57	2020/3/5 10:55	2020/3/5 10:55	2020/3/6 11:55	323	3 510
6	6	2	2	1.2	10	2020/3/5 14:12	2020/3/5 15:24	2020/3/5 15:24	2020/3/7 8:24	240	2 500
7	1	3	2	1.2	8	2020/3/7 8:24	2020/3/7 9:36	2020/3/7 9:36	2020/3/8 9:36	288	2 240
8	6	3	1	0.96	6	2020/3/6 16:02	2020/3/6 17:00	2020/3/7 8:00	2020/3/8 9:36	323	2 184
9	5	1	3	1.2	11.25	2020/3/4 8:00	2020/3/4 9:12	2020/3/4 9:12	2020/3/5 15:00	335	3 529
10	3	1	2	1.2	12	2020/3/8 9:36	2020/3/8 10:48	2020/3/8 10:48	2020/3/9 15:48	288	3 600
11	2	2	4	1.5	13	2020/3/6 15:00	2020/3/6 16:30	2020/3/6 16:30	2020/3/9 8:30	299	3 137
12	2	3	2	1.2	12	2020/3/9 15:48	2020/3/9 17:00	2020/3/10 8:00	2020/3/11 12:00	288	3 360
13	5	2	3	1.2	9.75	2020/3/5 8:27	2020/3/5 9:39	2020/3/5 9:39	2020/3/5 21:24	335	3 059
...	...	...	...	...	...	...	...	...	...	...	...
55	1	10	17	0.936	7.5	2020/3/12 16:26	2020/3/13 8:22	2020/3/13 8:22	2020/3/13 16:52	236	2 340
56	6	10	17	0.936	8.25	2020/3/15 16:03	2020/3/15 17:00	2020/3/16 8:00	2020/3/17 8:15	236	2 574
57	5	9	15	0.664	9	2020/3/16 4:15	2020/3/16 4:54	2020/3/16 4:54	2020/3/16 15:54	223	3 159
58	5	10	17	0.936	9.75	2020/3/17 8:15	2020/3/17 9:11	2020/3/17 9:11	2020/3/18 10:56	236	3 042
59	3	10	18	1.17	11	2020/3/19 9:33	2020/3/19 10:43	2020/3/19 10:43	2020/3/20 14:43	211	2 640
60	2	10	17	0.936	6.75	2020/3/20 8:09	2020/3/20 9:05	2020/3/20 9:05	2020/3/20 16:50	236	2106

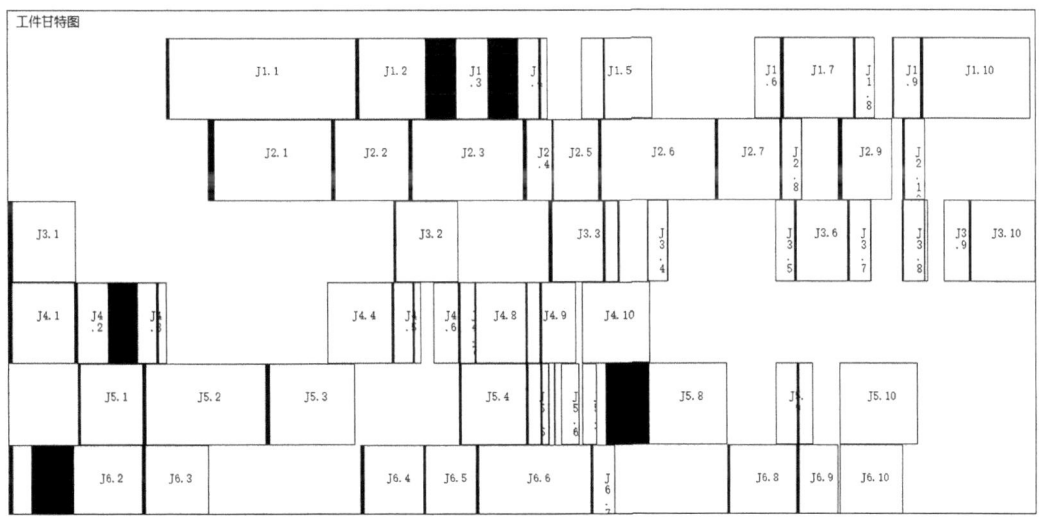

图 5.42　工件甘特图

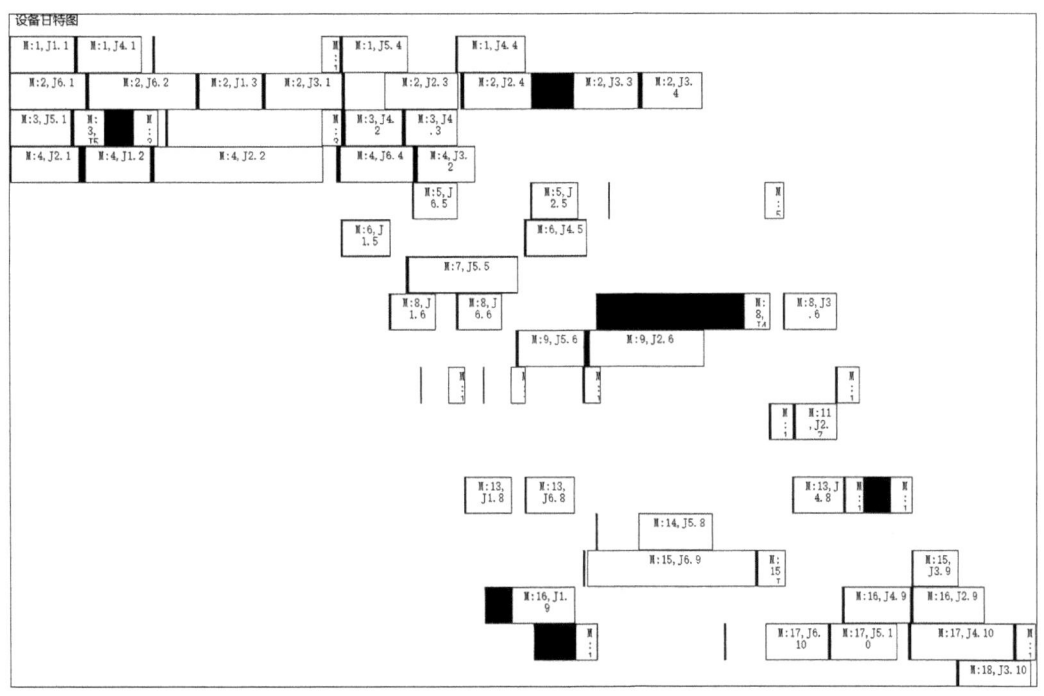

图 5.43　设备甘特图

（2）选择"总成本"为优化目标，则 tn=1，利用算法得到最低总成本 201 697.46 元，图 5.44 是某次进化过程图，图 5.45、图 5.46 是最优解对应的工件甘特图和设备甘特图，计算时间约为 40 秒。由于以总成本为优化目标，因此选择设备时优先选择调整时间和加工时间最低的设备，导致某些设备被安排的工序比较集中，例如，与图 5.43 相比，图 5.46 中设备 2 上被安排的工序很集中，造成生产周期的延长。该最优解的生产周期高达 41.26 天。

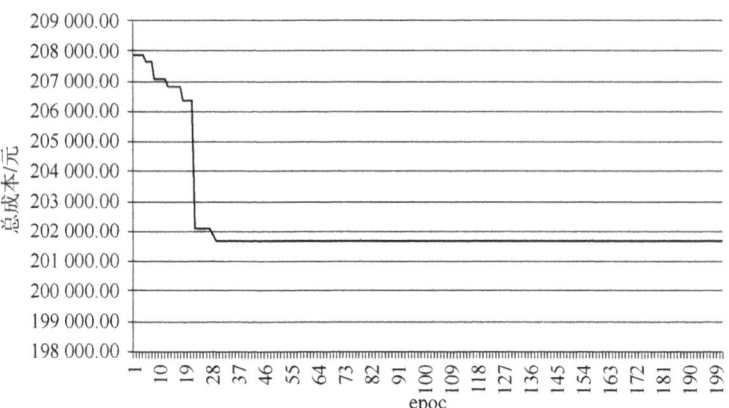

图 5.44 进化过程图

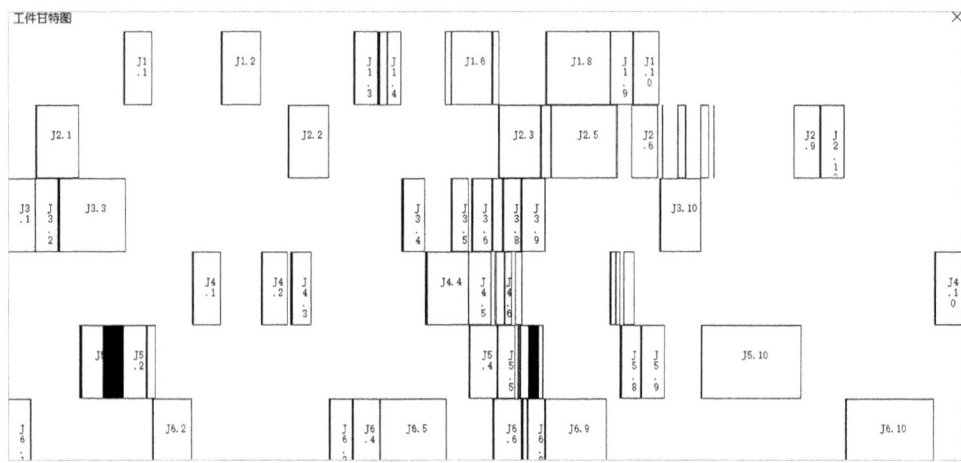

图 5.45 工件甘特图

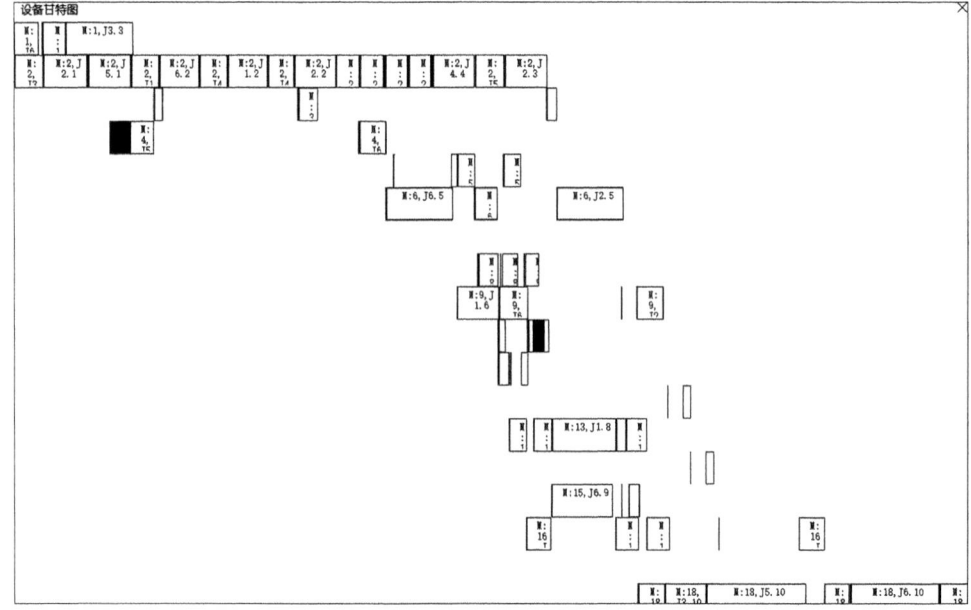

图 5.46 设备甘特图

(3) 选择"生产周期""总成本"为优化目标,则有 tn=2,利用算法能得到质量较好、分布较均匀 Pareto 解集如图 5.47 所示,计算时间约为 50 秒。Pareto 解集中的解各有所长,各有所短,调度员可在其中进行决策。

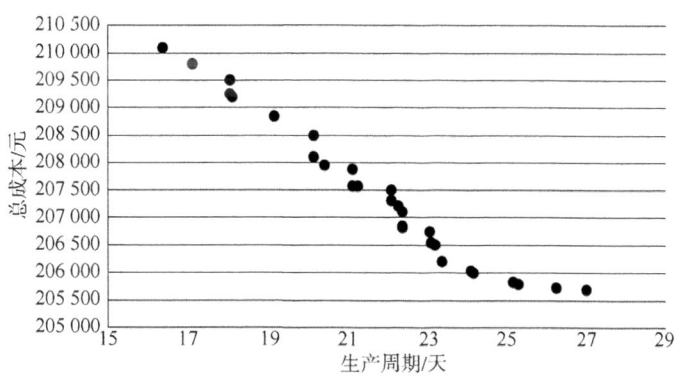

图 5.47　Pareto 解集

(4) 选择"生产周期""流程时间""总成本"为优化目标,则有 tn=3,利用算法能得到质量较好、分布较均匀 Pareto 解集,如表 5.29 所示(其中重复的 Pareto 解已删除),计算时间约为 50 秒。areto 解集中的解各有所长,各有所短,调度员可在其中进行决策。

表 5.29　Pareto 解集

序号	生产周期/天	总成本/元	流程价值/元
1	26.373 26	204 364.6	5 513 111
2	29.078 8	206 257.5	4 484 830
5	17.010 42	211 865.9	3 227 168
6	21.25	209 523.2	2 846 793
7	24.015 51	206 992.2	4 094 760
8	22.372 34	207 298.1	3 917 416
9	28.091 87	206 575.3	4 436 150
10	25.346 18	204 965.6	5 141 368
11	18.307 18	209 847.9	3 026 636
12	17.289	211 650.4	2 940 896
13	21.010 42	210 643.7	2 886 263
14	19.275 93	209 010.9	3 350 484
15	26.060 76	204 783.1	5 314 078
16	17.091 09	210 112.8	3 084 846
17	28.372 34	206 424.4	4 378 153
18	25.158 68	205 237	5 041 875
19	23.010 42	207 628.9	3 843 825
20	18.122 34	211 625	3 007 730
21	27.062 5	206 801.5	4 265 140

续 表

序号	生产周期/天	总成本/元	流程价值/元
22	22.009 48	207 710.6	3 785 312
23	19.003 75	209 314.1	3 310 727
24	19.294 91	209 565.8	3 160 515
25	20.090 62	208 709.2	3 534 810
26	25.231 6	205 574	5 034 795
27	21.041 67	208 381.7	3 693 790
28	21.322 92	208 643.8	3 109 840
30	21.062 5	210 546.6	3 002 112
31	25.011 34	205 891.7	4 904 081
32	21.221 99	208 465.8	3 512 817
33	24.366 09	205 775.1	4 963 846
35	26.039 93	204 862	5 172 612
36	20.010 42	208 834.9	3 561 665
37	26.249 77	204 579.2	5 424 484
38	23.372 92	206 037.2	4 753 760
39	22.247 34	206 848	4 205 002
40	23.143 84	206 487.2	4 630 335
41	24.140 51	206 174.8	4 629 289
42	19.140 51	209 672.7	3 120 282
43	21.111 92	207 922.2	3 714 190
44	26.031 57	205 952.7	4 824 596
47	18.096 18	209 334.9	3 513 973
48	23.372 92	206 037.2	4 753 760
49	22.130 09	207 314.3	4 146 278
50	24.366 09	205 775.1	4 963 846

5.4.6 结论

针对混合工作日历下可定制目标柔性作业车间调度问题,提出了一种基于遗传算法和非支配排序遗传算法相结合的优化方法。在工序调度过程中,通过时间推算函数准确推算设备调整起止时刻和工序加工起止时刻,能保证调度方案的可行性。算法允许调度员进行优化目标的定制,能在可接受的计算时间内得到有效的混合工作日历下柔性作业车间最优调度方案或调度方案集(Pareto 解集)供决策。目标可定制化大大减少了算法的数量,减轻了调度员对算法的甄别负担。本节算法中仅列出了 13 个优化目标,实际还有很多其他目标,进一步的研究方向是丰富和完善优化目标体系,以扩充算法的适用范围。

5.5 混合工作日历下可定制目标柔性作业车间网络化调度

5.5.1 网络化调度必要性

当今时代是网络化的时代。生产调度虽然属于企业内部管理的范畴,但也迫切需要网络化的支持。从调度反应速度、信息传递、共享等方面看,单机调度已远远跟不上企业发展的需要。传统的生产调度限定在车间现场和工作时间内进行,不但效率低下,而且不利于调度信息的传递与共享。网络化调度系统,允许调度员在任何能上网的场所和任何时间,均可通过联网终端进行调度,从而保证调度反应快速、信息传递和共享速度快,对保证生产顺畅进行具有重要意义。

5.5.2 网络化调度总体框架设计

网络化调度中涉及的一个最主要的问题是计算量问题。从前面的研究中可以发现,混合工作日历下柔性作业车间调度算法涉及大量的计算,通常以"分钟"为计时单位。若将计算任务分配给 Web 服务器,一方面,会加重服务器的负担,造成调度员较长时间的等待;另一方面,并行任务之间无法进行冲突判断,有可能导致调度方案失效。基于此,有必要将计算任务分离出来,分配给多台专门的计算服务器。计算服务器通过一种"轮询"机制按"预约时间"先后顺序遍历排队等候的调度任务,判断当前待调度任务与排在前面的未完成决策的调度任务之间是否存在设备冲突,若无冲突,则对当前待调度任务进行调度计算。通过这种方式,一方面,可实现多个无冲突调度任务的并行计算,减少调度员的等待时间;另一方面,通过调度任务的有序进行,确保各调度任务在无设备冲突的情况下才进行,以保证调度方案的有效性。

基于以上分析,本节采用图 5.48 所示的"计算服务器+数据库服务器+Web 服务器+管控终端"的总体架构来实现混合工作日历下柔性作业车间网络化调度。其中,Web 服务器(WS)提供管控网站服务;数据库服务器(DS)负责输入、输出参数的存储与查询;计算服务器($C_1, C_2, \cdots, C_n$)负责混合工作日历下 FJSP 可定制多目标调度的计算;管控终端($B_1, B_2, \cdots, B_m$)为手机、计算机、平板计算机等具有浏览器功能的联网设备,负责通过 Web 服务器(WS)提供的管控网站对调度任务及相关参数进行管控。

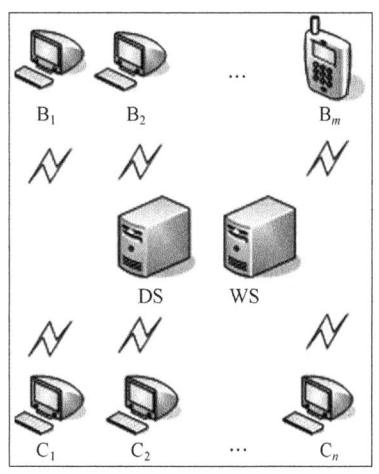

图 5.48 网络化调度架构

具体的实现逻辑如下:调度员根据自己负责的车间调度任务,通过管控终端打开 Web 服务器上的管控网站,设置相应的车间调度任务,默认状态为"待调度",预约时间由调度员指定(预约时间是指调度员希望开始进行调度计算的时刻),并设置与调度任务相关的参数,如产品、设备、调度工件、工艺流程、加工参数等,设置结果保存到数据库服务器(DS)中;各计算服务器($C_1, C_2, \cdots, C_n$)上分别配置监控程序和混合工作日历下 FJSP 可定制目标调度算法(GA+NSGA II)。监控程序一直处于执行状态,通过 Timer 控件每隔一段时间重新执行一次,通过该程序监控各调度任务的状态、服务器的时间,决定是否进行调度计算。若某计算服务器当前没有计算任务、计算服务器的系统时间已超过待调度任务的预约时间,则进一步判断该待调度任务与排在前面的未决策调度任务之间是否存在设备冲突现象,若存在设备冲突,则当前待调度任务转入等待状态并以邮件或短信的形式给出提示,反之,利用混合工作日历下 FJSP 可定制目标调度算法(GA+NSGA II)根据该调度任务的相关参数进行调度计算,计算完毕后将最优解或 Pareto 解集存储到数据库服务器(DS)中供调度员查询与决策,并向相应的调度员发送邮件告知其进行最优解或 Pareto 解集的决策。

5.5.3 网络化调度实现

如 5.5.2 节所述,混合工作日历下柔性作业车间可定制目标网络化调度由数据库服务器、计算服务器和 Web 服务器组成,各司其职,共同实现网络化调度。下面分三部分分别对其加以详细介绍。

1. 数据库设计

数据库是数据的容器,远程数据库是网络化调度的基础。网络化调度要用到的所有参数需要从远程数据库读取,网络化调度的最优解或解集需要存储到远程数据库中,实现信息的传递与共享。

根据需求分析,选用 SQL Server 作为数据库管理系统,按照"规范化设计"原则,设计了系统所要用到的数据库,包括 20 个工作表。主表与子表间的更新规则设置为"级联"、删除规则设置为"不执行任何操作"。前者保证数据完整性,后者保证数据安全性。下面对这些数据表的结构进行说明。

(1)用户

表 5.30 所示的数据表用于存储系统的合法用户。主键为"用户名"。字段"邮箱"用于接收来自系统的提醒邮件。字段"身份"有"管理员"和"调度员"两种取值。

表 5.30 用户

字段名称	数据类型	主键
用户名	varchar(50)	√
姓名	varchar(50)	
密码	varchar(50)	
部门	varchar(50)	
邮箱	varchar(20)	
手机	varchar(11)	
身份	varchar(6)	

(2)调度任务

表 5.31 所示的数据表用于存储调度任务的详细信息。主键为"调度号"。字段"预约时

刻"由调度员指定,是调度任务进入计算队列的时刻,当计算服务器的系统时间超过预约时刻,对应的调度任务进入计算队列,等待计算。

表 5.31 调度任务

字段名称	数据类型	主键	来自主表
调度号	bigint	√	
预约时刻	datetime		
调度起始时刻	datetime		
计算开始时刻	datetime		
状态	varchar(50)		
解筛选级别	varchar(50)		
计算用时	real		
建立者	varchar(50)		用户
决策标志	varchar(50)		
冲突数	int		
通知次数	int		
ps	int		
mgen	int		
cr	real		
mr	real		
pc	real		
pm	real		
tour	int		

字段"调度起始时刻"是指该调度任务的工序安排的最早时刻,即所有工序的起始时刻不能早于此时刻,对应于多目标调度算法中的变量 bt。

字段"计算开始时刻"是指该调度任务实际被开始计算的时刻,用于计算调度任务的计算时间。

字段"状态"用于记录该调度任务的当前状态,可能取值有" "(空值)"待调度""参数设置不正确""调度终止""调度失败""完成调度"。当添加一个新的调度任务时,该字段默认值为" "。当设置好调度任务的所有参数后,由调度员将其值置为"待调度"。此后,此调度任务进入"轮询"序列,计算服务器在轮询和计算过程中根据具体情况对其赋值。

字段"解筛选级别"有"宽松""严格"两个取值。对于多目标调度而言,算法得到的是一个规模为 ps 的 Pareto 解集。其中,有些解是相同的。为了减少存储量,相同的 Pareto 解只需存储一个。为此,需要对 Pareto 解集进行筛选后再进行存储。若取值为"严格"则仅比较优化目标,若两个或多个 Pareto 解的各个优化目标值均相等,则认为是相同的 Pareto 解,仅取其一进行存储。若取值为"宽松"则比较调度矩阵 $\boldsymbol{R}$ 的第 2 列(工件号)和第 4 列(设备号),此 2 列均相同的解被认为是相同的 Pareto 解,仅取其一进行存储。可见,取值为"宽松"时存储的 Pareto 解的个数不少于取值为"严格"时存储的 Pareto 解的个数。

字段"计算用时"用于存储该调度任务从计算开始到完成计算所用的时间,由算法自动赋值,单位为"分钟"。

字段"建立者"用于存储该调度任务的建立者。调度系统中,限定只有建立者才有权对调度任务进行修改或删除,非建立者仅允许查看。

字段"决策标志"用于记录调度任务的最优解或解集是否已由调度员进行了决策,即是否已将最优解存入数据表"调度集"或从 Pareto 解集中选择唯一的一个 Pareto 解存入数据表"调度集"。该字段默认值为"否",当调度任务被计算完成后,若由调度员进行了决策,则被系统赋为"是"。若某个调度任务已完成调度,但未进行决策,则有可能会因共用设备的冲突影响到下一个调度任务的计算。

字段"冲突数"用于记录与该调度任务存在共用设备冲突的调度任务数,由计算服务器在对该调度任务进行计算前自动赋值。若此字段的值为 0,则会开始计算,否则不会开始计算。若冲突数不为 0,系统会向与该调度任务存在设备冲突的调度任务的建立者各发送一封提醒邮件,以提醒其及时进行决策。

字段"通知次数"用于记录已向某调度任务的建立者发送提醒邮件的次数,提醒一次会增加 1,直到其值为 3(即最多提醒 3 次)。

字段"ps"为计算时种群的规模,默认值为 50。

字段"mgen"为算法的最大迭代次数,默认值为 300。

字段"cr"为交叉比例,取值范围为 0~1。

字段"mr"为变异比例,为计算字段,其值为 1~cr。

字段"cr""mr"是 NSGA Ⅱ 算法的专用参数。

字段"pc"为交叉率,取值范围 0~1。

字段"pm"为变异率,取值范围 0~1。

字段"tour"为联赛规模,默认值为 2。

字段"cr""mr""tour"是 NSGA Ⅱ 算法的专用参数。

(3) 工作制名称

表 5.32 所示的数据表用于存储调度中用到的工作制名称。主键为"工作制名称"。

表 5.32 工作制名称

字段名称	数据类型	主键
工作制名称	varchar(50)	√

(4) 工作制设置

表 5.33 所示的数据表用于存储工作制的详细信息,包括非周末休息日期和周末工作日期。主键为"日期""工作制名称"的复合主键。字段"周几"为"int"型数据,取值范围为 1~7。字段"类别"用于区分日期的类型,1 表示非周末休息日期,2 表示周末工作日期。

表 5.33 工作制设置

字段名称	数据类型	主键	来自主表
日期	date	√	
工作制名称	varchar(50)	√	工作制

续表

字段名称	数据类型	主键	来自主表
周几	int		
类别	varchar(50)		
备注	varchar(50)		

（5）日工作安排名称

表 5.34 所示的数据表用于存储日工作安排名称。主键为"安排名称"。

表 5.34 日工作安排名称

字段名称	数据类型	主键
安排名称	varchar(50)	√

（6）日工作安排

表 5.35 所示的数据表用于存储日工作安排的详细信息，包括周一～周日（对应数字 1～7）每天的工作时段，由管理员进行设置。停工时刻应大于开工时刻，每天各工作时段应不存在交叉，每天的工作时段数不超过 12 个。

表 5.35 日工作安排

字段名称	数据类型	主键	来自主表
安排名称	varchar(50)	√	日工作安排
周几	int	√	
开工时刻	real	√	
停工时刻	real		

（7）设备

表 5.36 所示的数据表用于存储设备信息。主键为"设备号"。

表 5.36 设备

字段名称	数据类型	主键
设备号	int	√
设备代码	varchar(50)	
设备类型	varchar(50)	

（8）设备工作日历

表 5.37 所示的数据表用于存储设备工作日历的详细信息，由调度员进行设置。主键为"调度号""设备号"的复合主键。一个设备的工作日历包括工作制和日工作安排，因此字段"字段工作制名称""日工作安排"必须同时赋值，缺一不可。前者指定在调度周期内设备用哪套工作制（指定哪些非周末日期是休息日期、哪些周末日期是工作日期），后者指定在调度周期内从周一～周日的每一天的各个工作时段。

表 5.37 设备工作日历

字段名称	数据类型	主键	来自主表
调度号	bigint	√	调度任务
设备号	int	√	设备
工作制名称	varchar(50)		工作制
日工作安排	varchar(50)		日工作安排

(9) 设备冻结计划

表 5.38 所示的数据表用于存储设备冻结计划信息,由管理员进行设置。由于设备维护的需要或为特殊用途所做的预留等原因,需要对某些设备的某些时间段进行冻结,在此时间段内不能安排工序。字段"冻结类型"有"大修""小修""预留"等取值。

表 5.38 设备冻结计划

字段名称	数据类型	主键	来自主表
编号	int	√	
冻结类型	varchar(50)		
设备号	int		设备
起始时刻	datetime		
终止时刻	datetime		
冻结原因	varchar(500)		
冻结时间	datetime		
冻结者	varchar(50)		用户

(10) 产品

表 5.39 所示的数据表用于存储产品信息。主键为"产品号"。字段"平均价值"为产品的单件平均价值,单位为"元",用于调度算法中计算优化目标"流程价值"。

表 5.39 产品

字段名称	数据类型	主键
产品号	int	√
产品名称	varchar(50)	
型号	varchar(50)	
平均价值	real	

(11) 工艺流程

表 5.40 所示的数据表用于存储产品的工艺流程。主键为"产品号""工序号"的复合主键。对于每种产品,工序号为从 1 开始的连续自然数。

表 5.40 工艺流程

字段名称	数据类型	主键	来自主表
产品号	int	√	产品
工序号	int	√	
工序名称	varchar(50)		

(12) 调度工件

表 5.41 所示的数据表用于存储调度工件的信息。主键为"调度号""工件号"的复合主键。对于某个调度号,工件号为从 1 开始的连续自然数。需指出的是,这里的工件并不一定是一件产品或零件,它可以是一批零件或产品,具有加工批量、移动批量属性。对于同一工件,加工批量应为移动批量的整数倍。成品存储费率是指 1 件产品每天的存储费用,单位为"元/件/天"。超期罚款费率是指 1 件产成品滞后 1 天交货的罚款,单位为"元/件/天"。字段"调度起始工序""调度终止工序"用于指定某次调度中安排某工件的起止工序。由于再调度的原因,有可能某次调度只安排某工件的某一段连续工序,而不一定是全部工序。

表 5.41 调度工件

字段名称	数据类型	主键	来自主表
调度号	bigint	√	调度任务
工件号	int	√	
产品号	int		产品
加工批量	int		
移动批量	int		
交货时刻	datetime		
成品存储费率	real		
超期罚款费率	real		
调度起始工序	int		
调度终止工序	int		
备注 1	varchar(200)		
备注 2	varchar(200)		

(13) 加工参数

表 5.42 所示的数据表用于存储工件各工序在可选设备上的加工参数。主键为"调度号""工件号""工序号""设备号"的复合主键。同样,这里的工件可以指一件产品或零件,也可以指一批产品或零件。若是指一批产品或零件,则字段"工件号"是指一批工件的编号(对应于 5.2 节的加工子批号)。字段"调整时间"为设备的调整时间,单位为"小时"。字段"加工时间"为 1 件产品的某工序在该设备上的加工时间,单位为"小时"。字段"调整费率"为每小时设备调整费用,单位为"元"。字段"加工费率"为每小时加工费用,单位为"元"。

表 5.42　加工参数

字段名称	数据类型	主键	来自主表
调度号	bigint	√	调度工件
工件号	int	√	调度工件
工序号	int	√	
设备号	int	√	设备
调整时间	real		
加工时间	real		
调整费率	real		
加工费率	real		

(14) 目标库

表 5.43 所示的数据表用于存储所有优化目标,由管理员进行管理。主键为"目标名称"。字段"目标类型"取值为"最大化"或"最小化"。

表 5.43　目标库

字段名称	数据类型	主键
目标名称	varchar(50)	√
目标类型	varchar(50)	

(15) 冲突目标

表 5.44 所示的数据表用于存储具有冲突关系(包含或交叉)的目标对,由管理员进行管理。在同一个调度任务中,具有冲突关系的目标不能同时被选中。此数据表用于防止调度员为调度任务设置优化目标时选中具有冲突关系的目标。

表 5.44　冲突目标

字段名称	数据类型	主键	来自主表
目标 1	varchar(50)	√	目标库
目标 2	varchar(50)	√	目标库

(16) 优化目标

表 5.45 所示的数据表用于为调度任务设置优化目标,由调度员进行设置。对于一个调度任务,可设置 1 个或多个优化目标。若是多个目标,通过系统进行冲突目标的规避。大数是实现最大化与最小化目标转换时用到的参数。

表 5.45　优化目标

字段名称	数据类型	主键	来自主表
调度号	bigint	√	调度任务
目标名称	varchar(50)	√	目标库
大数	real		

(17) 解集

表 5.46 所示的数据表用于存储调度任务的最优解或 Pareto 解集。为减少存储量，对于 Pareto 解集存储的是经过筛选的不同的 Pareto 解，即相同的 Pareto 解仅存储 1 个。

表 5.46 解集

字段名称	数据类型	主键	来自主表
调度号	bigint	√	调度任务
方案号	int	√	
任务号	int	√	
工序号	int		
设备号	int		
调整时间	real		
加工时间	real		
调整开始时刻	datetime		
调整结束时刻	datetime		
加工开始时刻	datetime		
加工结束时刻	datetime		
调整成本	real		
加工成本	real		

(18) 解集评价

表 5.47 所示的数据表用于存储调度任务的最优解或 Pareto 解的目标值和前沿值 ra。字段"参数名称"取优化目标名称和 ra。对于 tn 个目标的多目标调度，需要存储 tn+1 条记录（1 个目标对应 1 条记录，ra 对应 1 条记录）。对于单目标调度，需要存储 2 条记录（优化目标对应 1 条记录，ra 对应 1 条记录且 ra 取 1）。

表 5.47 解集评价

字段名称	数据类型	主键	来自主表
调度号	bigint	√	调度号
方案号	int	√	
参数名称	varchar(50)	√	
值	real		

(19) 调度集

表 5.48 所示的数据表用于存储决策方案集。对于单目标调度的最优解，字段"方案号"取 1。对于多目标调的度 Pareto 解，字段"方案号"取该 Pareto 解在 Pareto 解集中的方案号。注意，与"解集"不同，"调度集"的复合主键中没有字段"方案号"，这样设计的目的是保证同一个调度任务的只能选择唯一的一个 Pareto 解存入调度集。

表 5.48　调度集

字段名称	数据类型	主键	来自主表
调度号	bigint	√	调度任务
方案号	int		
任务号	int	√	
工件号	int		
工序号	int		
设备号	int		
调整时间	real		
加工时间	real		
调整开始时刻	datetime		
调整结束时刻	datetime		
加工开始时刻	datetime		
加工结束时刻	datetime		
调整成本	real		
加工成本	real		

（20）调度集评价

表 5.49 所示的数据表用于存储调度集中每个调度方案的目标值和前沿值 ra，其作用与解集评价类似。

表 5.49　调度集评价

字段名称	数据类型	主键	来自主表
调度号	bigint	√	调度任务
方案号	int		
目标名称	varchar(50)	√	
值	real		

以上数据表的表间关系如图 5.49 所示。

2. Web 服务设计

采用 Dreamweaver 为开发工具，以 ASP 为开发语言，设计了 Web 网站系统，用于参数设置、解集管理和调度决策。系统用户有两种角色，管理员和调度员。下面分别对两种角色的功能模块进行介绍。

（1）管理员功能模块设计

图 5.50 是管理员功能模块。管理员用户具有系统、用户管理、目标管理、产品管理、工艺流程管理、工作日历管理、设备管理和设备冻结计划管理八个模块。

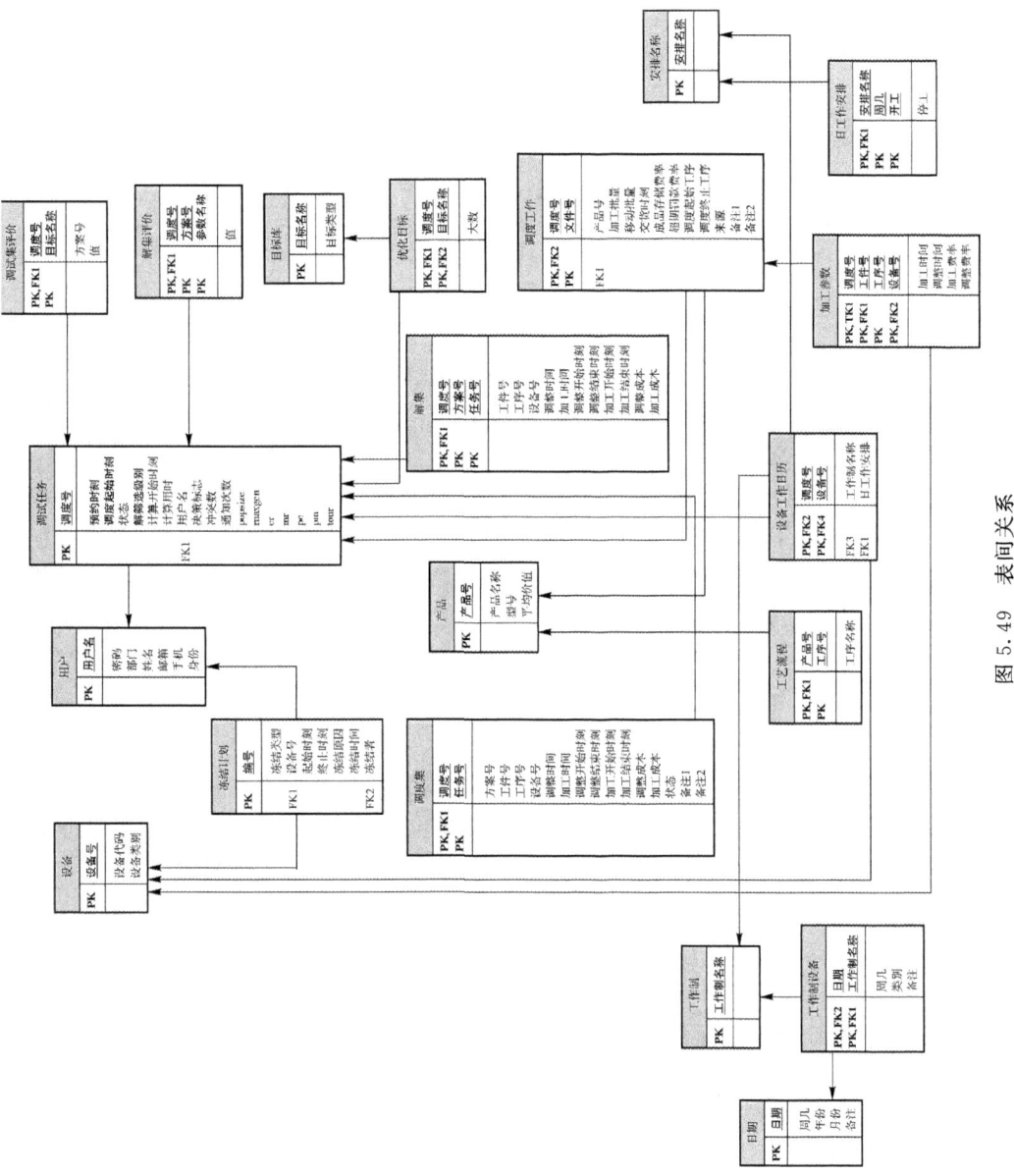

图 5.49 表间关系

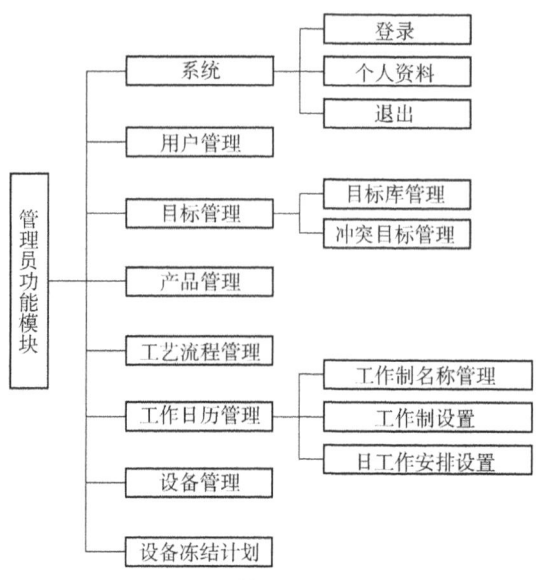

图 5.50　管理员功能模块

1）登录

为了保证系统的安全性，用户须通过"登录"模块进行身份验证，验证成功才能进入系统。按钮"登录"用于身份验证，采用 md5 算法对用户输入的密码进行转化后，查询数据表"用户"中是否存在匹配的用户名和密码。若存在，则当前用户为合法用户，否则为非法用户。其 SQL 查询字符串 querysql 如下：

querysql＝"select * from 用户 where 用户名='" & Request.Form（"用户名"）& "' and 密码='" & md5（Request.Form（"密码"））& "'"

2）个人资料

"个人资料"模块用于修改登录密码、邮箱、手机等个人信息。其中，邮箱用于接收来自系统的提醒邮件。若用户在手机上安装了"腾讯邮箱"并绑定了此邮箱，则提醒邮件能及时发送到用户手机上。

3）退出

用户暂时离开计算机时，为保证系统安全，通过"退出"模块注销用户登录状态。

4）用户管理

"用户管理"模块用于添加、删除、修改和查询用户资料。其中，删除用户不一定能执行成功，由于主表与子表之间的删除规则被设置为"不执行任何操作"，因此，若其对应子表中有该用户的记录，则删除失败。

5）目标管理

该模块包括"目标库管理"和"冲突目标管理"，一旦设置完毕，长期不用修改。该模块使用频率很低，在此不加介绍。

6）产品管理

"产品管理"模块用于添加、删除、修改和查询产品资料。产品是被加工的对象，若是批量生产，则会被划分为加工批次（本系统中将加工批次也称为"工件"）。

7) 工艺流程管理

"工艺流程管理"模块用于对产品的工艺参数进行管理。对于柔性作业车间调度，一道工序的可选设备可有多个，即工序与加工设备是"一对多"关系，故这里的工艺流程仅包括工序号、工序名称，而不包括加工设备及加工参数信息。产品与工序之间是"一对多"关系，此功能模块须提供两个页面，一是产品工艺流程列表页面，如图 5.51 所示；二是工艺流程管理页面，如图 5.52 所示。

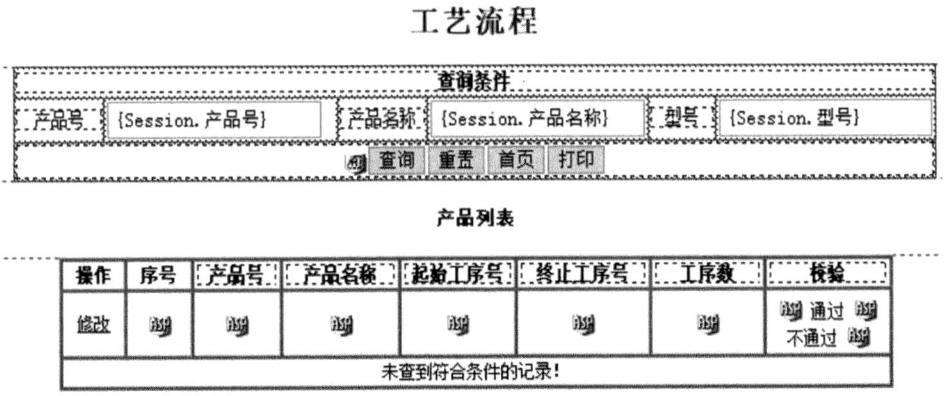

图 5.51　工艺流程列表

图 5.51 的页面用于列出所有产品的工艺流程列表信息，包括起始工序号、终止工序号、工序数、校验标志。其中，校验标志用于检验工艺流程的工序号是否为从 1 开始的连续自然数。检验方法如下：若起始工序号为 1 且工序数＝终止工序号－起始工序号＋1，则检校验标志为"通过"，否则校验标志为"不通过"。校验标志为"不通过"的产品需要修改其工艺流程直到校验通过为止，否则包含此产品的调度任务会终止调度（参数设置不正确）。通过图 5.51 中某产品的"修改"超链接可进入图 5.52 所示的工艺流程管理页面，在此页面为该产品设置工艺流程，包括添加、删除、修改和查询工序。

图 5.52　工艺流程管理

8) 工作制名称管理

"工作制名称管理"模块用于添加、删除、修改、查询工作制名称。工作制名称管理页面如图 5.53 所示。

图 5.53　工作制名称管理

9) 工作制设置

"工作制设置"模块用于克隆工作制设置、设置非周末休息日期、设置周末工作日期。工作制设置页面如图 5.54 所示。

图 5.54　工作制设置

在图 5.54 中,"克隆"用于从其他工作制设置复制到当前工作制。克隆后,再对所得到的工作制设置进行局部修改,以提高工作制设置的效率。从"非周末休息日期"列的"查修"超链接可进入图 5.55 所示的非周末休息日期设置页面。从"周末工作日期"列的"查修"超链接可进入图 5.56 所示的周末工作日期设置页面。

图 5.55　非周末休息日期设置

图 5.56　周末工作日期设置

10) 日工作安排设置

"日工作安排名称管理"模块用于添加、删除、修改、查询日工作安排名称、克隆日工作安排(图 5.57)、对日工作安排进行设置(图 5.58)。

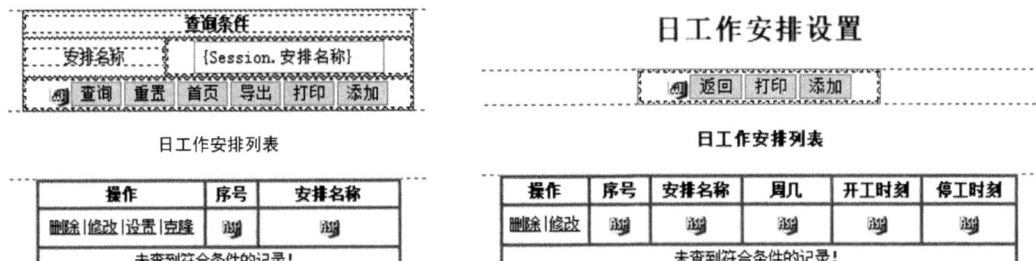

图 5.57　克隆日工作安排　　　　　　　图 5.58　日工作安排设置

11) 设备管理

"设备管理"模块用于添加、删除、修改和查询设备。设备管理页面如图 5.59 所示。

图 5.59　设备管理

12) 设备冻结计划

"设备冻结计划"模块用于添加、删除、修改和查询设备冻结计划。设备冻结计划管理页面如图 5.60 所示。"添加"或"修改"设备冻结计划时,系统需判断起始时刻与终止时刻是否打乱了已调度工序,即起始时刻~终止时刻的这段冻结时间段不应该在任意已调度工序的调整开始时刻~加工结束时刻之间,否则添加或修改失败。

图 5.60 设备冻结计划

(2) 调度员功能模块设计

图 5.61 是调度员功能模块。调度员用户具有系统、查询、调度管理三大模块。

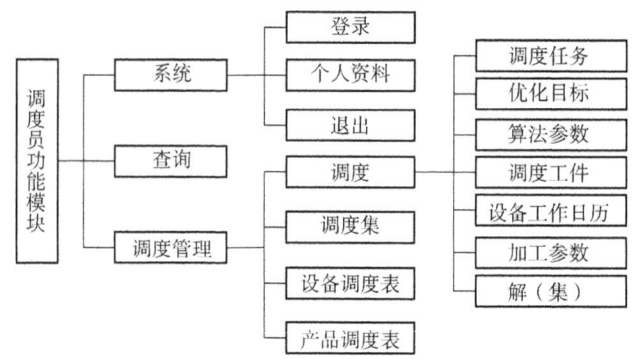

图 5.61 调度员功能模块

1) 系统

"系统"模块包括"登录""个人资料""退出"三个子模块,其设计与管理员功能模块的"系统"模块设计相同,不再赘述。

2) 查询

"查询"模块提供调度员对"产品""工艺流程""工作制名称""工作制设置""日工作安排""设备冻结计划"的查询功能,其设计与管理员功能模块的相应功能相似但不含管理功能,不再赘述。

3) 调度管理

"调度管理"模块又分为"调度""调度集""设备调度表""产品调度表"四个子模块,其中"调度"进一步细分为"调度任务""优化目标""算法参数""调度工件""设备工作日历""加工参数"和"解(集)"七个子模块。"调度"页面如图 5.62 所示。

在图 5.62 中,操作列根据调度任务对应的调度员有所区别,若当前用户是调度任务的建立者,则操作列显示"克隆""修改""删除""优化目标""算法参数""调度工件""设备工作日

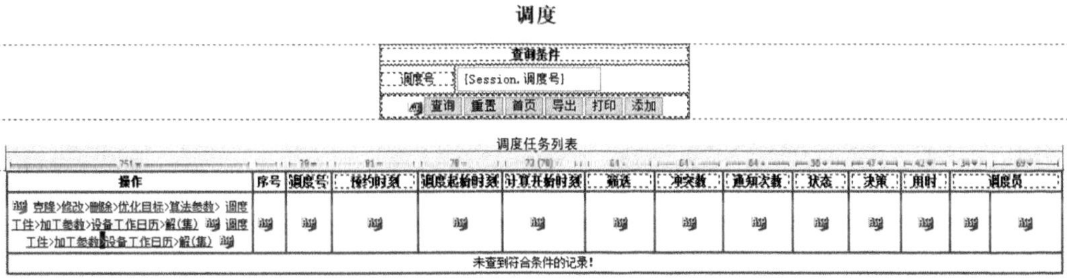

图 5.62　调度

历""加工参数""解(集)"超链接,反之,则仅显示"调度工件""设备工作日历""加工参数""解(集)"超链接,并且前者进入对应页面具有管理功能,而后者只有查看功能。通过这样的设计,实现多个调度员使用系统时各司其职,各自对其建立的调度任务进行管理和调度。

4）调度任务

调度任务是进行调度的入口。"调度任务"子模块包括"添加""克隆""修改""删除"等功能,分别对应图 5.62 中的"添加""克隆""修改""删除"。通过"添加"按钮可添加新的调度任务。通过"克隆"超链接可由其他调度任务复制到当前调度任务,复制内容是源调度任务的所有参数、调度工件、加工参数等全部内容。通过"修改"超链接可修改调度预约时刻、调度起始时刻、状态。通过"删除"超链接可删除不用的调度任务。

5）优化目标

图 5.62 中,通过"优化目标"超链接可进入图 5.63 所示页面,在此页面可为当前调度任务设置优化目标。

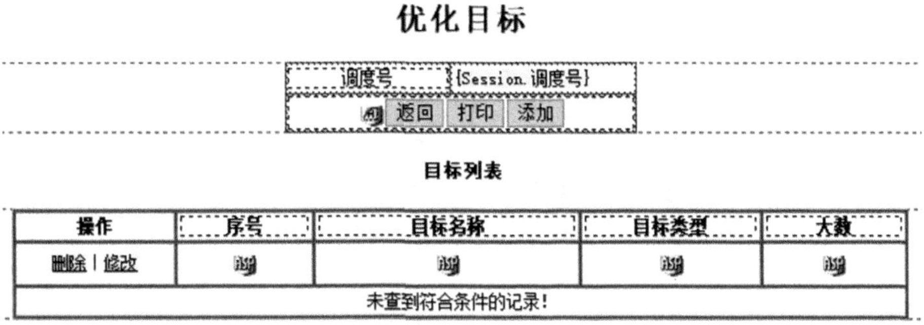

图 5.63　优化目标

可定制多目标优化时应保证选中的优化目标之间不冲突,即不具有包含、交叉关系。避免所设置目标彼此冲突的基本思想是从源头进行控制,即让调度员从下拉列表框选择优化目标而不是填写优化目标,并通过程序控制下拉列表框中的优化目标与已选中的优化目标之间不存在冲突。

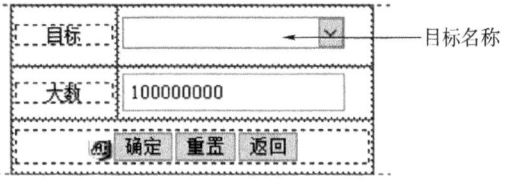

图 5.64　添加优化目标

以图 5.64 所示的"添加优化目标"页面为例,下拉列表框"目标"中的内容控制代码如下:

```
<td>
  <select name="目标名称" id="目标">
    <option value="<%=Session("目标名称")%>" selected="true"><%=Session("目标名称")%></option>
    <%
    sql = "select * from 目标库 where 目标名称 not in (select 目标名称 from 优化目标 where 调度号 = " & Session("调度号") & " Union select distinct(目标2) from 目标关系 where 目标1 in (select 目标名称 from 优化目标 where 调度号 = " & Session("调度号") & "))"
    rs.Open sql, conn, 0, 1
    while not rs.eof
    %>
    <option value="<%=rs("目标名称")%>"><%=rs("目标名称")%></option>
    <%
      rs.movenext
      wend
      rs.close
    %>
  </select>
</td>
```

其中,关键字 Union 前面画线部分为集合 A,Union 后面画线部分为集合 B。集合 A 为当前调度任务 Session("调度号")已选中的优化目标集。集合 B 表示与集合 A 中的优化目标相冲突的目标集。

6) 算法参数

图 5.62 中,通过"算法参数"超链接可进入图 5.65 所示的"算法参数"页面,在此页面为当前调度任务设置计算参数。从数据表"调度任务"可见,计算参数 ps、mgen、cr、mr、pc、pm、tour 全部适用于多目标 NSGA II 算法,而对于单目标 GA 算法只用到 ps、mgen、pc、pm。为此,在算法参数页面中,要根据优化目标数量 tn 控制该页面中显示的参数。具体地,当 tn=1,则不显示参数 cr、tour。

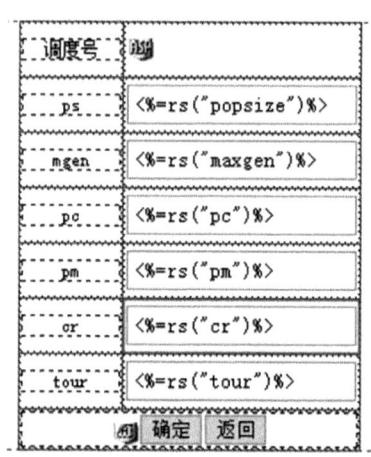

图 5.65 算法参数

7) 调度工件

图 5.62 中,通过"调度工件"超链接可进入图 5.66 所示的"调度工件"页面,在此页面可为当前调度任务设置调度工件,包括添加、删除、修改工件。其中,按钮"来自"用于接收已冻结工件(前续调度中因某些原因需要重新调度的工件)。

8) 加工参数

图 5.62 中,通过"加工参数"超链接可进入图 5.67 所示的"加工参数"页面,在此页面可对当前调度任务的各工件各工序在可选设备上的加工参数进行设置。其中,"校验"标志由系统自动判断,若某工序的加工参数未设置,则显示"未设",否则显示"已设"。若一个调度

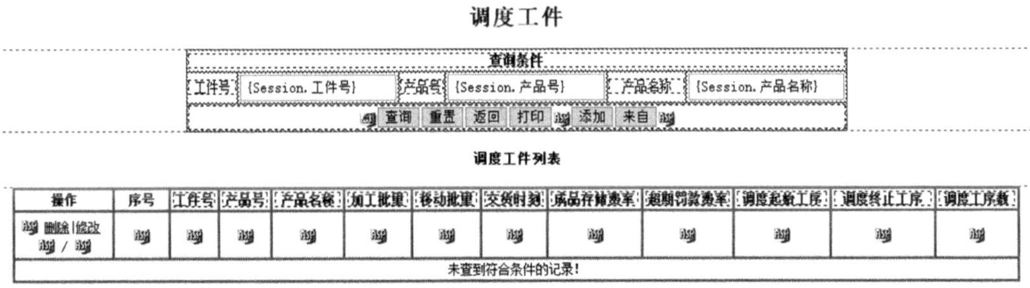

图 5.66 调度工件

任务存在校验标志为"未设"的工序,则调度终止进行(参数设置不正确)。通过"查修"超链接可进入图 5.68 所示页面,在此页面可对各工序的加工参数进行设置。

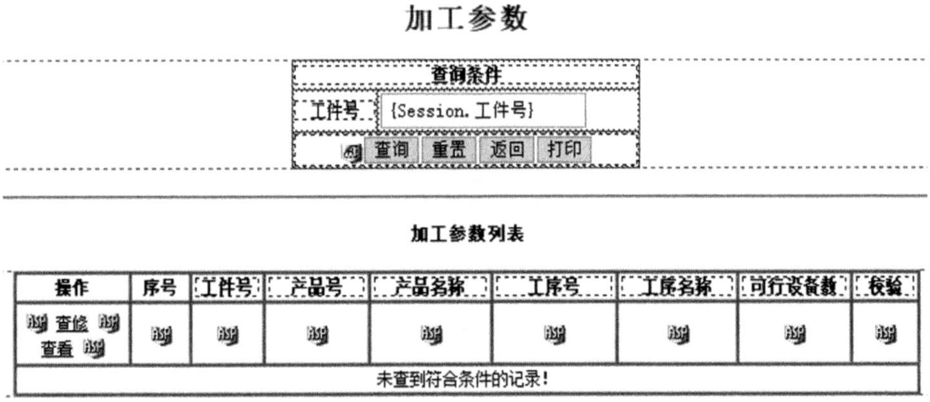

图 5.67 加工参数列表

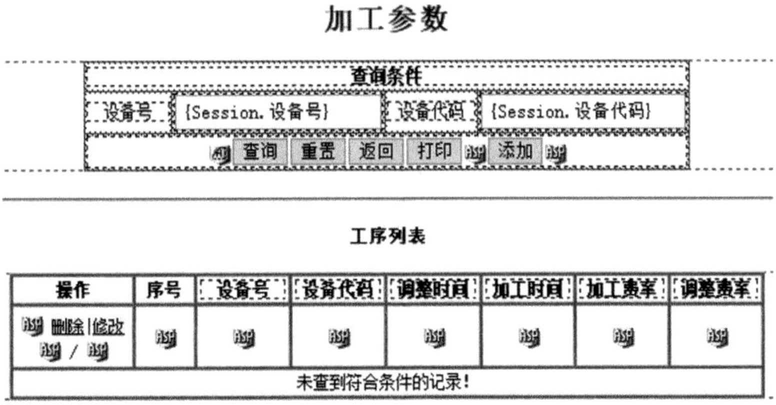

图 5.68 加工参数设置

9) 设备工作日历

图 5.62 中,通过"设备工作日历"超链接可进入图 5.69 所示的"设备工作日历设置"页面,在此页面可对当前调度任务用到的可选设备的工作日历进行设置,包括工作制和日工作安排设置。

图 5.69　设备工作日历设置

10) 解(集)

图 5.62 中,通过"解(集)"超链接可进入图 5.70 所示的"解(集)"页面,在此页面可对当前调度任务的最优解或 Pareto 解集进行管理,包括调度表查看、工件甘特图查看、设备甘特图查看,还可删除不满意的解。图 5.70 中,通过"调度表"超链接可进入图 5.71 所示的调度表页面,若对此解满意,通过"加入调度集"超链接将该解加入调度集从而完成决策。

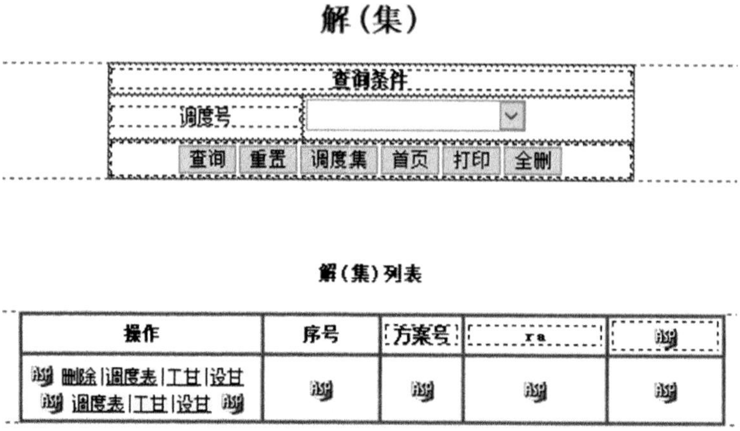

图 5.70　解(集)

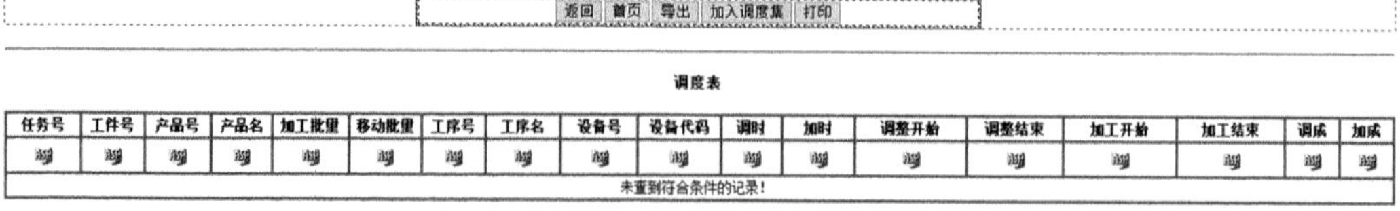

图 5.71　调度表

11) 调度集

通过"调度集"模块,调度员可对决策后的调度集进行管理,包括优化目标值查看、调度表查看、工件甘特图查看、设备甘特图查看,还可删除不满意的解,设计页面如图5.72所示。删除后,该解对应的原调度任务的决策标志被系统置为"否",调度状态被系统置为"　"。若自该调度任务之后还没有进行任何调度,则可继续从其解集中选择其他Pareto解加入调度集,决策状态再被系统置为"已决策",否则将调度状态置为"待调度",参与到下一轮的调度中。

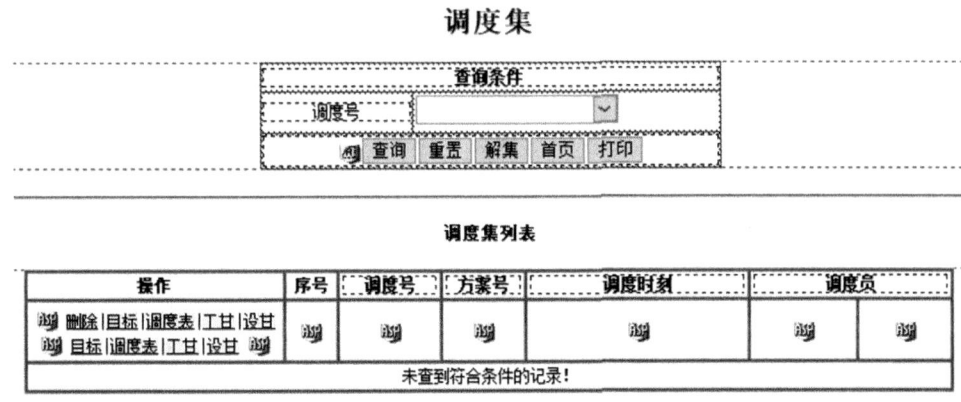

图5.72　调度集

12) 设备调度表

通过"设备调度表"模块,调度员可查看全部或某台设备的任务安排表,设计页面如图5.73所示。

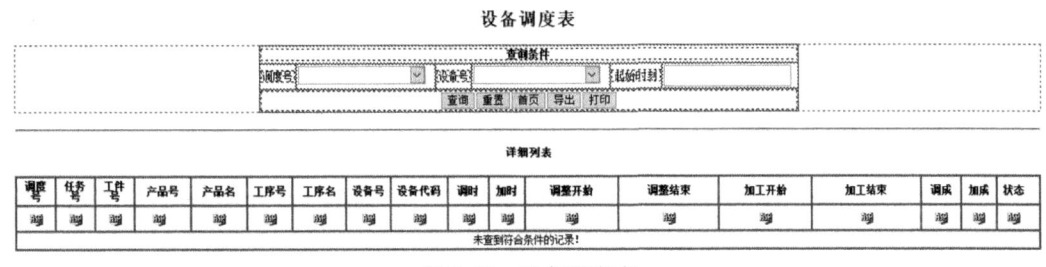

图5.73　设备调度表

13) 产品调度表

通过"设备调度表"模块,调度员可查看全部或某个产品的任务安排表,设计页面如图5.74所示。

图5.74　产品调度表

3. 计算服务设计

（1）计算服务流程

计算服务主要实现对调度任务的"轮询"（或称监控）和调用相应的算法进行计算得到最优解或 Pareto 解集。采用 Visual Basic 作为开发工具，设计了计算服务系统。图 5.75 是提供计算服务的界面。图中，timer1 控件的 Interval 属性设置为 3000，表示每隔 3 分钟运行一次 timer1_timer 事件（也可以根据需要进行修改）。

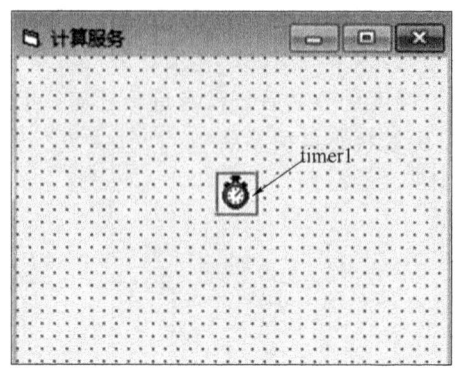

图 5.75 计算服务主界面

计算服务的流程如图 5.76 所示。计算服务的基本思路如下：将计算服务的代码写到 timer_timer 事件中，用它轮询每个调度任务的预约时刻、状态，若计算服务器的系统时间大于或等于当前调度任务的预约时刻且当前调度任务的状态为"待调度"时，则调用自定义函数 Canscheudule 判断当前调度任务与排在之前的未决策的调度任务是否存在共用设备的冲突，若不存在任何冲突（冲突数 cn=0），则从数据库读取该调度任务的所有参数，若参数设置不正确，则向当前调度任务建立者的邮箱（toa）发送关于"参数设置不正确"的提醒邮件，转去处理下一个调度任务，否则，根据设置的参数进行调度计算，若 tn=1 调用 GA 算法（iteration1），否则调用 NSGAII 算法（iteration2）；计算完毕，保存最优解（GA 算法的输出）到"解集"数据表或将 Pareto 解集 **CHR**（NSGA II 算法的输出）筛选后保存 **PAR** 到"解集"数据表、将调度任务状态更改为"完成调度"、统计计算用时存入字段"计算用时"、向 toa 发送"调度完成"的提醒邮件以提醒其及时进行决策；处理完当前调度任务，再转去处理下一个调度任务。

（2）全局变量

在图 5.76 中，定义的全局变量及数组与 5.4 节的内容相同。除此之外，还增加了表 5.50 所示的全局变量。

表 5.50 全局变量及数组定义

名称	含义	元素类型
tb	计算开始时刻	Real
sno	调度号	String
sl	筛选级别	String
flag	计算标志	String
cn	设备冲突数	Int
nt	当前时刻	Date
un	通知次数上限	Int
conn	数据库连接对象	Variant

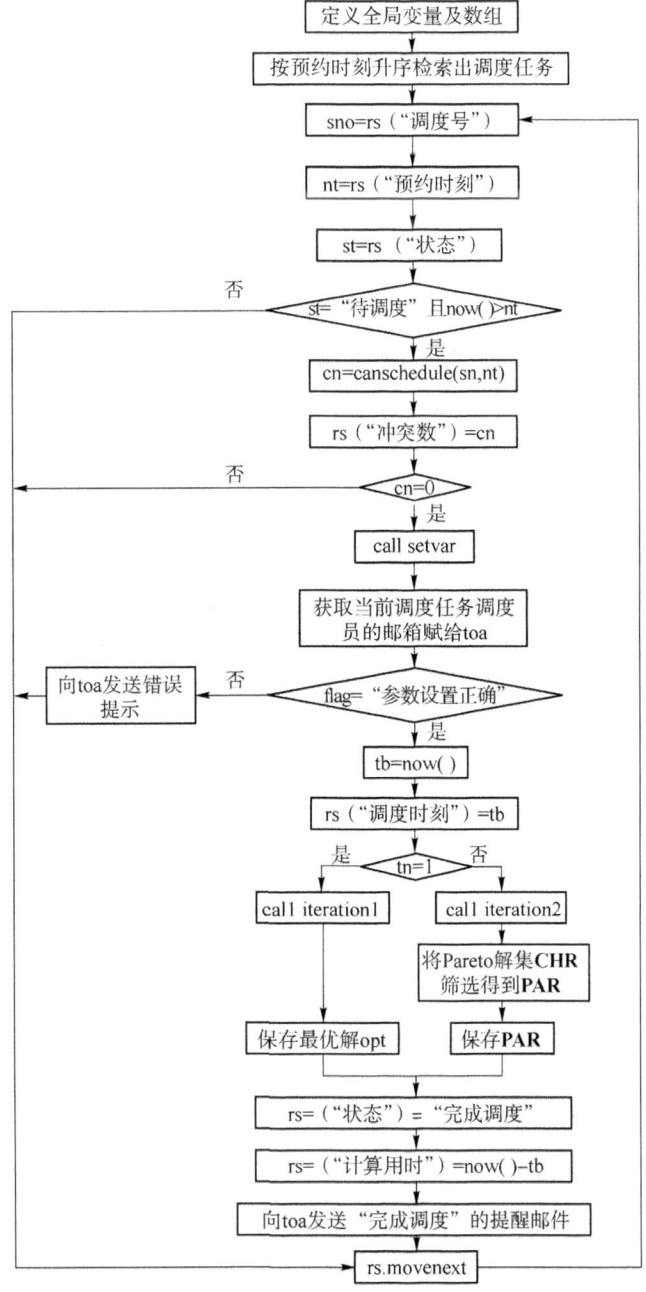

图 5.76 计算服务流程

(3) 数据库连接

数据库连接的代码如下：

```
Sub Condb( )
Dim ConnStr As String
Set conn = New ADODB.Connection
ConnStr = "Provider = SQLOLEDB;Data Source = 服务器 IP 或域名;User ID = sa;Password = 数据库密
```

码;Initial Catalog = 数据库名称"
　　conn.Open ConnStr
　　End Sub

（4）检索调度任务

在图5.76中,按"预约时刻升序检索出调度任务"的ASP代码如下:

```
call condb
set rs = New Recordset
querysql = "select * from 调度任务 order by 预约时刻 asc"
rs.open querysql,conn,1,3
```

其中,conn是数据库连接对象。

（5）判断冲突

在图5.76中,自定义函数Canscheudule的作用是返回当前调度任务与排在之前的未决策的调度任务之间存在的冲突数,分两步进行:第一步,依次判断当前调度任务与状态为"完成调度"且决策标志为"否"的调度任务存在共用设备,若存在,则累计冲突数(cn＝cn＋1),与此同时,若向此调度任务的建立者发送的累计提醒邮件次数未超过上限次数un,则向其发送提醒邮件以提醒其及时决策;第二步,依次判断当前调度任务与其他排在之前的调度任务之间是否存在共用设备,若存在,则累计冲突数(cn＝cn＋1)。两步进行完毕后,返回cn。其中,第一步的代码如下:

```
set rs1 = new recordset
set rs2 = new recordset
sql1 = "select * from 调度任务,用户 where 调度任务.用户名 = 用户.用户名 and 调度号<>'" & sno & "'and 状态 = '完成调度' and 决策标志 = '否' and 预约时刻<'" & nt & "'"
rs1.Open sql1, conn, 1, 3
while not rs1.eof'对每一个调度未决策的调度任务
    sql2 = "select count(distinct 设备号) as n from 加工参数 where 调度号 = '" & rs1("调度号") & "' and 设备号 in (select distinct 设备号 from 加工参数 where 调度号 = '" & sno & "') "
    rs2.Open sql2, conn, 0, 1
    if rs2("n") > 0 then
        cn = cn + 1
            if rs1("通知次数") < un then
                toa = rs1("邮箱")
                subject = rs1("调度号") & "的提示"
                content = "尊敬的 '" & rs1("用户名") & "'您好！您负责的调度任务 " & rs("调度号") & "尚未决策,影响到调度任务 " & sno & " 的计算,请尽快进入系统处理"
                call Emailsend(toa, subject, content)
                rs1("通知次数") = rs1("通知次数") + 1
            end If
        end if
        rs2.Close
    rs1.movenext
wend
```

(6) 获取参数

获取参数是调度计算的基础,其作用是从数据表中读取数据赋给相关的全局变量及数组。表 5.51 列出了参数读取来源。

表 5.51 参数获取来源

名称	来源数据表
ps、mgen、cr、mr、pc、pm、bt、sl	调度任务
jn、tpn	调度工件
mn	设备
tn	优化目标
JB	调度工件、工艺流程、加工参数
MB	优化目标、目标库
MMB	调度集、设备冻结计划
MA	设备工作日历、设备
WS	工作制设置
WT	日作安排

其中,**MMB** 的构建是保证序贯调度结果正确性的关键,在此特别说明一下其构建方法。分两步进行。第一步,由调度集、bt 构造 **MMB** 初值;第二步,由设备冻结计划对 **MMB** 进行调整。其 VB 代码如下:

```
Dim MMB( ) as mach
ReDim MMB(mn)
For i = 1 To mn
    '由调度集、bt 构造 MMB 初值
    k = 0
    tj = bt
    Sql = "select * from 调度集 where 设备号 = " & i & " and 加工结束时刻>'" & bt & "' and 状态<>'冻结' and 状态<>'流转至' order by 调整开始时刻 asc"
    rs.Open Sql, conn, 0, 1
    While Not rs.EOF
        If rs("调整开始时刻") > tj Then
            ReDim Preserve MMB(i).TS(k + 2)
            MMB(i).TS(k + 1) = tj
            MMB(i).TS(k + 2) = rs("调整开始时刻")
            k = k + 2
        End If
        If rs("加工开始时刻") > rs("调整结束时刻") Then
            ReDim Preserve MMB(i).TS(k + 2)
            MMB(i).TS(k + 1) = rs("调整结束时刻")
            MMB(i).TS(k + 2) = rs("加工开始时刻")
            k = k + 2
```

```
        End If
            tj = rs("加工结束时刻")
            rs.MoveNext
    Wend
    rs.Close
    ReDim Preserve MMB(i).TS(k + 2)
    MMB(i).TS(k + 1) = tj
    MMB(i).TS(k + 2) = tln
    '第二步,由设备冻结计划对 MMB 进行调整
    Sql = "select * from 设备冻结计划 where 设备号 = " & i & " and 终止时刻>'" & bt & "' order by 起始时刻 asc"
    rs.Open Sql, conn, 0, 1
    While Not rs.EOF
        fl = 1
        fr = 1
        zd = UBound(MM(i).TS, 1) / 2
        k = zd
        For j = 1 To zd
            If rs("起始时刻") >= MM(i).TS(2 * j - 1) And rs("终止时刻") <= MM(i).TS(2 * j) Then
                k = j
                Exit For
            End If
        Next j
        If rs("起始时刻") = MM(i).TS(2 * k - 1) Then fl = 0
        If rs("终止时刻") = MM(i).TS(2 * k) Then fr = 0
        If fl <> 0 And fr <> 0 Then
            ReDim Preserve MM(i).TS(2 * zd + 2) '增加一个时段(两个数字)
            For j = 2 * zd + 2 To 2 * k + 2 Step -1 '后移两位
                MM(i).TS(j) = MM(i).TS(j - 2)
            Next j
            MM(i).TS(2 * k + 1) = rs("终止时刻")
            MM(i).TS(2 * k) = rs("起始时刻")
        End If
        If fl = 0 And fr <> 0 Then
            MM(i).TS(2 * k - 1) = rs("终止时刻")
        End If
        If fl <> 0 And fr = 0 Then
            MM(i).TS(2 * k) = rs("起始时刻")
        End If
        If fl = 0 And fr = 0 Then
            For j = 2 * k - 1 To 2 * zd - 2
                MM(i).TS(j) = MM(i).TS(j + 2)
```

```
            Next j
            ReDim Preserve MM(i).TS(2 * zd - 2)
        End If
        rs.MoveNext
    Wend
    rs.Close
Next i
```

(7) 解集筛选

对于 NSGA II 算法,为了减少 Pareto 解集的储存量,需要对其进行筛选。如图 5.77 所示,解集筛选的目的是从 Pareto 解集 **CHR** 中筛选出不相同的 Pareto 解赋给 **PAR**。基本思路如下:对于第 $k1$ 个 Pareto 解,依次与 **PAR** 中的 $1 \sim k2$ 个 Pareto 解进行比较,若与它们均不相同,则令 $k2=k2+1$,$\mathbf{PAR}(k2)=\mathbf{CHR}(k1)$。解集筛选的流程如图 5.78 所示。

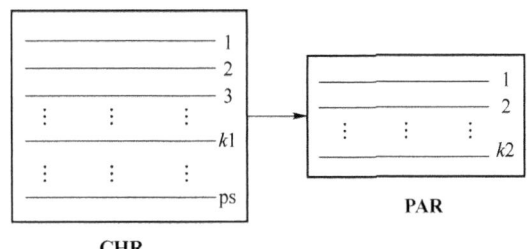

图 5.77 Pareto 解集筛选示意图

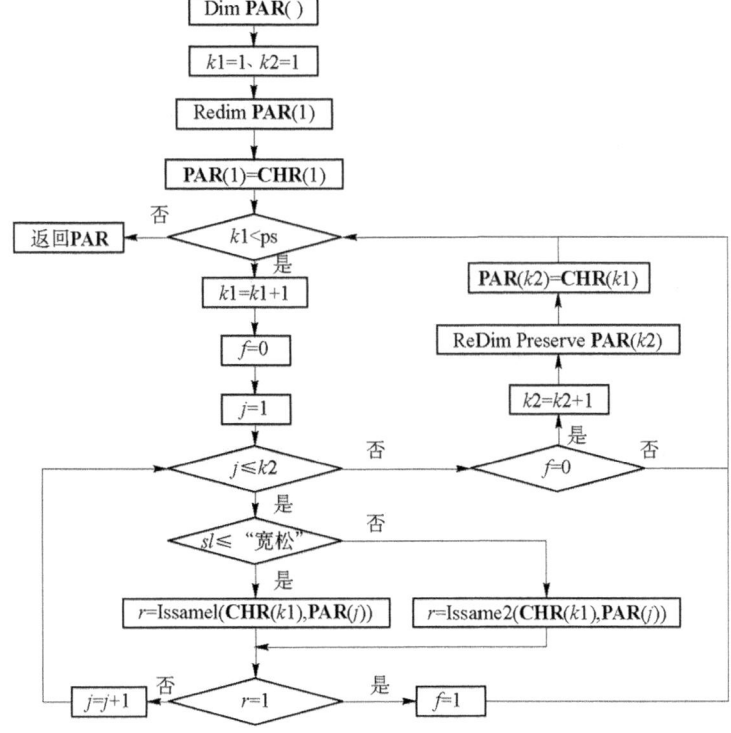

图 5.78 Pareto 解集筛选流程

自定义函数 Issame1 用于判断两个 Pareto 解 X,Y 是否相同(调度矩阵 **R** 的第 2 列和第 4 列对应相等则视为相同),其 VB 代码如下:

```
Function Issame1(X As chm, Y As chm) As Integer
Issame1 = 1
le = UBound(X.R, 1)
For i = 1 To le
    If X.R(i, 2) <> Y.R(i, 2) Or X.R(i, 4) <> Y.R(i, 4) Then
        Issame1 = 0
        Exit For
    End If
Next i
End Function
```

自定义函数 Issame2 用于判断两个 Pareto 解是否相同(每个优化目标均相同则视为相同),其 VB 代码如下:

```
Function Issame2(X As chm, Y As chm) As Integer
Issame2 = 1
le = UBound(X.O, 1)
For i = 1 To le
    If X.O(i) <> Y.O(i) Then '只比较目标值,若所有目标值相同,则认为两个个体相同
        Issame2 = 0
        Exit For
    End If
Next i
End Function
```

(8) 算法设计

本节算法集成了 GA、NSGAⅡ算法,其中 GA 与第 4 章相似,NSGA Ⅱ 算法与 5.4 节的内容相同,在此不再赘述。

5.5.4 系统应用

分别以管理员、调度员的身份,介绍混合工作日历下柔性作业车间调度系统的应用方法。

图 5.79 是未登录状态的主界面。

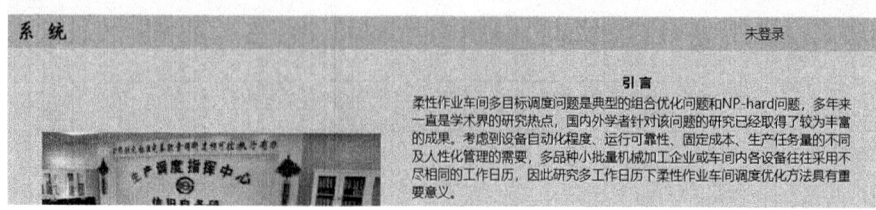

图 5.79 主界面(未登录)

1. 管理员使用方法

(1) 管理员主界面

以管理员身份登录(用户名:admin)后的主界面如图 5.80 所示。

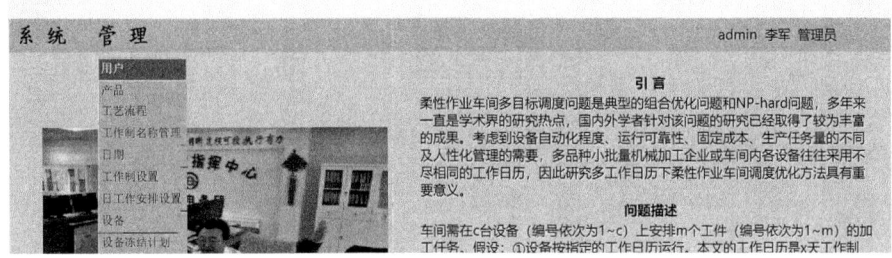

图 5.80　管理员主界面

(2) 用户管理

在图 5.80 中,单击"用户"可进行用户管理,如图 5.81 所示。为了防止不慎把管理员自身删除,对当前登录的管理员用户进行了屏蔽。

用户管理

	查询条件		
部门		身份	
用户名		姓名	

查询　重置　首页　导出　打印　添加

用户列表

操作	序号	用户名	部门	姓名	身份	邮箱	手机
删除|修改	1	ddy1	生产部	王强	调度员	wq2012@163.com	15036512520
删除|修改	2	ddy2	生产部	赵小明	调度员	zxm2010@163.com	15036512520
删除|修改	3	ddy3	生产部	吴锦锦	调度员	wjj@hpu.edu.cn	18838965264

图 5.81　用户管理

(3) 产品管理

在图 5.80 中,单击"产品"可进行产品管理,如图 5.82 所示。

(4) 工艺流程管理

在图 5.80 中,单击"工艺流程"进入图 5.83 所示的产品入口。在图 5.83 中,单击某产品(如 1 号产品)操作列的"修改"为该产品设置工艺流程,如图 5.84 所示。在图 5.84 中,工序号必须是从 1 开始的连续自然数,否则图 5.83 中的校验标志会显示"不通过"。

(5) 工作制名称管理

在图 5.80 中,单击"工作制名称管理"可进行工作制名称管理,如图 5.85 所示。

产品管理

查询条件			
产品号		产品名称	

[查询] [重置] [首页] [导出] [打印] [添加]

产品列表

操作	序号	产品号	产品名称	型号	平均价值
删除|修改	1	1	L2027	X5	1000
删除|修改	2	2	G46-100F	L5	1000
删除|修改	3	3	ZU30100B2	M3	800
删除|修改	4	4	L90GF	M2	780
删除|修改	5	5	L35MC	X5	1000
删除|修改	6	6	HP6100	Y2	800
删除|修改	7	7	16V32G	M6	780
删除|修改	8	8	G-45B	N7	1000
删除|修改	9	9	RT-flex	Y1	800

图 5.82　产品管理

工艺流程

查询条件					
产品号		产品名称		型号	

[查询] [重置] [首页] [打印]

产品列表

操作	序号	产品号	产品名称	起始工序号	终止工序号	工序数	校验
修改	1	1	L2027	1	6	6	通过
修改	2	2	G46-100F	1	6	6	通过
修改	3	3	ZU30100B2	1	6	6	通过
修改	4	4	L90GF	1	6	6	通过
修改	5	5	L35MC	1	6	6	通过
修改	6	6	HP6100	1	6	6	通过
修改	7	7	16V32G	1	6	6	通过
修改	8	8	G-45B	1	6	6	通过
修改	9	9	RT-flex	1	2	2	通过

图 5.83　产品入口

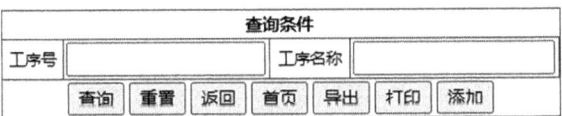

工艺流程管理

工艺列表

操作	序号	工序号	工序名称
删除|修改	1	1	车成型
删除|修改	2	2	车端面
删除|修改	3	3	车外圆
删除|修改	4	4	铣20扁势
删除|修改	5	5	磨外圆
删除|修改	6	6	磨端面

图 5.84 1号产品的工艺流程

工作制名称管理

工作制名称列表

操作	序号	工作制名称
删除|修改	1	X工作制
删除|修改	2	Y工作制
删除|修改	3	Z工作制

图 5.85 工作制名称管理

(6) 日期管理

在图 5.80 中,单击"日期"可进行日期管理,如图 5.86 所示。选择年份,点击"生成"能自动生成该年份的所有日期。选择年份和月份,单击"查询"可查询某年某月的日期。单击"修改备注"可以为某些日期设置或修改备注。日期是后续进行工作制设置的基础。

日期管理

日期列表

操作	序号	日期	年份	月份	周几	备注
[修改备注]	1	2020-01-01	2020	1	3	元旦
[修改备注]	2	2020-01-02	2020	1	4	
[修改备注]	3	2020-01-03	2020	1	5	
[修改备注]	4	2020-01-04	2020	1	6	
[修改备注]	5	2020-01-05	2020	1	7	
[修改备注]	6	2020-01-06	2020	1	1	
[修改备注]	7	2020-01-07	2020	1	2	
[修改备注]	8	2020-01-08	2020	1	3	
[修改备注]	9	2020-01-09	2020	1	4	
[修改备注]	10	2020-01-10	2020	1	5	

图 5.86 日期管理

(7) 工作制设置

在图 5.80 中,单击"工作制设置"可为工作制进行详细设置,如图 5.87 所示。单击"X 工作制"行非周末休息日期列的"查修"进入图 5.88 所示页面,在此页面可对"X 工作制"的非周末休息日期进行设置。在图 5.88 中,单击"添加"进入图 5.89 所示的添加页面,在此可以将其他非周末休息日期添加进来。同样,在图 5.87 中,单击"X 工作制"行周末工作日期列的"查修"进入图 5.90 所示页面,在此页面可对"X 工作制"的周末工作日期进行设置。在图 5.90 中,单击"添加"进入图 5.91 所示的添加页面,在此可将其他周末工作日期添加进来。在图 5.87 中,以"Z 工作制"为例,单击该行"克隆",进入图 5.92 所示页面。在此页面,选择源工作制,单击"确定"按钮,系统会将"Z 工作制"的设置内容清空,再将源工作制的设置内容全部复制给"Z 工作制",克隆完成后,再对"Z 工作制"进行"非周末休息日期""周末工作日期"的修改,这样可提高创建新工作制的效率。

工作制设置

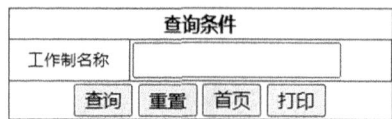

工作制列表

操作	序号	工作制名称	非周末休息日期	周末工作日期
克隆	1	X 工作制	查修	查修
克隆	2	Y 工作制	查修	查修
克隆	3	Z 工作制	查修	查修

图 5.87 工作制设置

非周末休息日期设置

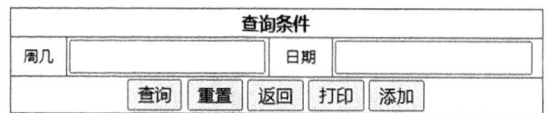

非周末休息日期列表

操作	序号	日期	周几	备注
删除	1	2017-01-02	1	元旦节
删除	2	2017-01-27	5	
删除	3	2017-01-30	1	
删除	4	2017-01-31	2	
删除	5	2017-02-01	3	
删除	6	2017-02-02	4	
删除	7	2017-04-03	1	
删除	8	2017-04-04	2	

图 5.88 "X 工作制"的非周末休息日期设置

日期选择

查询条件					
年份	2020	月份		日期	
周几		备注			

[查询] [重置] [首页] [返回]

日期列表

操作	序号	日期	周几	年份	月份	备注
加入	1	2020-01-02	4	2020	1	
加入	2	2020-01-03	5	2020	1	
加入	3	2020-01-06	1	2020	1	
加入	4	2020-01-07	2	2020	1	
加入	5	2020-01-08	3	2020	1	
加入	6	2020-01-09	4	2020	1	
加入	7	2020-01-10	5	2020	1	
加入	8	2020-01-13	1	2020	1	

图 5.89 添加非周末休息日期

周末工作日期设置

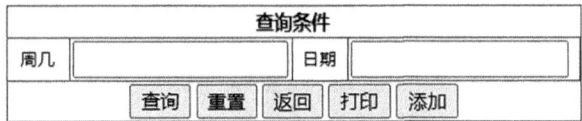

周末工作日期列表

操作	序号	日期	周几	备注
删除	1	2017-01-07	6	
删除	2	2017-01-08	7	
删除	3	2017-01-14	6	
删除	4	2017-01-15	7	
删除	5	2017-01-21	6	
删除	6	2017-01-22	7	
删除	7	2017-02-04	6	

图 5.90 "X 工作制"的周末工作日期设置

日期选择

查询条件					
年份	2019	月份		日期	
周几		备注			

[查询] [重置] [首页] [返回]

日期列表

操作	序号	日期	周几	年份	月份	备注
加入	1	2019-02-09	6	2019	2	
加入	2	2019-02-10	7	2019	2	
加入	3	2019-04-06	6	2019	4	
加入	4	2019-04-07	7	2019	4	
加入	5	2019-05-04	6	2019	5	
加入	6	2019-06-08	6	2019	6	
加入	7	2019-06-09	7	2019	6	

图 5.91　添加周末工作日期

工作制克隆

图 5.92　工作制克隆

（8）日工作安排设置

在图 5.80 中，单击"日工作安排设置"进行日工作安排设置，如图 5.93 所示。单击"添加"可以添加新的安排名称。以"A"为例，单击"设置"进入图 5.94 所示的页面，在此页面可对"A"进行日工作安排的设置与修改。同一天的工作时段数不超过 12 个，超过 12 个后再添加新的工作时段系统会进行阻止。以"C"为例，单击该行"克隆"，进入图 5.95 所示页面。在此页面，选择源日工作安排，单击"确定"，系统会将"C"的日工作安排清空，再将源日工作安排的设置内容全部复制给"C"，克隆完成后，再对"C"进行局部设置与修改，这样可提高创建新的日工作安排的效率。

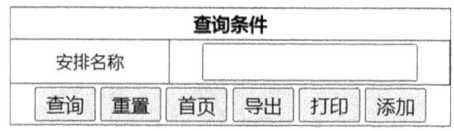

图 5.93　日工作安排

日工作安排设置

操作台

[返回] [打印] [添加]

日工作安排列表

操作	序号	安排名称	周几	开工时刻	停工时刻
删除|修改	1	A	1	08:00:00	12:00:00
删除|修改	2	A	1	14:00:00	18:00:00
删除|修改	3	A	1	18:00:00	22:00:00
删除|修改	4	A	2	08:00:00	12:00:00
删除|修改	5	A	2	14:00:00	18:00:00
删除|修改	6	A	2	18:00:00	22:00:00
删除|修改	7	A	3	08:00:00	12:00:00
删除|修改	8	A	3	14:00:00	18:00:00
删除|修改	9	A	3	18:00:00	22:00:00
删除|修改	10	A	4	08:00:00	12:00:00
删除|修改	11	A	4	14:00:00	18:00:00
删除|修改	12	A	4	18:00:00	22:00:00
删除|修改	13	A	5	08:00:00	12:00:00
删除|修改	14	A	5	14:00:00	18:00:00
删除|修改	15	A	5	18:00:00	22:00:00
删除|修改	16	A	6	08:00:00	12:00:00
删除|修改	17	A	7	08:00:00	12:00:00

图 5.94 "A"的日工作安排设置

日工作安排克隆

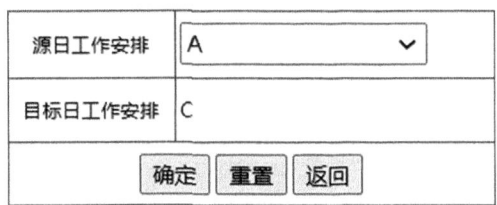

图 5.95 日工作安排克隆

(9) 设备管理

在图 5.80 中,单击"设备"可进行设备管理,如图 5.96 所示。

(10) 设备冻结计划管理

在图 5.80 中,单击"设备冻结计划"可进行设备冻结计划管理,如图 5.97 所示。在这里,添加或修改设备冻结计划时,系统会自动判断冻结起止时间段是否合法,不合法的冻结计划将被阻止。

设备管理

查询条件					
设备号		设备代码		设备类别	

查询　重置　首页　导出　打印　添加

设备列表

操作	序号	设备号	设备代码	设备类别
删除|修改	1	1	300T	数控车床
删除|修改	2	2	200T	数控车床
删除|修改	3	3	T52	数控车床
删除|修改	4	4	T42	数控车床
删除|修改	5	5	X8126	铣床
删除|修改	6	6	X5126	铣床
删除|修改	7	7	3U5	外圆磨床
删除|修改	8	8	2U5	外圆磨床
删除|修改	9	9	120CNC	内圆磨床
删除|修改	10	10	111CNC	内圆磨床

图 5.96　设备管理

设备冻结计划管理

查询条件					
冻结类型		设备代码		冻结者	

查询　重置　首页　导出　打印　添加

冻结计划列表

操作	序号	编号	冻结类型	设备		起始时刻	终止时刻	冻结原因	冻结时间	冻结者
删除|修改	1	1	WH	1	300T	2020-03-08 08:00:00	2020-03-08 11:00:00	小修	2020/3/1 17:50:50	李军
删除|修改	2	2	WH	3	T52	2020-03-10 10:00:00	2020-03-10 16:00:00	小修	2020/3/1 17:49:58	李军

图 5.97　设备冻结计划管理

2. 调度员使用方法

以调度员身份登录(用户名:ddy1)后的主界面如图 5.98 所示。

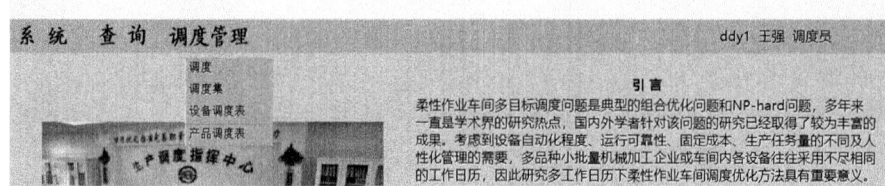

图 5.98　调度员主界面

(1) 调度

在图 5.98 中，单击"调度"进入图 5.99 所示的调度页面。在该页面，主要功能包括调度任务（添加、修改、删除、克隆）、优化目标设置、算法参数设置、调度工件设置、设备工作日历设置、加工参数设置和解（集）管理等功能。

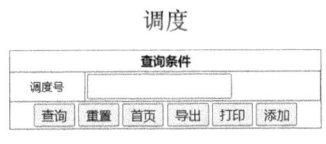

图 5.99 调度页面

初始状态如下：计算服务器上系统时间为"2020 年 3 月 5 日 10:00:00"，设备冻结计划有 2 条记录（图 5.97），调度号 1 已完成调度并进行了决策（将调度方案 1 加入了调度集），调度方案 1 已在执行中。由于某些原因，工件 1 和工件 5 各自完成了 1~2 工序之后，被调度员进行了冻结，其剩余的工序转到后续的某个调度任务中参加调度。当前待调度的任务有 2 个（调度号 2、3）；3 个调度任务中，调度员 ddy1 负责 1 个（调度号 1）、ddy2 负责 2 个（调度号 2、3）。预约时刻代表调度任务计算的先后顺序，其值越小越先计算，体现公平性。由于计算服务器的系统时间比 2 个待调度任务的预约时刻小，故当前不会计算。

1) 添加调度任务

在图 5.99 中，单击"添加"按钮，进入图 5.100 所示的添加调度任务页面。输入预约时刻、调度起始时刻，选择解筛选级别，由于尚未为此调度任务设置参数，故将状态设置为"   "（空），单击"确定"按钮，添加一个调度任务，添加后的结果如图 5.101 所示。从图 5.101 可见，由于预约时刻比其他 3 个预约时刻大，故新添加的调度任务（调度号 4）排在最上面，意味着该调度任务最后计算；若预约时刻不是最大，则该新的调度任务会出现在中间的某个位置，这样可以实现"插入调度任务"。

图 5.100 添加调度任务

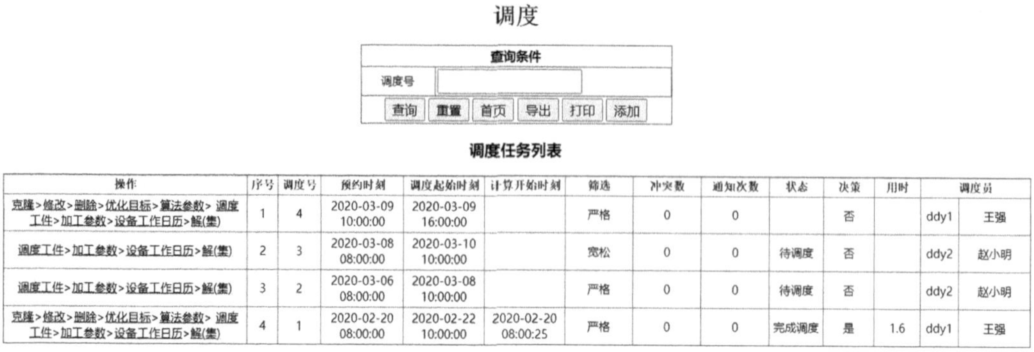

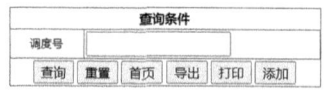

调度

查询条件

调度号

查询 重置 首页 导出 打印 添加

调度任务列表

操作	序号	调度号	预约时刻	调度起始时刻	计算开始时刻	筛选	冲突数	通知次数	状态	决策	用时	调度员	
克隆>修改>删除>优化目标>算法参数>调度工件>加工参数>设备工作日历>解(集)	1	4	2020-03-09 10:00:00	2020-03-09 16:00:00		严格	0	0		否		ddy1	王强
调度工件>加工参数>设备工作日历>解(集)	2	3	2020-03-08 08:00:00	2020-03-10 10:00:00		宽松	0	0	待调度	否		ddy2	赵小明
调度工件>加工参数>设备工作日历>解(集)	3	2	2020-03-06 08:00:00	2020-03-08 10:00:00		严格	0	0	待调度	否		ddy2	赵小明
克隆>修改>删除>优化目标>算法参数>调度工件>加工参数>设备工作日历>解(集)	4	1	2020-02-20 08:00:00	2020-02-22 10:00:00	2020-02-20 08:00:25	严格	0	0	完成调度	是	1.6	ddy1	王强

图 5.101　添加后的页面

2）修改调度任务

在图 5.101 中，单击调度任务 4 操作列的“修改”进入图 5.102 所示的页面。在此可修改除调度号之外的 4 个参数。当该调度任务的其他参数设置齐全后，可修改状态为“待调度”让该调度任务正式进入调度队列排队。

添加调度任务

预约时刻	2020-03-09 10:00:00 (yyyy-mm-dd hh:mm:ss)
调度起始时刻	2020-03-09 16:00:00 (yyyy-mm-dd hh:mm:ss)
解筛选级别	严格
状态	

确定 重置 返回

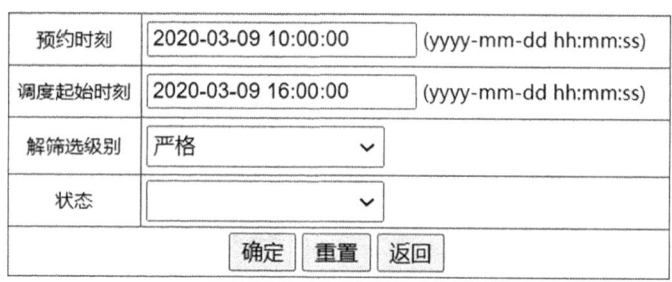

图 5.102　修改调度任务

3）删除调度任务

若尚未为某调度任务设置优化目标、调度工件、设备工作日历等参数（即子表不存在相关记录），则单击图 5.101 中的“删除”能将对应调度任务成功删除，否则会显示“删除失败”的提示。以调度任务 1 为例，单击“删除”后的错误提示如图 5.103 所示。通过这种方式保证了数据的安全性。

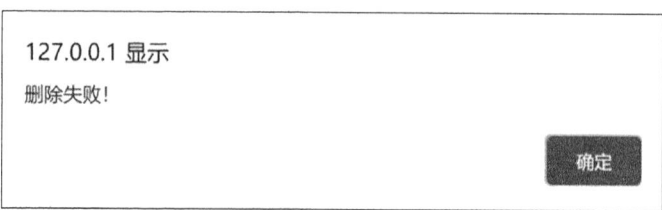

图 5.103　删除失败

4）优化目标设置

在图 5.101 中，单击调度任务 4 的“优化目标”进入图 5.104 所示页面。在此为该调度任务设置一个或多个优化目标。单击"添加"进入图 5.105 所示页面。在图 5.105 中,选择一个优化目标,如"生产成本",单击"确定"按钮,添加后的页面如图 5.106 所示。再次单击"添加"按钮,进入图 5.107 所示页面。在此图中可见,"目标"下拉列表中的"总成本"目标消失,这是因为生产成本是总成本中的一部分,一旦先选中了"生产成本"作为优化目标,则应屏蔽掉"总成本"这个优化目标,具体实现方法在 5.5.3 节中已介绍。假设这里我们不再添加优化目标,返回图 5.101 所示页面。

优化目标

图 5.104 优化目标设置

添加目标

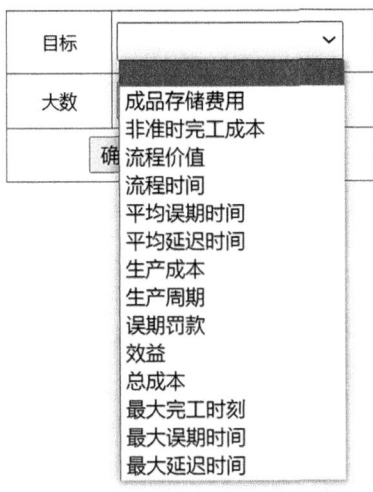

图 5.105 添加目标 1

优化目标

操作	序号	目标名称	目标类型	大数
删除 | 修改	1	生产成本	最小化	1E+08

图 5.106 添加目标"生产成本"后的页面

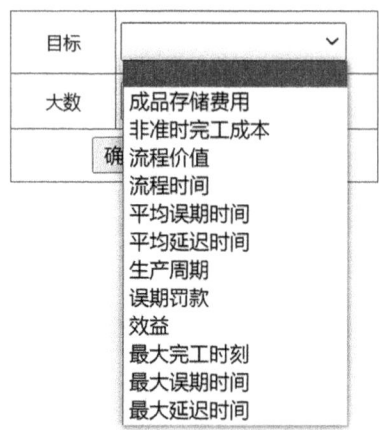

图 5.107 添加目标 2

5）算法参数设置

在图 5.101 中，单击调度任务 4 的"算法参数"进入图 5.108 所示页面。由于当前只有 1 个优化目标，因此算法参数是 GA 的参数。为了与多目标调度比较，在此再添加一个优化目标如"生产周期"，然后再次单击图 5.101 中的"算法参数"进入图 5.109 所示页面。该页面中的参数是 NSGA II 的参数。算法参数的初始值来自数据表"调度任务"中设置的默认值。

图 5.108 算法参数 1

图 5.109 算法参数 2

6）调度工件

在图 5.101 中，单击调度任务 4 的"调度工件"进入图 5.110 所示页面。单击图 5.110 中的"添加"进入图 5.111 所示的添加工件页面。设置好工件参数，单击"确定"按钮，添加后的页面如图 5.112 所示。单击图 5.110 中的"来自"进入图 5.113 所示的页面，在此可选择以前调度任务中被冻结的工件将其加入当前调度任务中，例如选择工件 1

加入当前调度任务后的页面如图 5.114 所示。由于之前已添加了 1 个调度工件，其工件号为 1，因此从冻结工件中加入的这个工件 1 被编号为工件 2，依次类推。在图 5.114 中，还可以对调度工件进行修改和删除。若是采用“来自”加入进来的调度工件，被删除后会回到原来的冻结工件列表中（图 5.113）。采用上述方法最终为调度号 4 添加的调度工件如图 5.115 所示。

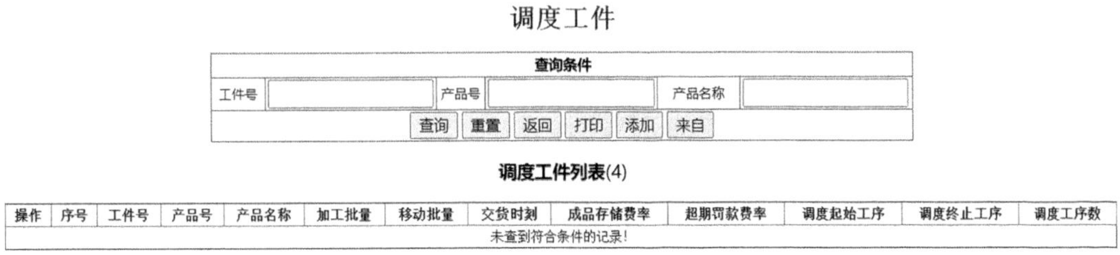
调度工件
查询条件
工件号
产品号
产品名称
查询 重置 返回 打印 添加 来自
调度工件列表(4)
操作 序号 工件号 产品号 产品名称 加工批量 移动批量 交货时刻 成品存储费率 超期罚款费率 调度起始工序 调度终止工序 调度工序数
未查到符合条件的记录!

图 5.110　调度工件设置

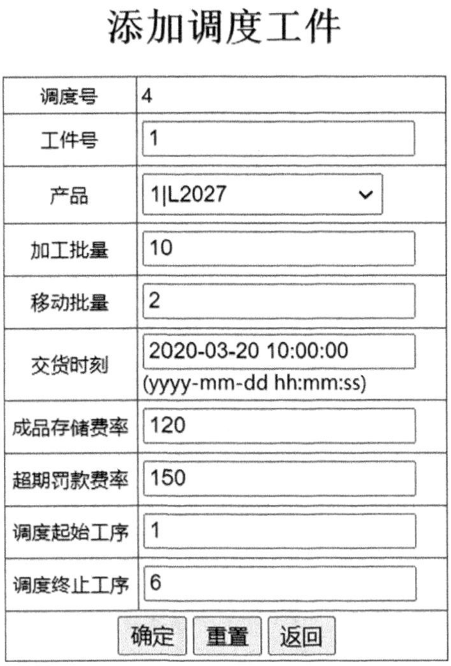
添加调度工件
调度号 4
工件号 1
产品 1|L2027
加工批量 10
移动批量 2
交货时刻 2020-03-20 10:00:00
(yyyy-mm-dd hh:mm:ss)
成品存储费率 120
超期罚款费率 150
调度起始工序 1
调度终止工序 6
确定 重置 返回

图 5.111　添加调度工件

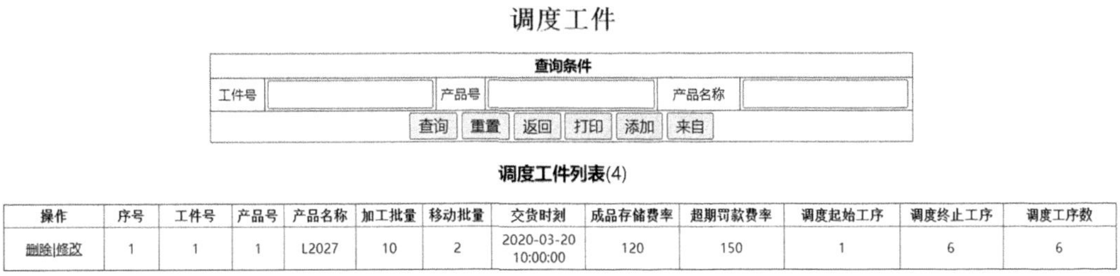
调度工件
查询条件
工件号
产品号
产品名称
查询 重置 返回 打印 添加 来自
调度工件列表(4)
操作 序号 工件号 产品号 产品名称 加工批量 移动批量 交货时刻 成品存储费率 超期罚款费率 调度起始工序 调度终止工序 调度工序数
删除|修改 1 1 1 L2027 10 2 2020-03-20 10:00:00 120 150 1 6 6

图 5.112　添加 1 个工件后的页面

冻结的调度工件

工件列表

操作	序号	调度号	工件号	产品号	加工批量	移动批量	交货时刻	成品存储费率	超期罚款费率	调度起始工序	调度终止工序	状态
加入	1	1	1	1	10	2	2020-03-13 10:00:00	120	150	3	6	冻结
加入	2	1	5	4	10	2	2020-03-11 10:00:00	120	150	3	6	冻结

图 5.113 选择冻结工件

调度工件

调度工件列表(4)

操作	序号	工件号	产品号	产品名称	加工批量	移动批量	交货时刻	成品存储费率	超期罚款费率	调度起始工序	调度终止工序	调度工序数
删除|修改	1	1	1	L2027	10	2	2020-03-20 10:00:00	120	150	1	6	6
删除|修改	2	2	1	L2027	10	2	2020-03-13 10:00:00	120	150	3	6	4

图 5.114 加入冻结工件后的页面

调度工件

调度工件列表(4)

操作	序号	工件号	产品号	产品名称	加工批量	移动批量	交货时刻	成品存储费率	超期罚款费率	调度起始工序	调度终止工序	调度工序数
删除|修改	1	1	1	L2027	10	2	2020-03-20 10:00:00	120	150	1	6	6
删除|修改	2	2	1	L2027	10	2	2020-03-13 10:00:00	120	150	3	6	4
删除|修改	3	3	4	L90GF	10	2	2020-03-11 10:00:00	120	150	3	6	4
删除|修改	4	4	7	16V32G	10	2	2020-03-22 16:00:00	120	150	1	6	6
删除|修改	5	5	5	L35MC	10	2	2020-03-23 10:00:00	120	150	1	6	6

图 5.115 调度工件设置结果

7) 加工参数设置

在图 5.101 中,单击调度任务 4 的"加工参数"进入图 5.116 所示页面。在此页面,为调度工件的每道工序在可选设备上的加工参数进行设置。在这里,之所以要针对调度任务而不是产品设置加工参数,是因为同一产品的不同批次对应于不同的客户,而不同客户对同一产品的质量要求不一定相同:一方面,同一产品不同批次的同一道工序其可选设备不一定相同;另一方面,质量要求不同,即使选用同一台设备加工,其调整时间、单件加工时间、调整费率、加工费率也会有所差异。

在图 5.101 中,可行设备数为 0 的记录表示当前工序尚未设置加工参数,校验标志为"未设";可行设备数大于 0 的记录表示已当前工序设置加工参数。对于"来自"于以往调度任务的工件,其加工参数被系统直接复制过来,故图 5.116 中对应的可行设备数大于 0,校

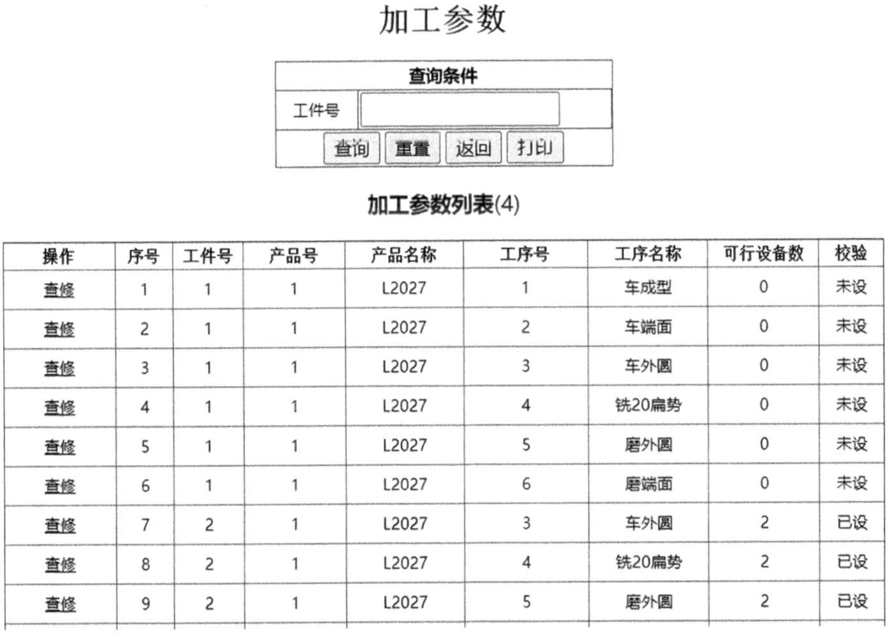

加工参数

图 5.116 加工参数设置 1

验标志为"已设"。单击"车成型"工序的"查修"进入图 5.117 所示页面。单击图 5.117 中的"添加"进入图 5.118 所示的添加加工参数页面。按此方法,为该工序添加 2 个可选加工设备的加工参数后的结果如图 5.119 所示。加工参数全部设置后的结果如图 5.120 所示。

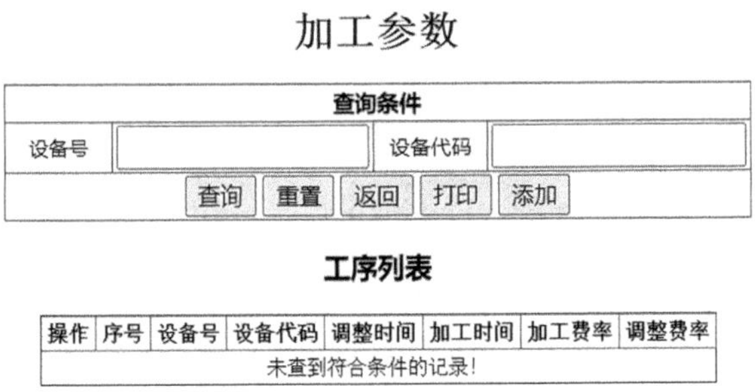

图 5.117 加工参数设置 2   图 5.118 添加加工参数

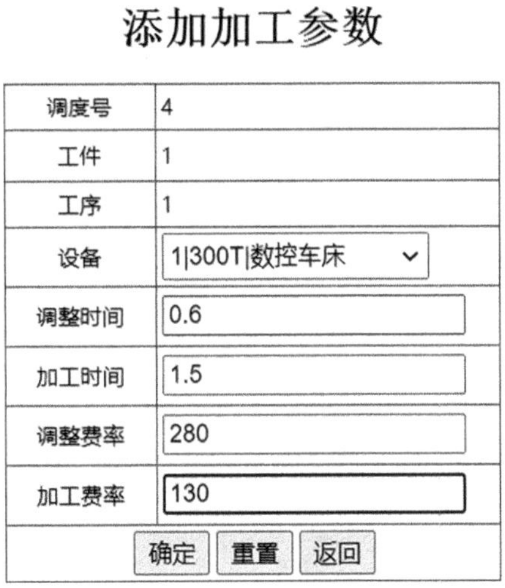

8) 设备工作日历设置

在图 5.101 中,单击调度任务 4 的"设备工件日历"进入图 5.121 所示页面。首先单击"初始化",系统会自动检索当前调度任务的要用到的设备并将这些设备与当前调度号进行拼接,以记录的形式插入到数据表"设备工作日历"中,但字段"工作制""日工作安排"为

NULL。单击"初始化"后的页面也图 5.121 相同。以设备号 2 为例,单击"设置"按钮,进入图 5.122 所示页面。在此为该设备设置工作制和日工作安排。采用上述方法依次为图 5.121 中的各设备设置好工作制和日工作安排,设置后的结果如图 5.123 所示。

加工参数

查询条件

| 设备号 | | 设备代码 | |

[查询] [重置] [返回] [打印] [添加]

工序列表

操作	序号	设备号	设备代码	调整时间	加工时间	加工费率	调整费率
删除|修改	1	1	300T	0.6	1.5	130	280
删除|修改	2	2	200T	1	3	120	150

图 5.119　添加 2 个可选设备加工参数后的结果

加工参数

查询条件

| 工件号 | |

[查询] [重置] [返回] [打印]

加工参数列表(4)

操作	序号	工件号	产品号	产品名称	工序号	工序名称	可行设备数	校验
查修	1	1	1	L2027	1	车成型	2	已设
查修	2	1	1	L2027	2	车端面	2	已设
查修	3	1	1	L2027	3	车外圆	2	已设
查修	4	1	1	L2027	4	铣20扁势	2	已设
查修	5	1	1	L2027	5	磨外圆	2	已设
查修	6	1	1	L2027	6	磨端面	2	已设
查修	7	2	1	L2027	3	车外圆	2	已设
查修	8	2	1	L2027	4	铣20扁势	2	已设
查修	9	2	1	L2027	5	磨外圆	2	已设
查修	10	2	1	L2027	6	磨端面	2	已设
查修	11	3	4	L90GF	3	车外圆	2	已设
查修	12	3	4	L90GF	4	铣20扁势	2	已设

图 5.120　加工参数设置结果

9) 克隆调度任务

在图 5.101 中,单击调度任务 4 的"克隆"进入图 5.124 所示页面。若两个调度任务的参数相类似,只是细微差别,可以通过"克隆"从源调度任务快速复制所有参数到目标调度任务,然后对目标调度任务进行微调,大大提高效率。由于调度任务 4 已设置所有参数,这里不再执行"克隆"操作。

设备工作日历

查询条件			
设备号		设备代码	

查询　重置　初始化　返回　打印

工作日历列表(4)

操作	序号	设备号	设备代码	工作制	日工作安排
设置	1	1	300T		
设置	2	2	200T		
设置	3	3	T52		
设置	4	4	T42		
设置	5	5	X8126		
设置	6	6	X5126		
设置	7	7	3U5		
设置	8	8	2U5		
设置	9	9	120CNC		
设置	10	10	111CNC		

图 5.121　设备工件日历设置

设备工作日历设置

调度号	4
设备号	1
设备代码	300T
工作制	Y工作制
日工作安排	A

确定　返回

图 5.122　设备工作日历设置

10) 进入调度队列

为新建的调度任务设置所有参数之后,需将该调度任务的状态置为"待调度",让其进入调度队列排队进行计算。

11) 调度

运行 VB 程序,打开计算服务,运行后一般长期不关闭,运行界面如图 5.125 所示。若调度任务很多,计算量很大,可以在多台计算服务器上运行计算服务。

设备工作日历

查询条件

| 设备号 | | 设备代码 | |

查询 重置 初始化 返回 打印

工作日历列表(4)

操作	序号	设备号	设备代码	工作制	日工作安排
设置	1	1	300T	Y工作制	A
设置	2	2	200T	X工作制	A
设置	3	3	T52	Y工作制	B
设置	4	4	T42	X工作制	B
设置	5	5	X8126	Z工作制	A
设置	6	6	X5126	Y工作制	C
设置	7	7	3U5	X工作制	C
设置	8	8	2U5	Y工作制	A
设置	9	9	120CNC	X工作制	A
设置	10	10	111CNC	X工作制	A

图 5.123 设备工作日历设置结果

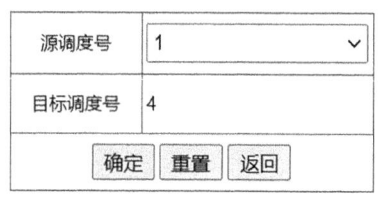

图 5.124 克隆调度任务

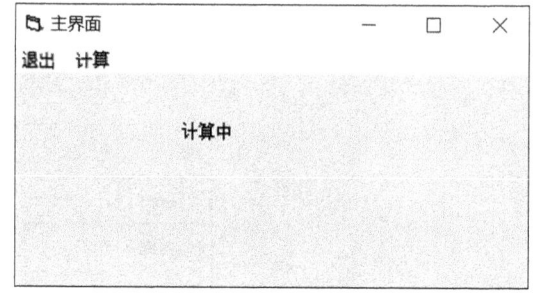

图 5.125 打开计算服务

现将计算服务器的系统时间修改为"2020-03-06 08:00:00"。计算服务进行调度任务轮询,调度号2的预约时刻小于等于当前时间且状态为"待调度",符合计算条件。计算前计算服务程序会判断调度号2与之前的调度任务是否存在冲突。由于在调度任务2之前的调度任务只有调度号1,但调度号1的决策状态为"是",因此对调度号2不形成冲突,故冲突数为0。在冲突数为0的前提下,计算服务获取参数并判断参数是否正确,若参数设置也正确,则状态变为"调度中",如图5.126所示。待计算完成,状态变为"完成调度",如图5.127所示。同时,会向该调度任务的调度员发送一封邮件,以通知其查看与决策,邮件内容如图5.128所示。

现将计算服务器的系统时间修改为"2020-03-10 08:00:00"。由于调度号3之前的调度任务有2个,其中调度号1已决策,调度号2未决策,程序判断到调度号2与调度号3之间

调度

操作	序号	调度号	预约时刻	调度起始时刻	计算开始时刻	筛选	冲突数	通知次数	状态	决策	用时	调度员
克隆>修改>删除>优化目标>算法参数>调度工件>加工参数>设备工作日历>解(集)	1	4	2020-03-09 10:00:00	2020-03-09 16:00:00		严格	0	0	待调度	否		ddy1 王强
调度工件>加工参数>设备工作日历>解(集)	2	3	2020-03-08 08:00:00	2020-03-10 10:00:00		宽松	0	0	待调度	否		ddy2 赵小明
调度工件>加工参数>设备工作日历>解(集)	3	2	2020-03-06 08:00:00	2020-03-08 10:00:00	2020-03-06 08:00:27	严格	0	0	调度中	否	1.8	ddy2 赵小明
克隆>修改>删除>优化目标>算法参数>调度工件>加工参数>设备工作日历>解(集)	4	1	2020-02-20 08:00:00	2020-02-22 10:00:00	2020-02-20 08:00:25	严格	0	0	完成调度	是	1.6	ddy1 王强

图 5.126 调度中

调度

操作	序号	调度号	预约时刻	调度起始时刻	计算开始时刻	筛选	冲突数	通知次数	状态	决策	用时	调度员
克隆>修改>删除>优化目标>算法参数>调度工件>加工参数>设备工作日历>解(集)	1	4	2020-03-09 10:00:00	2020-03-09 16:00:00		严格	0	0	待调度	否		ddy1 王强
调度工件>加工参数>设备工作日历>解(集)	2	3	2020-03-08 08:00:00	2020-03-10 10:00:00		宽松	0	0	待调度	否		ddy2 赵小明
调度工件>加工参数>设备工作日历>解(集)	3	2	2020-03-06 08:00:00	2020-03-08 10:00:00	2020-03-06 08:00:27	严格	0	0	完成调度	否	1.8	ddy2 赵小明
克隆>修改>删除>优化目标>算法参数>调度工件>加工参数>设备工作日历>解(集)	4	1	2020-02-20 08:00:00	2020-02-22 10:00:00	2020-02-20 08:00:25	严格	0	0	完成调度	是	1.6	ddy1 王强

图 5.127 完成调度

尊敬的调度员'ddy2'您好!您负责的调度任务2已完成调度,请登录网站www.hpuie.com/schedule查看,调度完成时刻:2020/03/06 08:02:15!

图 5.128 邮件通知

存在共用设备,冲突数为1,调度不会进行,同时,会向调度号2的调度员发送一封提醒邮件。由于每隔3分钟会重新轮询一次,通知次数上限为3,因此会发送3封提醒邮件,如图 5.129 所示。邮件内容如图 5.130 所示。

调度

操作	序号	调度号	预约时刻	调度起始时刻	计算开始时刻	筛选	冲突数	通知次数	状态	决策	用时	调度员
克隆>修改>删除>优化目标>算法参数>调度工件>加工参数>设备工作日历>解(集)	1	4	2020-03-09 10:00:00	2020-03-09 16:00:00		严格	0	0	待调度	否		ddy1 王强
调度工件>加工参数>设备工作日历>解(集)	2	3	2020-03-08 08:00:00	2020-03-10 10:00:00		宽松	1	3	待调度	否		ddy2 赵小明
调度工件>加工参数>设备工作日历>解(集)	3	2	2020-03-06 08:00:00	2020-03-08 10:00:00	2020-03-06 08:00:27	严格	0	3	完成调度	否	1.8	ddy2 赵小明
克隆>修改>删除>优化目标>算法参数>调度工件>加工参数>设备工作日历>解(集)	4	1	2020-02-20 08:00:00	2020-02-22 10:00:00	2020-02-20 08:00:25	严格	0	0	完成调度	是	1.6	ddy1 王强

图 5.129 设备冲突

尊敬的调度员'ddy2'您好!您负责的调度任务2尚未决策,影响到调度任务3的计算,请尽可登录网站www.hpuie.com/schedule进行决策,感谢您的支持!

图 5.130 邮件通知

采用上述方法,调度员不必在线等待调度任务的计算,计算服务器会在轮询过程中根据调度任务的状态或参数设置情况给相应调度员发送邮件通知,收到通知后及时进行处理即可。对于多调度员、多调度任务并存的情况尤其有利。若多个调度任务彼此之间不存在设备冲突且计算服务器不止一台,则这些调度任务可并行计算,减少了调度员的等待时间;反之,若多个调度任务之间存在设备冲突,则会阻止调度任务的计算,当产生冲突的调度任务被相应的调度员处理之后,继续进行轮询调度,保证多个调度任务的有序进行,确保调度结果有效性。

12) 解(集)管理

以调度员"ddy2"登录系统,单击调度号 2 的"解(集)"进入图 5.131 所示的页面。以方案号 1 为例,单击"工甘"可以看到其工件甘特图,如图 5.132 所示。其中,左上角的"1-1[L2027]"表示工件 1,对应的产品是产品 1,产品名称为"L2027"。带"s"标识的方框表示工序的调整起止时间段。不带"s"标识的方框表示工序的加工起始时间段。"J1.2,2,03-09 11:36:0-03-11 18:36:0"表示工件 1 的工序 2 在设备 2 上加工,加工起始时刻为"03-09 11:36:0",加工结束时刻为"03-11 18:36:0"。同一个工件的前后工序之间存在交叉现象,这是平顺移动的结果。单击"设甘"可以看到其设备甘特图,如图 5.133 所示。单击"调度表"可以查看该 Pareto 解的调度表情况,如图 5.144 所示。易见,调度表中工序的调整起止时刻、加工起止时刻是根据设备的工作日历进行推算的结果。若对该方案满意,在图 5.134 中单击"加入调度集"进行决策。Pareto 解集中只能选择唯一的一个 Pareto 解加入调度集。加入调度集后,该调度任务的决策字段被系统置为"是",如图 5.135 所示。后续的调度任务有可能冲突得以释放,从而参与计算。

图 5.131 解(集)

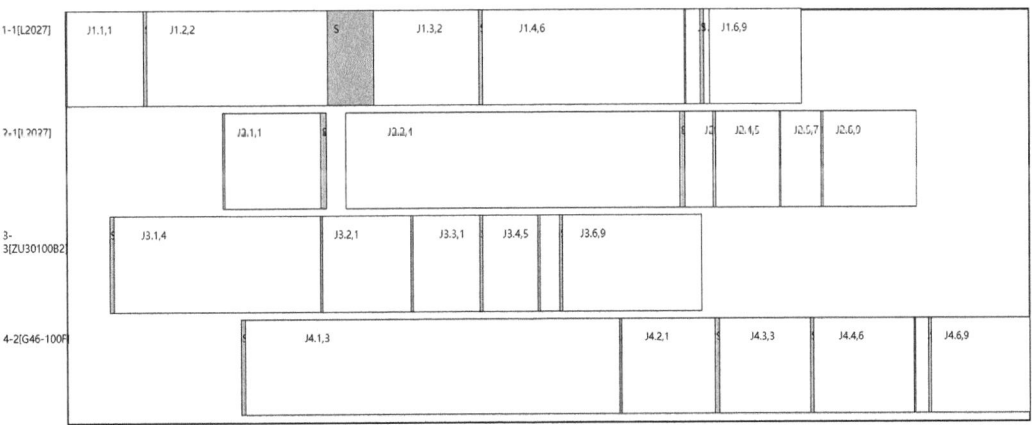

图 5.132 方案 1 的工件甘特图

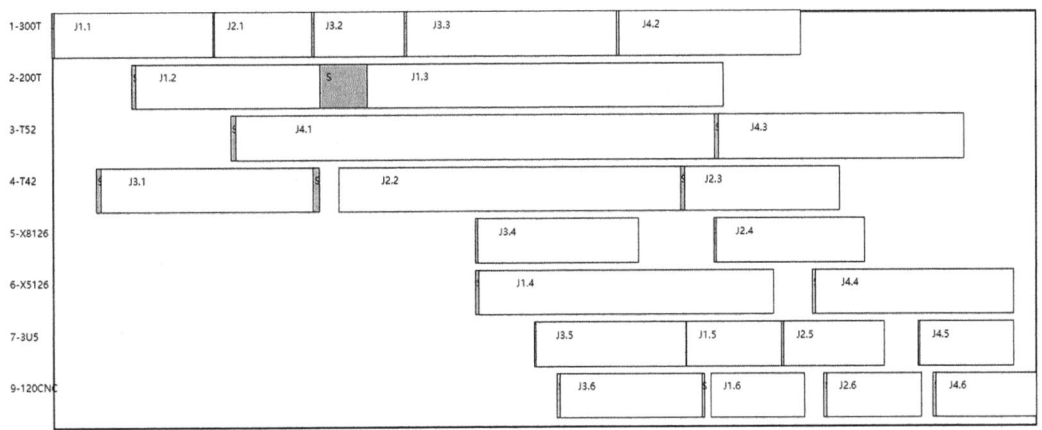

图 5.133 方案 1 的设备甘特图

解

相关信息			
调度号	2	方案号	1
返回	首页	导出	加入调度集	打印

调度表

任务号	工件号	产品号	产品名	加工批量	移动批量	工序号	工序名	设备号	设备代码	调时	加时	调整开始	调整结束	加工开始	加工结束	调成	加成
1	4	2	G46-100F	10	2	1	车成型	3	T52	1.3	30	2020-03-10 16:00:00	2020-03-10 17:18:00	2020-03-10 17:18:00	2020-03-16 15:18:00	195	5400
2	1	1	L2027	10	2	1	车成型	1	300T	0.6	15	2020-03-08 11:00:00	2020-03-08 11:36:00	2020-03-08 11:36:00	2020-03-10 10:36:00	78	4200
3	2	1	L2027	10	2	1	车成型	1	300T	0.6	15	2020-03-10 10:36:00	2020-03-10 11:12:00	2020-03-10 11:12:00	2020-03-11 16:12:00	78	4200
4	3	3	ZU30100B2	10	2	1	车成型	4	T42	1.5	45	2020-03-09 00:00:00	2020-03-09 01:30:00	2020-03-09 01:30:00	2020-03-11 16:30:00	240	7650
5	3	3	ZU30100B2	10	2	2	车端面	4	T42	1.5	45	2020-03-11 16:30:00	2020-03-11 18:00:00	2020-03-12 00:00:00	2020-03-16 05:00:00	240	7650
6	1	1	L2027	10	2	2	车端面	2	200T	1	20	2020-03-09 10:36:00	2020-03-09 11:36:00	2020-03-09 11:36:00	2020-03-11 18:36:00	140	3800
7	3	3	ZU30100B2	10	2	2	车端面	1	300T	0.6	15	2020-03-11 16:12:00	2020-03-11 16:48:00	2020-03-11 16:48:00	2020-03-12 19:48:00	78	4200
8	1	1	L2027	10	2	3	车外圆	2	200T	1	30	2020-03-11 18:36:00	2020-03-12 08:36:00	2020-03-12 08:36:00	2020-03-16 17:36:00	140	5700

图 5.134 方案 1 的调度表(部分)

图 5.135　决策后调度任务状态(调度号 2)

(2) 调度集

还以调度员"ddy1"登录系统,单击"调度集"可进行调度集管理,如图 5.136 所示。在这里可以查看调度方案对应的优化目标、工件甘特图、设备甘特图。对于自己负责的调度任务,还可以删除调度方案,删除后,对应调度任务的决策状态会被系统置为"否",需要另外选择 Pareto 解加入调度集或将 Pareto 解集全部删除后重新进行调度。在图 5.136 中,单击序号 1 对应的"调度表"进入图 5.137 所示的页面。在此页面,状态有三种,"完成""冻结""流转至""　"(空)。若某工序完成,可单击某工序的"修状",将状态置为"完成"。若因某种原因,某工件从某工序开始的后续工序暂时停止加工,可单击"冻结",在对应的页面将该工件从该工序号开始的后续工序冻结,此时该工件的后续工序状态变为"冻结"。若被冻结的工件被后续某个调度任务加入为调度工件,此时在图 5.137 的页面中,对应工件的后续工序会被系统由"冻结"状态置为"流转至"。状态为"　"(空)的工序表示尚未开始或正在正常执行中。

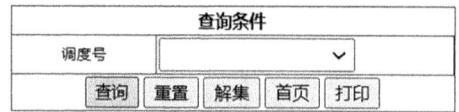

图 5.136　调度集

(3) 设备调度表

在图 5.80 中,单击"设备调度表"可进行设备调度表查询,如图 5.138 所示。

(4) 产品调度表

在图 5.80 中,单击"产品调度表"可进行产品调度表查询,如图 5.139 所示。

调度方案

相关信息			
调度号	1	方案号	1

[返回] [首页] [导出] [打印] [冻结]

详细列表

操作	任务号	工件号	产品号	产品名	加工批量	移动批量	工序号	工序名	设备号	设备代码	调时	加时	调整开始	调整结束	加工开始	加工结束	调成	加成	状态
[修改]	1	4	2	G46-100F	10	2	1	车成型	3	T52	1.3	30	2020-02-24 08:00:00	2020-02-24 09:18:00	2020-02-24 09:18:00	2020-02-27 18:18:00	195	5400	完成
[修改]	2	2	1	L2027	10	2	1	车成型	1	300T	0.6	15	2020-02-22 10:00:00	2020-02-22 10:36:00	2020-02-22 10:36:00	2020-02-24 19:36:00	78	4200	完成
[修改]	3	2	1	L2027	10	2	2	车端面	4	T42	1.5	45	2020-02-24 02:30:00	2020-02-24 04:00:00	2020-02-24 04:00:00	2020-02-27 01:00:00	240	7650	完成
[修改]	4	1	1	L2027	10	2	1	车成型	1	300T	0.6	15	2020-02-24 19:36:00	2020-02-24 20:12:00	2020-02-24 20:12:00	2020-02-26 09:12:00	78	4200	完成
[修改]	5	3	3	ZU30100B2	10	2	2	车成型	2	200T	1	30	2020-02-22 10:00:00	2020-02-22 11:00:00	2020-02-22 11:00:00	2020-02-27 09:00:00	140	5700	完成
[修改]	6	4	2	G46-100F	10	2	2	车端面	1	300T	0.6	20	2020-02-26 11:42:00	2020-02-26 14:18:00	2020-02-26 14:18:00	2020-02-28 08:18:00	78	5600	完成
[修改]	7	5	4	L90GF	10	2	1	车成型	1	300T	0.6	15	2020-02-28 08:18:00	2020-02-28 08:54:00	2020-02-28 08:54:00	2020-02-29 11:54:00	78	4200	完成
[修改]	8	2	1	L2027	10	2	3	车外圆	2	200T	1	20	2020-02-27 09:00:00	2020-02-27 10:00:00	2020-02-27 10:00:00	2020-02-29 17:00:00	140	3800	完成
[修改]	9	5	4	L90GF	10	2	2	车端面	1	300T	0.6	20	2020-02-29 11:54:00	2020-03-01 08:30:00	2020-03-01 08:30:00	2020-03-03 14:30:00	78	5600	完成
[修改]	10	4	2	G46-100F	10	2	3	车外圆	3	T52	1.3	25	2020-02-27 18:18:00	2020-02-28 08:36:00	2020-02-28 08:36:00	2020-03-04 09:36:00	195	4500	完成
[修改]	11	3	3	ZU30100B2	10	2	3	车端面	1	300T	0.6	15	2020-03-03 14:30:00	2020-03-03 15:06:00	2020-03-03 15:06:00	2020-03-04 18:06:00	78	4200	完成
[修改]	12	1	1	L2027	10	2	2	车端面	2	200T	1	20	2020-02-29 17:00:00	2020-02-29 18:00:00	2020-02-29 18:00:00	2020-03-02 11:00:00	140	3800	完成
/	13	1	1	L2027	10	2	3	车外圆	4	T42	1.5	40	2020-03-03 05:30:00	2020-03-03 07:00:00	2020-03-03 07:00:00	2020-03-05 17:00:00	240	6800	流转至
/	14	1	1	L2027	10	2	4	铣20离势	6	X5126	1	25	2020-03-03 20:00:00	2020-03-03 21:00:00	2020-03-03 21:00:00	2020-03-05 22:00:00	110	3250	流转至

图 5.137　调度表

设备调度表

查询条件					
调度号	1	设备号		起始时刻	

[查询] [重置] [首页] [导出] [打印]

详细列表

调度号	任务号	工件号	产品号	产品名	工序号	工序名	设备号	设备代码	调时	加时	调整开始	调整结束	加工开始	加工结束	调成	加成	状态
1	2	2	1	L2027	1	车成型	1	300T	0.6	15	2020-02-22 10:00:00	2020-02-22 10:36:00	2020-02-22 10:36:00	2020-02-24 19:36:00	78	4200	完成
1	4	1	1	L2027	1	车成型	1	300T	0.6	15	2020-02-24 19:36:00	2020-02-24 20:12:00	2020-02-24 20:12:00	2020-02-26 09:12:00	78	4200	完成
1	6	4	2	G46-100F	2	车端面	1	300T	0.6	20	2020-02-26 11:42:00	2020-02-26 14:18:00	2020-02-26 14:18:00	2020-02-28 08:18:00	78	5600	完成
1	7	5	4	L90GF	1	车成型	1	300T	0.6	15	2020-02-28 08:18:00	2020-02-28 08:54:00	2020-02-28 08:54:00	2020-02-29 11:54:00	78	4200	完成
1	9	5	4	L90GF	2	车端面	1	300T	0.6	20	2020-02-29 11:54:00	2020-03-01 08:30:00	2020-03-01 08:30:00	2020-03-03 14:30:00	78	5600	完成
1	11	3	3	ZU30100B2	3	车端面	1	300T	0.6	15	2020-03-03 14:30:00	2020-03-03 15:06:00	2020-03-03 15:06:00	2020-03-04 18:06:00	78	4200	完成
1	24	3	3	ZU30100B2	3	车外圆	1	300T	0.6	20	2020-03-04 18:06:00	2020-03-04 18:42:00	2020-03-04 18:42:00	2020-03-06 14:42:00	78	5600	

图 5.138　设备调度表(部分)

产品调度表

查询条件					
调度号	1	工件号		产品号	1
状态		起始时刻			

[查询] [重置] [首页] [导出] [打印]

详细列表

调度号	任务号	工件号	产品号	产品名	工序号	工序名	设备号	设备代码	调时	加时	调整开始	调整结束	加工开始	加工结束	调成	加成	状态	备注
1	4	1	1	L2027	1	车成型	1	300T	0.6	15	2020-02-24 19:36:00	2020-02-24 20:12:00	2020-02-24 20:12:00	2020-02-26 09:12:00	78	4200	完成	
1	12	1	1	L2027	2	车端面	2	200T	1	20	2020-02-29 17:00:00	2020-02-29 18:00:00	2020-02-29 18:00:00	2020-03-04 11:00:00	140	3800	完成	
1	13	1	1	L2027	3	车外圆	4	T42	1.5	40	2020-03-03 05:30:00	2020-03-03 07:00:00	2020-03-03 07:00:00	2020-03-05 17:00:00	240	6800	流转至	4	2
1	14	1	1	L2027	4	铣20离势	6	X5126	1	25	2020-03-03 20:00:00	2020-03-03 21:00:00	2020-03-03 21:00:00	2020-03-05 22:00:00	110	3250	流转至	4	2
1	21	1	1	L2027	5	磨外圆	7	3U5	0.5	20	2020-03-05 01:36:00	2020-03-05 02:06:00	2020-03-05 02:06:00	2020-03-06 06:06:00	60	4800		4	2
1	23	1	1	L2027	6	磨端面	9	120CNC	0.8	20	2020-03-05 06:24:00	2020-03-05 07:12:00	2020-03-05 07:12:00	2020-03-06 11:12:00	100	3600		4	2
1	2	2	1	L2027	1	车成型	1	300T	0.6	15	2020-02-22 10:00:00	2020-02-22 10:36:00	2020-02-22 10:36:00	2020-02-24 19:36:00	78	4200	完成	
1	3	2	1	L2027	2	车端面	4	T42	1.5	45	2020-02-24 02:30:00	2020-02-24 04:00:00	2020-02-24 04:00:00	2020-02-27 01:00:00	240	7650	完成	
1	8	2	1	L2027	3	车外圆	2	200T	1	20	2020-02-27 09:00:00	2020-02-27 10:00:00	2020-02-27 10:00:00	2020-02-29 17:00:00	140	3800	完成	
1	16	2	1	L2027	4	铣20离势	6	X8126	0.8	15	2020-02-28 09:12:00	2020-02-28 16:30:00	2020-02-28 16:30:00	2020-03-01 09:00:00	88	3000	完成	
1	22	2	1	L2027	5	磨外圆	7	3U5	0.5	20	2020-02-28 16:30:00	2020-02-28 16:30:00	2020-02-28 16:30:00	2020-03-02 02:30:00	60	4800	完成	
1	27	2	1	L2027	6	磨端面	9	120CNC	0.8	20	2020-02-29 10:30:00	2020-02-29 11:18:00	2020-02-29 11:18:00	2020-03-02 07:18:00	100	3600	完成	

图 5.139　产品调度表(部分)

5.5.5 结论

本节设计了一种混合工作日历下柔性作业车间网络化调度系统。采用数据库服务器存储参数和解（集）、通过 Web 服务器实现参数管理和解的决策；通过计算服务器对调度任务按预约时刻先后顺序和状态进行轮询（监控），符合计算条件时进行调度计算，将计算得到的解（集）存入远程数据库。三者各司其职，保证多个调度任务的有序计算。若多个调度任务不存在共用设备冲突，则它们可以并行调度，提高了调度效率。若多个调度任务之间存在共用设备冲突，则会向引起冲突的调度任务的建立者发送提醒邮件提醒其及时决策，通过这种方式可确保调度结果的有效性。混合工作日历下的柔性作业车间网络化调度系统，突破了时间和空间的限制，使得调度在任何时间、任何地点都可以进行。

参 考 文 献

[1] 孙志峻,潘全科,朱剑英. 基于遗传算法的多资源作业车间智能优化调度[J]. 中国机械工程,2002,13(24):2104-2107.

[2] 郑金华,蒋浩,邝达,等. 用擂台赛法则构造多目标Pareto最优解集的方法[J]. 软件学报,2007,18(6):1287-1297.

[3] 林锉云,董加礼. 多目标优化的方法与理论[M]. 吉林:吉林教育出版社,1992.

[4] 甘应爱,田丰,等. 运筹学[M]. 北京:清华大学出版社,1999:448-461.

[5] 鞠全勇,朱剑英. 多目标批量生产柔性作业车间优化调度[J]. 机械工程学报,2007,43(8):148-154.

[6] 吴秀丽,孙树栋,余建军,等. 多目标柔性作业车间调度优化研究[J]. 计算机集成制造系统,2006,12(5):731-736.

[7] 宋立锋,韦岗,王群生. 以多目标优化的轮廓定位分割视频对象[J]. 电子与信息学报,2002,24(11):1551-1558.

[8] 贺国先. 多目标规划在铁路零担货运中转装车问题中的应用[J]. 中国铁道科学,2007,28(4):111-116.

[9] 张土乔,许刚,吕谋,等. 用于供水系统直接优化调度的蚁群改进算法[J]. 计算机集成制造系统,2006,12(6):918-923.

[10] 周根贵. 求解多目标最优化问题的功效系数法[J]. 上海理工大学学报,1987,9(3):103-108.

[11] Schaffer J D. Multiple objective optimization with vector evaluated genetic algorithms[C]//Proceeding of the First International Conference on Genetic Algorithms. New Jersey,Britain:IEE,1985.

[12] Cheol G L,Dong H C,Hyum K J,et al. Niching genetic Algorithm with restricted competition selection for multimodal function optimization[J]. IEEE Transactions on Maqnetics,1999,35(3):1722-1725.

[13] Zitzler E,Thiele L. Multiobjective evolutionary algorithms:A comparative case study and the strength pareto approach. IEEE Trans. on Evolutionary Computation,1999,3(4):257-271.

[14] 郑向伟,刘弘. 多目标进化算法研究进展[J]. 计算机科学,2007,34(7):187-192.

[15] Zitzler E,Thiele L. Multiobjective optimization using evolutionary algorithms:a comparative case study and the strength Pareto approach[J]. IEEE Transactions on Evolutionary Computation,1999,3(4):257-271.

[16] 邱志平,张宇星. 改进遗传算法在飞机总体参数优化中的应用[J]. 北京航空航天大学学报,2008,34(10):1182-1185.

[17] 周明,孙树栋. 遗传算法原理及其应用[M]. 北京:国防工业出版社,1999.
[18] 何立华,张连营. 改进的模糊网络关键路径法[J]. 系统工程理论与实践,2014,34(1):190-196.
[19] 宋业新,陈绵云,张曙红. 两类多目标广义指派问题的有效算法及其应用[J]. 华中科技大学学报,2001,29(1):70-72.
[20] Kaleci B, Parlaktuna O. Performance analysis of bid calculation methods in multirobot market-based task allocation[J]. Turkish Journal of Electrical Engineering and Computer Sciences, 2013, 21(2): 565-585.
[21] 付晓薇,郭强,马芹芹. 一类非确定型多目标指派问题及其算法研究[J]. 运筹与管理,2013,22(6):34-38.
[22] Lin Chijen, Wen U P. A labeling algorithm for the fuzzy assignment problem[J]. Fuzzy Sets and Systems, 2004, 142(3): 373-391.
[23] 周晶,何建敏,盛昭瀚. 一类新型的指派问题的多目标模型[J]. 系统工程学报,1999,14(2):16-20+49.
[24] Anthony P, Xavier G, Matthias E. A two phase method for multi-objective integer programming and its application to the assignment problem with three objectives[J]. Discrete Optimization, 2010, 7: 149-165.
[25] Lin S Y, Horng S J, Tzong W, et al. Solving the bi-objective personnel assignment problem using particle swam optimization[J]. Applied Soft Computing, 2012, 12: 2840-2845.
[26] Toroslu I H, Arslanoglu Y. Genetic algorithm for the personnel assignment problem with multiple objectives[J]. Science Direct, 2007, 177: 787-803.
[27] 张师博华,车阿大,宋强磊. 基于Pareto排序和混沌加权的多目标项目调度[J]. 计算机集成制造系统,2012,18(6):1215-1222.
[28] 杨耀红,汪应洛,王能民. 工程项目工期成本质量模糊均衡优化研究[J]. 系统工程理论与实践,2006,7:112-117.
[29] Zhang Hong, Xing Feng. Fuzzy-multi-objective particle swarm optimization for time-cost-quality tradeoff in construction[J]. Automation in Construction, 2010, 19(8):1067-1075.
[30] Zhang Lianying, Du Jingjing, Zhang Shushan. Solution to the Time-cost-quality trade-off problem in construction projects based on immune genetic particle swarm optimization[J]. Journal of management in engineering, 2014, 30(2): 163-172.
[31] 陈勇强,高明,张连营. 基于遗传算法和Pareto排序的工期-费用-质量权衡模型[J]. 系统工程理论与实践,2010,30(10):1774-1780.
[32] Wang Nuo, Zhao Weijie, Wu Nuan. Multi-objective optimization: A method for selecting the optimal solution from Pareto non-inferior solutions[J]. Expert Systems with Applications, 2017, 74: 96-104.
[33] Senouci A, Al-Derham H R. Genetic algorithm-based multi-objective model for scheduling of linear construction projects[J]. Advances in Engineering Software, 2008, 39(12): 1023-1028.

[34] 许铭,谢振华,多英全,等.基于向量评价遗传算法的化工园区无约束双目标安全规划[J].化工学报,2009,60(6):1506-1512.

[35] Jing, Liu Tundong. Multi-objective design of an FBG sensor network using an improved Strength Pareto Evolutionary Algorithm[J]. Sensors and Actuators A: Physical,2014,220:230-236.

[36] Yuan Xiaohui, Zhang Binqiao, Wang Pengtao. Multi-objective optimal power flow based on improved strength Pareto evolutionary algorithm[J]. Energy,2017,122:70-82.

[37] Srinivas N, Deb K. Multiobjective optimization using non-dominated sorting in genetic algorithms. Evolutionary Computation,1994,2(3):221-248.

[38] Zitzler E, Thiele L, Laumanns M, et al. Performance assessment of multiobjective optimizers: an analysis and review [J]. IEEE Transactions on Evolutionary Computation,2003,7(2):117-132.

[39] 邱志平,张宇星.改进遗传算法在飞机总体参数优化中的应用[J].北京航空航天大学学报,2008,34(10):1182-1185.

[40] Kaleci B, Parlakuna O. Performance analysis of bid calculation methods in multirobot market-based task allocation[J]. Turkish Journal of Electrical Engineering and Computer Sciences,2013,21(2):565-585.

[41] Mohammed S, El A, Ashraf E, et al. Multi-objective construction scheduling optimization using elitist non-dominated sorting genetic algorithm[J]. Automation in Construction,2016,71(2):153-170.

[42] 金锋,宋士吉,吴澄.基于大规模FSP问题Block性质的SA算法[J].系统工程与电工技术,2007,29(1):49-52.

[43] 陈荣秋.求同顺序 m_n 排序问题近优解的一个新算法_关键工件法[J].管理现代化,1983,(01):14-16.

[44] 叶飞帆,李国富,周昌乐.一种基于Hopfield模型的流水作业排序方法[J].中国管理科学,1998,6(3):39-43.

[45] 陈玉旺,杨根科.混合FlowShop的调度仿真系统及其算法分析[J].系统仿真学报,2004,16(10):2161-2164.

[46] 王大志,刘士新,郭希旺.求解总拖期时间最小化流水车间调度问题的多智能体进化算法[J].自动化学报,2014,40(3):548-555.

[47] 张晓霞,吕云虹.一种求解混合零空闲置换流水车间调度禁忌分布估计算法[J].计算机应用与软件,2017,34(1):270-274+292.

[48] Wang Chuyang, Li Xiaoping, Wang Qian. Tabu search for no-wait flow shop scheduling problem to minimize maximum lateness[J]. Journal of Southeast University,2010,26(1):26-30.

[49] 梅宏标,王坚.变异蚁群优化算法在流水作业排序中的应用[J].计算机工程与应用,2007,43(24):216-219.

[50] 梁德赛,吴兆福.求解流水车间调度问题改进的蚁群算法研究[J].华中师范大学学报(自然科学版),2014,48(3):330-334.

[51] 潘逢山,叶春明. 生产调度干扰管理模型构建及智能算法研究[J]. 工业工程与管理,2012,17(3):85-89.

[52] 亓祥波,朱云龙,南琳,张福顺. 面向铝挤压的作业排产优化[J]. 信息与控制,2016,45(5):621-626.

[53] 刘兰兰,张曦煌,陈志国. 确定型流水车间调度的遗传算法研究[J]. 计算机工程与应用,2016,52(12):227-230.

[54] 轩华,秦莹莹,王薛苑,等. 带恶化工件的PFS调度的混合遗传算法[J]. 工业工程与管理,2017,22(3):1-6+15.

[55] 丁勇,姜枫,武玉艳. 遗传算法在公交调度中的应用[J]. 计算机科学,2016,43(11A):601-603.

[56] Lenstra J K,Rinnooy Kan A H G,Bruker P. Complexity of machine scheduling problems[J]. Annals of Discrete Mathematics,1977,1:343-362.

[57] Li Jingyao,Huang Yuan,Niu Xinwei. A branch populationgenetic algorithm for dual-resource constrained job shop scheduling problem[J]. Computers & Industrial Engineering,2016,102:113-131.

[58] Gao L,Pan Quanke. A shuffled multi-swarm micro-migrating birds optimizer for a multi-resource-constrained flexible job shop scheduling problem[J]. Information Sciences,2016,372:655-676.

[59] Kundakci N,Kulak O. Hybrid genetic algorithms for minimizing makespan in dynamic job shop scheduling problem[J]. Computers & Industrial Engineering,2016,96:31-51.

[60] Bekkar A,Guemri O,Bekrar A,et al. An Iterative Greedy Insertion Technique for Flexible Job Shop Scheduling Problem[J]. IFAC-Papers On Line,2016,49(12):1956-1961.

[61] 熊唯,李宗斌,郝建波. 解决动态作业车间调度关键问题的方法研究[J]. 组合机床与自动化加工技术,2008,(7):105-108+112.

[62] 万春辉,闫艳,武志军,等. 面向车间生产动态调度的动态工作日制研究[J]. 组合机床与自动化加工技术,2006,(3):102-104.

[63] 钱晓龙,唐立新,刘文新. 动态调度的研究方法综述[J]. 控制与决策,2001,16(2):141-145.

[64] 范华丽,熊禾根,蒋国璋,等. 动态车间作业调度问题中调度规则算法研究综述[J]. 计算机应用研究,2016,33(3):648-653.

[65] Zhang Guohui,Gao Liang,Shi Yang. An effective genetic algorithm for the flexible job-shop scheduling problem[J]. Expert Systems with Applications,2011,38:3563-3573.

[66] Asadzadeh L. A local search genetic algorithm for the job shop scheduling problem with intelligent agents[J]. Computers & Industrial Engineering,2015,85:376-383.

[67] Zhang Chaoyong,Li Peigen,Guan Zailin,et al. A tabu search algorithm with a new neighborhood structure for the job shop scheduling problem[J]. Computers & Operations Research,2007,34(11):3229-3242.

[68] Kolonko M. Some new results on simulated annealing applied to the job shop scheduling problem[J]. European Journal of Operational Research,1999,113(1):123-136.

[69] Zhao Fuqiang,Tang Jianxin,Wang Junbiao,et al. An improved particle swarm optimization with decline disturbance index(DDPSO) for multi-objective job-shop scheduling problem[J]. Computers & Operations Research,2014,45:38-50.

[70] Gao Kaizhou,Suanthan P N,Pan Quanke,et al. Artificial bee colony algorithm for scheduling and rescheduling fuzzy flexible job shop problem with new job insertion [J]. Knowledge-Based Systems,2016,109:1-16.

[71] Chakri A,Khelif R,Benouaret M,et al. New directional bat algorithm for continuous optimization problems[J]. Expert Systems with Applications,2017,69:159-175.

[72] Li Xinyu,Gao Liang. An effective hybrid genetic algorithm and tabu search for flexible job shop scheduling problem[J]. International Journal of Production Economics,2016,174:93-110.

[73] 周亚勤,李蓓智,杨建国. 考虑批量和辅助时间等生产工况的智能调度方法[J]. 机械工程学报,2006,42(1):52-56.

[74] 潘全科,朱剑英. 多工艺路线多资源多目标的作业调度优化[J]. 中国机械工程,2005,16(20):1821-1826.

[75] 武志军,宁汝新,万春辉. 车间调度中的动态工作日制研究与实现[J]. 制造业自动化,2006,(4):46-48+75.

[76] 黄瑜岳,李克清,郑晓峰. 考虑班次约束的Job Shop等量分批调度算法[J]. 科学技术与工程,2013,(1):1-7+16.

[77] Rossi A,Dini G. Flexible job-shop scheduling with routing flexibility and separable setup times using antcolony optimization method[J]. Robotics and Computer-Integrated Manufacturing,2007,23:503-516.

[78] Girish B S,Jawahar N. A Particle Swarm Optimization algorithm for Flexible Job shop scheduling problem[C]. Proceedings of 5th Annual IEEE Conference on Automation Science and Engineering,2009:298-303.

[79] Zhu Ziqiang. Construction of Integrated Objective Function/Adaptive Function for Multiobjective/Multidisciplinary Optimization[A]. China Aerodynamics Society. 2003 Advances in Aerodynamic Frontier Research[C]. China Aerodynamics Society,2003:6.

[80] 彭建刚,刘明周,张玺,等. 基于Pareto优化的离散自由搜索算法求解多目标柔性作业车间调度问题[J]. 中国机械工程,2015,5:620-626.

[81] Mohammed S,El A,Ashraf E. et al. Multi-objective construction scheduling optimization using elitist non-dominated sorting genetic algorithm[J]. Automation in Construction,2016,71(2):153-170.

[82] Amirghasemi M,Zamani R. An effective asexual genetic algorithm for solving the job shop scheduling problem[J]. Computers & Industrial Engineering,2015,83:123-138.

［83］ Stefan K, Julia R, Jürgen Z. Models and solution procedures for the resource-constrained project scheduling problem with general temporal constraints and calendars[J]. European Journal of Operational Research, 2016, 251(2).

［84］ 周根贵. 求解多目标最优化问题的功效系数法[J]. 上海机械学院学报, 1987(3): 103-108.

［85］ Azzedine B, Oualid G, Abdelghani B, et al. An iterative greedy insertion technique for flexible job shop scheduling problem[J]. IFAC-Papers Online, 2016, 12(2016): 1956-1961.

［86］ Fonseca C M, Fleming P J. An overview of evolutionary algorithms in multi-objective optimization. Evolutionary Computation, 1995, 3(1): 1-16.

［87］ Zitzler E, Laumanns M, Thiele L. SPEA2: Improving the strength pareto evolutionary algorithm for multi-objective optimization. In: Giannakoglou K, et al. , eds. Proc. of the EUROGEN 2001-Evolutionsry Method for Design, Optimisation and Control with Applications to Industrial Problem, 2001, 95-100.

［88］ Deb K, Pratap A, Agarwal S, et al. A fast and elitist multi-objective genetic algorithm: NSGA-2[J]. IEEE Trans on Evolutionary Computation, 2002, 6(2): 184-197.

［89］ Azzedine B, Oualid G, Abdelghani B, et al. An Iterative Greedy Insertion Technique for Flexible Job shop Scheduling Problem[J]. IFAC-Papers Online, 2016, 12(2016): 1956-1961.

［90］ 陈华平, 谷峰, 卢冰原, 等. 自适应多目标遗传算法在柔性工作车间调度中的应用[J]. 系统仿真学报, 2006, 18(8): 2271-2274+2288.

［91］ Arit T, Ajchara P. A Hybrid Artificial Bee Colony Algorithm with Local Search for Flexible Job-Shop Scheduling Problem[J]. Procedia Computer Science, 2013, 20(2013): 96-101.

［92］ 蒋增强, 左乐. 低碳策略下的多目标柔性作业车间调度[J]. 计算机集成制造系统, 2015, 21(4): 1023-1031.

［93］ Zhang Qiao, Manier H, Manier M A. A genetic algorithm with tabu search procedure for flexible jobshop scheduling with transportation constraints and bounded processing times [J]. Computers & Operations Research, 2011, 2012(39): 1713-1723.

［94］ 刘晓冰, 焦璇, 宁涛, 等. 基于双链量子遗传算法的柔性作业车间调度[J]. 计算机集成制造系统, 2015, 21(2): 495-502.

［95］ 白俊杰, 龚毅光, 王宁生, 等. 多目标柔性作业车间分批优化调度[J]. 计算机集成制造系统, 2010, 16(2): 396-403.

［96］ 刘晓霞, 谢里阳, 陶泽, 等. 柔性作业车间多目标调度优化研究[J]. 东北大学学报(自然科学版), 2008, 29(3): 362-365+382.

［97］ 刘爱军, 杨育, 程文明, 等. 复杂制造环境下的改进非支配排序遗传算法[J]. 计算机集成制造系统, 2012, 18(11): 2446-2458.

［98］ 王云, 冯毅雄, 谭建荣, 等. 基于多目标粒子群算法的柔性作业车间调度优化方法[J]. 农业机械学报, 2011, 42(2): 190-196.

[99] 张超勇,董星,王晓娟,等. 基于改进非支配排序遗传算法的多目标柔性作业车间调度[J]. 机械工程学报,2010,46(11):156-164.

[100] Ghasem M, Mehdi M. A Pareto approach to multi-objective flexible job-shop scheduling problem using particle swarm optimization and local search[J]. Int. J. Production Economics,2010,129(2011):14-22.

[101] Gao Kaizhou, Suganthan P N, Tasgetiren M F, et al. Effective ensembles of heuristics for scheduling flexible job shop problem with new job insertion[J]. Computers & Industrial Engineering,2015,90(2015):107-117.

[102] Tsung-Che C, Hsiao-Jou L. A simple and effective evolutionary algorithm for multiobjective flexible job shop scheduling[J]. Int. J. Production Economics,2012,2013(141):87-98.

[103] Gao Kaizhou, Suganthan P N, Pan Quanke, et al. Pareto-based grouping discrete harmony search algorithm for multi-objective flexible job shop scheduling[J]. Information Sciences,2014,289(2014):76-90.

[104] Sobeyko, Oleh S, Lars M. Heuristic approaches for scheduling jobs in large-scale flexible job shops[J]. Computers & Operations Research,2015,2016(68):97-109.

[105] Leila A. A local search genetic algorithm for the job shop scheduling problem with intelligent agents[J]. Computers & Industrial Engineering,2015,85:376-383.

[106] Mohammad S M, Saeed D A, Farshid E, et al. An Ant Colony Algorithm (ACA) for solving the new integrated model of job shop scheduling and conflict-free routing of AGVs[J]. Computers & Industrial Engineering,2015,86:2-13.

附　录

附录1　NGSA II 算法共同部分

(1) 自定义类型

```
Public Type chm          '定义 chm
    O( ) As Double       '目标向量
    ra As Double         '等级
    CDD( ) As Double     '用来计算拥挤度的数组
    cd As Double         '拥挤度
…'根据需要添加其他属性
End Type
Public Type geti         '定义 geti
    n As Integer         '支配本个体的个体数
    P( ) As Integer      '本个体支配的个体集合
End Type
Public Type qy           '定义 qy
    F( ) As Variant '某前沿面上的点集
End Type
```

(2) 非支配排序函数：Non_domination_sort_mod

```
Function Non_domination_sort_mod(CHR( ) As chm, ps As Integer, tn As Integer) As chm( )
'第 1 步 计算 ra
Dim FF( ) As qy, IND( ) As geti, Q( ) As Integer, CHRS( ) as chm
ReDim IND(ps), FF(1), CHRS(ps)
front = 1
ReDim FF(front).F(0)
For i = 1 To ps
    ReDim IND(i).P(0)
    IND(i).n = 0
    For j = 1 To ps
        dom_less = 0
        dom_equal = 0
        dom_more = 0
        For k = 1 To tn
            If (CHR(i).O(k)＜CHR(j).O(k)) Then
                dom_less = dom_less + 1
```

```
                ElseIf(CHR(i).O(k) = CHR(j).O(k)) Then
                    dom_equal = dom_equal + 1
                Else
                    dom_more = dom_more + 1
                End If
            Next k
            If dom_less = 0 And dom_equal <> tn Then
                IND(i).n = IND(i).n + 1
            ElseIf dom_more = 0 And dom_equal <> tn Then
                lastcol1 = UBound(IND(i).P) + 1
                ReDim Preserve IND(i).P(lastcol1)
                IND(i).P(lastcol1) = j
            End If
        Next j
        If IND(i).n = 0 Then
            CHR(i).ra = 1
            lastcol2 = UBound(FF(front).F) + 1
            ReDim Preserve FF(front).F(lastcol2)
            FF(front).F(lastcol2) = i
        End If
    Next i
While UBound(FF(front).F) > 0
    ReDim Q(0)
    For i = 1 To UBound(FF(front).F)
        If UBound(IND(FF(front).F(i)).P) > 0 Then
            For j = 1 To UBound(IND(FF(front).F(i)).P)
                IND(IND(FF(front).F(i)).P(j)).n = IND(IND(FF(front).F(i)).P(j)).n - 1
                If IND(IND(FF(front).F(i)).P(j)).n = 0 Then
                    CHR(IND(FF(front).F(i)).P(j)).ra = front + 1
                    lastcol3 = UBound(Q) + 1
                    ReDim Preserve Q(lastcol3)
                    Q(lastcol3) = IND(FF(front).F(i)).P(j)
                End If
            Next j
        End If
    Next i
    front = front + 1
    ReDim Preserve FF(front)
    ReDim FF(front).F(UBound(Q))
    For i = 1 To UBound(Q)
        FF(front).F(i) = Q(i)
    Next i
Wend
```

'第 2 步 按 ra 排序
Dim X( ) As Double, IOF( ) As Integer, SBOF( ) As chm
ReDim X(2, ps), IOF(ps), SBOF(ps)
For i = 1 To ps
    X(1, i) = CHR(i).ra
    X(2, i) = i
Next i
x = Mysort1(x) '按 ra 升序排序
For i = 1 To ps
  IOF(i) = X(2, i)
Next i
For i = 1 To UBound(IOF)
    SBOF(i) = CHR(IOF(i))
Next i
'第 3 步 计算 cd
Dim Y( ) As chm, YY( ) As Variant, SBOO( ) As chm, IOO( ) As Integer
current_index = 0
For front = 1 To (UBound(FF) - 1)
    previous_index = current_index + 1
    ReDim Y(UBound(FF(front).F))
    For i = 1 To UBound(FF(front).F)
        Y(i) = SBOF(current_index + i)
        ReDim Y(i).cdd(tn)
    Next i
    current_index = current_index + UBound(FF(front).F)
    For i = 1 To tn
        ReDim YY(2, UBound(FF(front).F))
        For j = 1 To UBound(FF(front).F)
            YY(1, j) = y(j).O(i)
            YY(2, j) = j
        Next j
        YY = Mysort1(YY)
        ReDim IOO(UBound(FF(front).F))
        For j = 1 To UBound(FF(front).F)
         IOO(j) = YY(2, j)
        Next j
        ReDim SBOO(UBound(IOO))
        For j = 1 To UBound(IOO)
            SBOO(j) = Y(IOO(j))
        Next j
        f_max = SBOO(UBound(IOO)).O(i)
        f_min = SBOO(1).O(i)
        Y(IOO(UBound(IOO))).cdd(i) = 10000000000#

```
                Y(IOO(1)).cdd(i) = 10000000000 #
                For j = 2 To UBound(IOO) - 1
                    next_obj = SBOO(j + 1).O(i)
                    previous_obj = SBOO(j - 1).O(i)
                    If (f_max - f_min = 0) Then
                        Y(IOO(j)).cdd(i) = 10000000000 #
                    Else
                        Y(IOO(j)).cdd(i) = (next_obj - previous_obj) / (f_max - f_min)
                    End If
                Next j
            Next i
            For i = 1 To UBound(IOO)
            Y(i).cd = 0
            For j = 1 To tn
                Y(i).cd = Y(i).cd + Y(i).cdd(j)
            Next j
        Next i
        For i = previous_index To current_index
            CHRS(i) = Y(i - previous_index + 1)
        Next i
    Next front
    '第 4 步 返回 CHRS
    Non_domination_sort_mod = CHRS
    End Function
```

(3) n元联赛选择函数：Tournament_selection

```
Function Tournament_selection(CHR( ) As chm, ps As Integer, plsize As Integer, ts As Integer) As chm( )
    Dim CDA( ) As Variant, CAN( ) As Variant, MINRC( ) As Integer, PLCHR( ) As chm, k As Integer
    ReDim PLCHR(plsize)
    For i = 1 To plsize
        ReDim MINRC(0)
        ReDim CDA(ts), CAN(2, ts)
        CDA(1) = Iunifrm(1, ps)
        For j = 2 To ts
            k = Iunifrm(1, ps)
            While Find(k, CDA) = 1
                k = Iunifrm(1, ps)
            Wend
            CDA(j) = k
        Next j
        For j = 1 To ts
            CAN(1, j) = CDA(j)
```

```
            CAN(2, j) = CHR(CDA(j)).ra
         Next j
      '找出最小 ra 值
         min_ra = CAN(2, 1)
         For j = 2 To ts
            If CAN(2, j) < min_ra Then
                min_ra = CAN(2, j)
            End If
         Next j
      '找出所有等于 min_ra 的列存于数组 MINRC 中
         For j = 1 To ts
           If CAN(2, j) = min_ra Then
              nc = UBound(MINRC) + 1
              ReDim Preserve MINRC(nc)
              MINRC(nc) = CAN(1, j) '索引号
           End If
         Next j
      '若有多个个体的 cd 相等,则取拥挤度大者
         maxcd = -1
         For j = 1 To UBound(MINRC)
           If CHR(MINRC(j)).cd > maxcd Then
               maxcd = CHR(MINRC(j)).cd
               maxindex = MINRC(j)
           End If
         Next j
         PLCHR(i) = CHR(maxindex)
Next i
Tournament_selection = PLCHR
End Function
```

(4) Pareto 筛选函数:Function Replace_CHR

```
Function Replace_CHR(IPOP( ) As chm, dps As Integer, ps As Integer) As chm( )
Dim X( ) As Double, Y( ) As Double, TPOP( ) As chm, TSI( ) As Integer, FF( ) As chm
ReDim X(dps), FF(ps)
For i = 1 To dps
    X(i) = IPOP(i).ra
Next i
max_ra = X(dps)
previous_index = 0
For i = 1 To max_ra
    For j = dps To 1 Step -1
       If X(j) = i Then
           current_index = j
```

```
                Exit For
            End If
        Next j
        If current_index > ps Then
            remaining = ps - previous_index
            ReDim TPOP(current_index - previous_index)
            For j = previous_index + 1 To current_index
                TPOP(j - previous_index) = IPOP(j)
            Next j
            ReDim Y(2, UBound(TPOP)), TSI(UBound(TPOP))
            For j = 1 To UBound(TPOP)
                Y(1, j) = TPOP(j).cd: y(2, j) = j
        Next j
        Y = Mysort2(Y) '降序排序
        For j = 1 To UBound(TPOP)
            TSI(j) = Y(2, j)
            Next j
            For j = 1 To remaining
                FF(previous_index + j) = TPOP(TSI(j))
            Next j
            Exit For
        ElseIf current_index < ps Then
            For j = previous_index + 1 To current_index
                FF(j) = IPOP(j)
            Next j
        Else '正好相等的的情况
            For j = previous_index + 1 To current_index
                FF(j) = IPOP(j)
            Next j
            Exit For
        End If
        previous_index = current_index
Next i
Replace_CHR = FF'返回筛选后的 FF
End Function
```

附录2 时间推算函数

说明：
WS:工作制数组
WT:日工作安排
rn:WS 数组的行数
wdn:工作制数
以上变量已赋值。

(1) Isworkday 函数

```
Function Isworkday(ByVal md As Date, ByVal wds As String) As Integer
'找到 wds 在 WS 数组中的起始列号 wslh
For i = 1 To 2 * wsn − 1 Step 2
        If WS(1, i) = wds Then
             wslh = i
             Exit For
        End If
Next i
'判断 md 是否为工作日期
Select Case Weekday(md, 2)
    Case 1 To 5 '若为非周末
        Isworkday = 1
        For i = 2 To rn
            If WS(i, wslh) = md Then 'md 出现在非周末休息日期列
                Isworkday = 0
                Exit For
            End If
        Next i
    Case 6, 7 '若为周末
        Isworkday = 0
        For i = 2 To rn
            If WS(i, wtlh + 1) = md Then '若 md 出现在周末工作日期列
                Isworkday = 1
                Exit For
            End If
        Next i
End Select
End Function
```

(2) Nextworkday 函数

```
Function Nextworkday(ByVal md As Date, ByVal t As Integer, ByVal wds As String) As Date
    Dim cur_date As Date, day_count As Integer
    cur_date = md: day_count = 0
    While day_count < Abs(t)
        cur_date = cur_date + Sgn(ts)  'Sgn 为符号函数
        If Isworkday(cur_date, wds) = 1 Then '若 cur_date 是工作日期
            day_count = day_count + 1
        End If
    Wend
    Nextworkday = cur_date '返回 cur_date
End Function
```

(3) Gettp 函数

```
Function Getsd(ByVal t As Double, ByVal colb As Integer, ByVal wn As Integer) As Variant
Dim TP( ) As Integer
ReDim TP(2)
wtn = WT(2, colb + wn - 1)
TP(1) = 0 '初值
TP(2) = 0 '初值
For i = 1 To wtn
    If t >= WT(2 * i + 1, colb + wn - 1) And t <= WT(2 * i + 2, colb + wn - 1) Then
        TP(1) = i: TP(2) = 1: Getsd = TP: Exit Function '在工作时段 i 中
    End If
Next i
For i = 1 To wtn - 1
    If t > WT(2 * i + 2, colb + wn - 1) And t < WT(2 * i + 3, colb + wn - 1) Then
        TP(1) = i: TP(2) = 0: Getsd = TP: Exit Function '在工作时段 i 和 i + 1 的停工时段内
    End If
Next i
If t > WT(2 * wtn + 2, colb + wn - 1) Then
    TP(1) = wtn: TP(2) = 0: Getsd = TP: Exit Function '在工作时段 wtn 停工之后的时段
End If
Getsd = TP '不属于以上三种情况则返回初值 TP
End Function
```

(4) Forwardwd 函数

```
Function Forwardwd(ByVal mdt As Date, ByVal t As Double, ByVal cbs As Integer)
Dim md as date, mt As Double, wds As String, wtna As String, wn as Integer, colb as Integer
md = Int(mdt) '日期
mt = 24 * (mdt - md) '时分秒部分
wds = E(cbs, 4) '工作制
wtna = MA(cbs, 5) '日工作安排名称
wn = Weekday(md, 2) '周几
For i = 1 To wtn Step 7 'wtna 在 WT 数组中的起始列号
    If WT(1, i * 7) = wtna Then
        colb = i
        Exit For
    End If
Next i
TP = Gettp(mt, colb, wn) '工作时段或非工作时段
sdh = TP(1) '时段号
wtn = WT(2, colb + wn - 1) '日期 md 工作时段数
If xs + t - WT(2 * sdh + 2, colb + wn - 1) <= thr1 Or Abs(mt + t - WT(2 * sdh + 2, colb + wn - 1)) <= thr1 Then '当天 md 第 sdh 时段剩余时间足够或非常接近相等
    Forwardwd = md + (mt + t) / 24
```

```
        Exit Function
    Else '当日 sd 时段剩余时间不足
        t = t - (WT(2 * sdh + 2, colb + wn - 1) - mt) '剩余时间 t
        For i = sdh + 1 To wtn '处理当天 md 的第 sdh + 1～wtn 时段
            If WT(2 * i + 2, colb + wn - 1) - WT(2 * i + 1, colb + wn - 1) - t >= thr1 Or Abs(WT(2 * i + 2, colb + wn - 1) - WT(2 * i + 1, colb + wn - 1) - t) <= thr1 Then '时间足够或非常接近相等
                Forwardwd = md + (WT(2 * i + 1, colb + wn - 1) + t) / 24
                Exit Function   '当日 md 的第 i 时段时间足够
            Else
                t = t - (WT(2 * i + 2, colb + wn - 1) - WT(2 * i + 1, colb + wn - 1)) '剩余时间更新
            End If
        Next i
    '双重循环进行顺向推算
        While 1
        md = Nextworkday(md, 1, wds) '每次顺推 1 天
            wn = Weekday(md, 2) '周几
            wtn = WT(2, colb + wn - 1) '时段数
            For i = 1 To wtn '处理当天 md 的第 1～wtn 时段
                If WT(2 * i + 2, colb + wn - 1) - WT(2 * i + 1, colb + wn - 1) - t >= thr1 Or Abs(WT(2 * i + 2, colb + wn - 1) - WT(2 * i + 1, colb + wn - 1) - t) <= thr1 Then '时间足够或非常接近相等
                    Forwardwd = md + (WT(2 * i + 1, colb + wn - 1) + t) / 24
                    Exit Function   '当日 md 的第 i 时段时间足够
                Else
                    t = t - (WT(2 * i + 2, colb + wn - 1) - WT(2 * i + 1, colb + wn - 1)) '剩余时间更新
                End If
            Next i
        wend
    End If
End Function
```

(5) Backwd 函数

```
Function Backwd(ByVal mdt As Date, ByVal t As Double, ByVal cbs As Integer)
Dim md as date, mt As Double, wds As String, wtna As String, wn as Integer, colb as Integer
    md = Int(mdt)                    '日期
    mt = 24 * (mdt - md)             '时分秒部分
    wds = E(cbs, 4)                  '工作制
    wtna = E(cbs, 5)                 '日工作安排名称
    wn = Weekday(md, 2)              '周几
    For i = 1 To wtn Step 7          'wtna 在 WT 数组中的起始列号
        If WT(1, i * 7) = wtna Then
            colb = i
            Exit For
        End If
```

```
    Next i
    TP = Gettp(mt, colb, wn)          '工作时段或非工作时段
    sdh = TP(1)   '时段号
    wtn = WT(2, colb + wn - 1)        '日期 md 工作时段数
    If mt - t - WT(2 * sdh + 1, colb + wn - 1) >= thr2 Or Abs(mt - t - WT(2 * sdh + 1, colb + wn - 1)) <= thr2 Then           '当天 md 的第 sdh 时段时间足够或非常接近相等
        Backwd = Int(md) + (mt - t) / 24: Exit Function
    Else '当天 md 的第 sdh 时段时间不足
        t = t - (mt - WT(2 * sdh + 1, colb + wn - 1))       '剩余时间 t
        For i = sdh - 1 To 1 Step - 1   '处理当天 md 的第 sdh-1～1 时段
            If WT(2 * i + 2, colb + wn - 1) - WT(2 * i + 1, colb + wn - 1) - t > thr2 Or Abs(WT(2 * i + 2, colb + wn - 1) - WT(2 * i + 1, colb + wn - 1) - t) <= thr2 Then       '时间足够或非常接近相等
                Backwd = Int(md) + (WT(2 * i + 2, colb + wn - 1) - t) / 24: Exit Function
            Else
                t = t - (WT(2 * i + 2, colb + wn - 1) - WT(2 * i + 1, colb + wn - 1))   '剩余时间更新
            End If
        Next i
        '双重循环进行逆向推算
        While 1
            md = Nextworkday(md, -1, wds)     '每次逆推 1 天
            wn = Weekday(md, 2)               '周几
            wtn = WT(2, colb + wn - 1)        '时段数
            For i = wtn To 1 Step -1          '处理当天 md 的第 wtn～1 时段
                If WT(2 * i + 2, colb + wn - 1) - WT(2 * i + 1, colb + wn - 1) - t >= thr2 Or Abs(WT(2 * i + 2, colb + wn - 1) - WT(2 * i + 1, colb + wn - 1) - t) <= thr2 Then   '时间足够或非常接近相等
                    Backwd = md + (WT(2 * i + 2, colb + wn - 1) - t) / 24
                    Exit Function    '当日 md 的第 i 时段时间足够
                Else
                    t = t - (WT(2 * i + 2, colb + wn - 1) - WT(2 * i + 1, colb + wn - 1))   '剩余时间更新
                End If
            Next i
        wend
    End If
End Function
```

(6) Getat1 函数

```
Function Getat1(ByVal mdt As Date, ByVal cbs As Integer) As Date
Dim wds As String, mt As Double, md As Date
md = Int(mdt)  '日期
mt = 24 * (mdt - md)                      '时分秒部分
wds = E(cbs, 4)                           '获得工作日制
wtna = E(cbs, 5)                          '日工作安排名称
wn = Weekday(md, 2)                       '周几
```

```
For i = 1 To wtn Step 7                         'wtna 在 WT 数组中的起始列号
  If WT(1, i * 7) = wtna Then
    colb = i
    Exit For
  End If
Next i
wtn = WT(2, colb + wn - 1)                      '日期 md 工作时段数
If Isworkday(md, wds) = 1 Then                  '若是工作日
    TP = Gettp(mt, cbs)                         '工作时段或非工作时段
    If SD(2) = 1 Then                           'mt 属于第 TP(1)个工作时段
      If WT(2 * TP(1) + 2, colb + wn - 1) - mt >= thr1 Then  '离该时段结束还有一段时间
        at = md
      Else                                      '离下班非常近
        If SD(1) < wtn Then                     '若不是最后一个工作时段
          at = md + WT(2 * SD(1) + 3, colb + wn - 1) / 24    '顺推1个时段
        Else
          md = Nextworkday(md, 1, wds)          '顺推1天
          wn = Weekday(md, 2)                   '周几
          at = md + WT(3, colb + wn - 1) / 24   '取下一个工作日的第一工作时段起始时刻
        End If
      End If
    Else 'mt 属于第 TP(1)个非工作时段
      If TP(1) = wtn Then                       '若是最后一个非工作时段
        md = Nextworkday(md, 1, wds)            '顺推1天
        wn = Weekday(md, 2)                     '周几
        at = md + WT(3, colb + wn - 1) / 24     '取下一个工作日的第一工作时段起始时刻
      Else                                      '当天其他非工作时段
        at = md + WT(2 * SD(1) + 3, colb + wn - 1) / 24      '取下一个工作时段的开工时刻
      End If
    End If
Else '若是非工作日
    md = Nextworkday(md, 1, wds)                '顺推1天
    wn = Weekday(md, 2)                         '周几
    at = md + WT(3, colb + wt - 1) / 24         '取下一个工作日第一个工作时段开工时间
End If
Getat1 = at '返回工作时刻
End Function
```

(7) Getat2 函数

```
Function Getat2(ByVal mdt As Date, ByVal cbs As Integer) As Date
Dim wds As String, mt As Double, md As Date
md = Int(mdt)                                   '日期
mt = 24 * (mdt - md)                            '时分秒部分
```

```
wds = E(cbs, 4)                              '获得工作日制
wtna = E(cbs, 5)                             '日工作安排名称
wn = Weekday(md, 2)                          '周几
For i = 1 To wtn Step 7                      'wtna 在 WT 数组中的起始列号
   If WT(1, i * 7) = wtna Then
      colb = i
      Exit For
   End If
Next i
wtn = WT(2, colb + wn − 1)                   '日期 md 工作时段数
If Isworkday(md, wds) = 1 Then               '若是工作日
    TP = Gettp(mt, colb, wn)                 '工作时段或非工作时段
    If TP(2) = 1 Then                        'mt 属于第 TP(1)个工作时段
       at = mdate
    Else 'mt 属于第 TP(1)个非工作时段
       If TP(1) = 0 Then                     '第 1 个非工作时段
          md = Nextworkday(md, −1, wds)      '逆推 1 天
          wn = Weekday(md, 2)                '周几
          wtn = E(2, colb + wn − 1)          '工作时段数
          at = md + E(2 * wtn + 2, colb + wn − 1) / 24   '取上一个工作日第 wtn 工作时段结束时刻
       Else '当天其他非工作时段
          at = md + E(2 * TP(1) + 2, colb + wn − 1) / 24   '取 TP(1)时段的结束时刻
       End If
    End If
Else '若是非工作日 2
    md = Nextworkday(md, −1, wds)            '逆推 1 天
    wn = Weekday(md, 2)                      '周几
    wtn = E(2, colb + wn − 1)                '工作时段数
    at = md + E(2 * wtn + 2, colb + wn − 1) / 24   '上一个工作日第 wtn 个工作时间结束时刻
End If
Getat2 = at                                  '返回工作时刻
End Function
```

附录 3 顺推函数 Forcalc

说明：

n：为任务数，全局变量，已赋值；

sep：为分隔符，全局变量，已赋值为","；

cycle：为工期，全局变量，用于返回项目工期；

cost：为成本，全局变量，用于返回项目成本；

Getjt：为函数，其作用是返回某个承包商执行某项任务的成时间；

Getjc：为函数，其作用是返回某个承包商执行某项任务的成本。

```
Function Forcalc(F( ) As Integer) As Variant    '由指派向量 P 顺推得到顺推数组 R,同时返回工期和成本
Dim jb As String, R( ) As Variant, ct as Double, s As Date,
Dim i as Integer, j As Integer, le AsInteger, tf as Integer, fr as Integer, tr as Integer, h As Integer,
ReDim R(n, 8)
'给 R 的 1～6 列赋值
For i = 1 To n
        R(i, 1) = NS(i, 1)                      '任务号
        R(i, 2) = F(i)                          '承包商号
        R(i, 3) = Getjt(R(i, 1), P(i))          '获得第 i 个任务的时间
        R(i, 4) = Getjc(R(i, 1), P(i))          '获得第 i 个任务的成本
        R(i, 5) = NS(i, 3)
        R(i, 6) = NS(i, 4)                      '紧前任务数
        ct = ct + R(i, 4)                       '累加成本
Next i
'根据 R 按 CPM 法顺推得各任务最早开工时刻和最早完工时刻
For i = 1 To n
        If R(i, 6) = 0 Then                     '没有紧前任务
            R(i, 7) = Getat1(bt, CInt(R(i, 2)))  '最早开工时刻
            R(i, 8) = Forwardwd(CDate(R(i, 7)), CDbl(R(i, 3)), CInt(R(i, 2)))   '最早完工时刻
        Else                                    '有紧前任务
            tf = R(i, 6)                        '紧前任务数
            le = Len(R(i, 5))                   '紧前任务文本总长度
            fr = 1                              '起始位置
            s = 0                               '最大值
            For j = 1 To tf                     '对每一个紧前任务
                tr = Getpofbina(R(i, 5), sep, j) '第 j 次出现分隔符 sep 的位置
                If tr < le Then                 '取出任务号
                    jb = Mid(R(i, 5), fr, tr - fr)
                Else
                    jb = Mid(R(i, 5), fr, tr - fr + 1)
                End If
                h = FindbinR(R, 1, jb)           '找出任务 jb 在 R 中的位置
                If R(h, 8) > s Then              '取出该紧前任务的完工时刻与 s 比较,让 s 始终为最大值
                    s = R(h, 8)
                End If
                fr = tr + Len(sep)               '指针后移
            Next j
            R(i, 7) = Getat1(s, CInt(R(i, 2)))   '最早开工时刻
            R(i, 8) = Forwardwd(CDate(R(i, 7)), CDbl(R(i, 3)), CInt(R(i, 2))) '最早完工时刻
        End If
Next i
Forcalc = R         '返回 R
End Function
```

附录 4 函数 Getcycle

```
Function Getcycle(R as Viarant) as Double
Dim rn as Integer, s1 as Double, s2 as Double, tbas Date
rn = UBound(R, 1)
s1 = R(1,8)
s2 = R(1,7)
For 2 = 1 To rn
    If R(i, k) > s1 Then
        s1 = R(i, 7)
    ElseIf R(i,8)<s2 then
        s2 = R(i,8)
    End If
Next i
Getcycle = s1 - s2      '返回项目工期
End Function
```

附录 5 函数 Getcost

```
Function Getcost(R as Viarant) as Double
Dim rn as Integer, s as Double
rn = UBound(R, 1)
s = 0
For i = 1 To rn
    s = s + R(i,4)
Next i
Getcost = s         '返回项目成本
End Function
```

附录 6 函数 Getjt

```
Function Getjt(jb As Variant, cbs As Integer) As Double
For i = 1 To n
    If T(i, 1) = jb Then
      rn = i
      Exit For
    End If
Next i
Getjt = T(rn, cbs + 1)
End Function
```

附录 7 函数 Getjc

```
Function Getjc (jb As Variant, cbs As Integer) As Double
For i = 1 To n
```

```
        If C(i, 1) = jb Then
            rn = i
            Exit For
        End If
Next i
Getjc = C(rn, cbs + 1)
End Function
```

附录 8　函数 Getpofbina

```
Function Getpofbina(a As Variant, b As String, k As Integer) As Integer
'获得 b 在 a 中第 k 次出现的位置
i = 1: s1 = 1
While i <= k
        s2 = InStr(s1, a, b)
        If s2 > 0 Then '找到了
            s1 = s2 + Len(b)
            i = i + 1
        Else '没找到
            Getpofbina = Len(a)
            Exit Function
        End If
Wend
Getpofbina = s1 - Len(b)
End Function
```

附录 9　逆推函数 Backcalc

```
Function Backcalc(R( ) As Variant) As Variant
Dim s As Date
ReDim Preserve R(rws,12)              '增加 4 列
te = ft
'反向推算得到各任务最迟完工时刻和最迟开工时刻
For i = n To 1 Step -1
    s = te
    For j = i + 1 To n           '判断第 i 任务是否是 R(i,1)的紧后任务
        If InStr(1, Trim(R(j, 5)), R(i, 1)) > 0 Then       '若 j 任务是 R(i,1)的紧后任务
            If R(j, 9) < s Then
                s = R(j, 9)
            End If
        End If
    Next j
    R(i, 10) = Getat2(s, CInt(R(i, 2)))         '获取最迟完工时刻
    R(i, 9) = Backwd(CDate(R(i, 10)), CDbl(R(i, 3)), CInt(R(i, 2)))        '获取最迟开工时刻
```

```
Next i
'计算时差、关键标志
For i = 1 To n
    If Abs(R(i, 9) - R(i, 7)) < thr Then
        R(i, 11) = 0
        R(i, 12) = " * "
    Else
        R(i, 11) = CDbl(R(i, 9) - R(i, 7)) * 24      '转换为实数
    End If
Next i
Backcalc = R '返回 R
End Function
```

附录 10　函数 Randperm

```
Function Randperm(m As Integer) As Variant
Dim P( ) As Integer
ReDim P(m)
For i = 1 To m
P(i) = 0
Next i
i = 1
While i < m '随机寻找 m-1 个位置分别置 1~m
  j = Iunifrm(1, m) '随机寻找位置
  If P(j) = 0 Then
    P(j) = i
    i = i + 1
   End If
Wend
For i = 1 To m '将剩余的一个位置赋为 m
  If P(i) = 0 Then
      P(i) = m
  End If
Next i
Randperm = P '返回 P
End Function
```

附录 11　第 3 章解码操作 Decode

说明：

k：适应度放大系数，对应于第 3 章中的 η，已赋值；

Getmrn：自定义函数，其作用是返回某设备代码在设备数组 MA 中的行号。

```
Function Decode(CH As Variant, m As Integer, n As Integer) asVariant 'm 工件数，n 工序数
Dim mrn As Integer, wt As Date, ft1 As Double, ft2 As Double, st As Date
```

```
'将 T 按 CH 排序得 TT
For j = 1 To m
  For i = 1 To n
    TT(i, j) = T(i, CH(j) + 3)
  Next i
Next j
'由 TT 矩阵推算最终完工时刻
mrn = Getmrn(MA, CStr(T(1, 2)))              '获得设备在 MA 数组中的行号
st = Getat1(bt, mrn)                          '获得工件 1 的第 1 道工序开工时刻
R(1, 1) = st
R(1, 2) = Forwardwd(st, TT(1, 1), mrn)        '获得工件 1 的第 1 道工序结束时刻
For j = 2 To m                                '推算第一行开工和结束时刻
  R(1, 2 * j - 1) = Getat1(CDate(R(1, 2 * j - 2)), mrn)
  R(1, 2 * j) = Forwardwd(CDate(R(1, 2 * j - 2)), TT(1, j), mrn)
Next j
For i = 2 To n '推算第一列开工和结束时刻
  mrn = Getmrn(MA, CStr(T(i, 2)))             '获得设备在 MA 数组中的行号
  st = Getat1(R(i - 1, 2), mrn)               '开工时刻
  R(i, 1) = st
  R(i, 2) = Forwardwd(st, TT(i, 1), mrn)      '完工时刻
Next i
For i = 2 To n                                '推算其他行和列开工和结束时刻
  mrn = Getmrn(MA, CStr(T(i, 2))) '获得设备在 MA 数组中的行号
  For j = 2 To m
    ft1 = R(i - 1, 2 * j)
    ft2 = R(i, 2 * j - 2)
    wt = Max(ft1, ft2)
    st = Getat1(wt, mrn)                      '开工时刻
    R(i, 2 * j - 1) = st                      '开工时刻
    R(i, 2 * j) = Forwardwd(st, TT(i, j), mrn) '结束时刻
  Next j
Next i
CH(m + 1) = R(n, 2 * m) - R(1, 1)             '生产周期
CH(m + 2) = k / CH(m + 1)
Decode = CH '返回 CH
End Sub
```

附录 12　第 4 章解码操作 Decode

```
Function Decode(ch As chm) As chm
Dim no As Integer, g As Double, MM( ) As Mach, h As Integer
Dim st As Double, ct As Double, mrn As Integer
MM = MMB                                      '接收 MMB 的初值
R = ch.R
```

```
For i = 1 To tpn '对每一任务
    mrn = Getmrn(MA, CStr(R(i, 4)))             '获得设备在 MA 中的行号
    ct = JB(R(i, 2)).PR(R(i, 3)).ct              '纯加工时间
    st = JB(R(i, 2)).PR(R(i, 3)).st              '调整时间
    '第一步:确定工件的最早可能开工时间 g
    If R(i, 3) = 1 Then                          '若是该工件的第一道工序
            g = Getat1(CDate(bt), mrn)
    Else '若不是工件的第一道工序
            no = R(i, 2)                          '工件号
            h = GethhinR(R, no, R(i, 3) - 1)      '找到该工件的上道工序所在的行
            If R(h, 4) = R(i, 4) Then             '若当前工序与上道工序所用的设备相同
                g = Getat1(CDate(R(h, 10)), mrn)
            Else
                at = Getat1(CDate(R(h, 10)), mrn) '获得有效工作时刻
                g = Backwd(CDate(at), st, mrn)    '提前调整
            End If
    End If
    '第二步:求最适宜的插入位置
    fn = UBound(MM(R(i, 4)).TS) / 2 '对应设备空闲时段数
    For k = 1 To fn '从左到右判断每一个空闲时段是否可以插入该工序
        If g <= MM(R(i, 4)).TS(2 * k) And MM(R(i, 4)).TS(2 * k) - MM(R(i, 4)).TS(2 * k - 1) > ct/24 Then
            t1 = Max(g, Max(CDbl(MM(R(i, 4)).TS(2 * k - 1)), bt))   '最早开始调整时刻
            tsb = Getat1(CDate(t1), mrn)                            '调整开始时刻
            tse = Forwardwd(CDate(tsb), st, mrn)                    '调整结束时刻
            tcb = Getat1(CDate(tse), mrn)                           '加工开始时刻
            tce = Forwardwd(CDate(tcb), ct, mrn)                    '加工结束时刻
            If tce <= MM(R(i, 4)).TS(2 * k) Then                    '若能插入该工序
                R(i, 5) = st                                        '调整时间
                R(i, 6) = ct                                        '加工时间
                R(i, 7) = tsb                                       '调整开始时刻
                R(i, 8) = tse                                       '调整结束时刻
                R(i, 9) = tcb                                       '加工开始时刻
                R(i, 10) = tce                                      '加工结束时刻
                '更新设备 R(i,4)的空闲表 TS
                le = UBound(MM(R(i, 4)).TS)                         '原长度
                ReDim Preserve MM(R(i, 4)).TS(le + 2)               '增加 2 位
                For j = le + 2 To 2 * k + 2 Step -1 '后移 2 位
                    MM(R(i, 4)).TS(j) = MM(R(i, 4)).TS(j - 2)
                Next j
                MM(R(i, 4)).TS(2 * k - 1) = tsb                     '调整开始时刻
                MM(R(i, 4)).TS(2 * k) = tcb                         '加工开始时刻
                Exit For
            End If
```

```
      End If
    Next k
  Next i
  ch.R = R
  ch.MM = MM
  Decode = ch '返回解码后的 ch
End Function
```

附录13 第5.4节计算目标值函数 Getob

```
Function Getob(R As Variant, k As Integer) As Double    '获取第 k 个目标值
  fit = 0#
  Select Case MB(k, 1)
    Case "生产周期":
      smax = R(1, 10)                                   '加工结束时刻
      smin = R(1, 7)                                    '调整开始时刻
      For i = 2 To ddgxs
        If R(i, 10) > smax Then
          smax = R(i, 10)
        End If
        If R(i, 7) < smin Then
          smin = R(i, 7)
        End If
      Next i
      fit = smax - smin                                 '生产周期
    Case "最大完工时刻":
      smax = R(1, 10)                                   '完工时刻
      For i = 2 To ddgxs
        If R(i, 10) > smax Then
          smax = R(i, 10)
        End If
      Next i
      fit = smax                                        '最大完工时刻
    Case "生产成本":
      sccb = 0#
      For i = 1 To ddgxs
        sccb = sccb + R(i, 11) + R(i, 12)               '调整成本和加工成本
      Next i
      fit = sccb
    Case "流程时间":
      zwgsj = 0#                                        '完工时刻
      zkszbsj = 0#                                      '开始调整时刻
      For i = 1 To ddgjs
        For j = 1 To ddgxs
```

```
            If R(j, 2) = D(i, 1) And R(j, 3) = D(i, 9) Then
                zkszbsj = zkszbsj + R(j, 7)        '开始调整时刻求和
            End If
            If R(j, 2) = D(i, 1) And R(j, 3) = D(i, 10) Then
                zwgsj = zwgsj + R(j, 10)           '完工时刻求和
                Exit For                           '工序号从小到大
            End If
        Next j
    Next i
    fit = zwgsj - zkszbsj                          '流程时间
Case "流程价值":
    lcjz = 0#                                      '流程价值
    For i = 1 To ddgjs
        zbt = 0: wgt = 0
        For j = 1 To ddgxs
            If R(j, 2) = D(i, 1) And R(j, 3) = D(i, 9) Then
                zbt = R(j, 7)                      '开始调整时刻
            End If
            If R(j, 2) = D(i, 1) And R(j, 3) = D(i, 10) Then
                wgt = R(j, 10)                     '完工时刻
                Exit For                           '工序号从小到大
            End If
        Next j
        lcjz = lcjz + (wgt - zbt) * D(i, 5)
    Next i
    fit = lcjz                                     '流程价值
Case "最大提前完工时间":
    zdtq = 0#
    For i = 1 To ddgjs
        wgt = 0
        For j = 1 To ddgxs                         '获得第 i 工件的完工时刻赋给 wgt
            If R(j, 2) = D(i, 1) And R(j, 3) = D(i, 10) Then
                wgt = R(j, 10)                     '获得第 i 个工件的完工时刻
                Exit For
            End If
        Next j
        If D(i, 6) - wgt > zdtq Then               '让 zdtq 始终存最大误期完工时间
            zdtq = D(i, 6) - wgt
        End If
    Next i
    fit = zdtq
Case "平均提前完工时间":
    ztq = 0#
```

```
        For i = 1 To ddgjs
            wgt = 0
            For j = 1 To ddgxs                  '获得第 i 工件的完工时刻赋给 wgt
                If R(j, 2) = D(i, 1) And R(j, 3) = D(i, 10) Then
                    wgt = R(j, 10)              '获得第 i 个工件的完工时刻
                    Exit For
                End If
            Next j
            If D(i, 6) - wgt > 0 Then           '若提前完工
                ztq = ztq + D(i, 6) - wgt
            End If
        Next i
        fit = ztq / ddgjs
    Case "最大误期完工时间":
        zdwq = 0 #
        For i = 1 To ddgjs
            wgt = 0
            For j = 1 To ddgxs                  '获得第 i 工件的完工时刻赋给 wgt
                If R(j, 2) = D(i, 1) And R(j, 3) = D(i, 10) Then
                    wgt = R(j, 10)              '获得第 i 个工件的完工时刻
                    Exit For
                End If
            Next j
            If wgt - D(i, 6) > zdwq Then        '让 smaxwq 始终存最大误期完工时间
                zdwq = wgt - D(i, 6)
            End If
        Next i
        fit = zdwq
    Case "平均误期完工时间":
        zwq = 0 #
        For i = 1 To ddgjs
            wgt = 0
            For j = 1 To ddgxs                  '获得第 i 工件的完工时刻赋给 wgt
                If R(j, 2) = D(i, 1) And R(j, 3) = D(i, 10) Then
                    wgt = R(j, 10)              '获得第 i 个工件的完工时刻
                    Exit For
                End If
            Next j
            If wgt - D(i, 6) > 0 Then           '误期了
                zwq = zwq + wgt - D(i, 6)
            End If
        Next i
        fit = zwq / ddgjs
```

```
Case "提前完工成本":
    cpccf = 0 #                                    '提前完工成本
    For i = 1 To ddgjs
        wgt = 0
        For j = 1 To ddgxs
            If R(j, 2) = D(i, 1) And R(j, 3) = D(i, 10) Then
                wgt = R(j, 10)                     '完工时刻
                Exit For                           '工序号从小到大
            End If
        Next j
        If wgt < D(i, 6) Then                      '提前完工
            cpccf = cpccf + (D(i, 6) - wgt) * D(i, 7)
        End If
    Next i
    fit = cpccf                                    '提前完工成本
Case "误期完工成本":
    wqfk = 0 #                                     '误期完工成本
    For i = 1 To ddgjs
        wgt = 0
        For j = 1 To ddgxs
            If R(j, 2) = D(i, 1) And R(j, 3) = D(i, 10) Then
                wgt = R(j, 10)                     '完工时刻
                Exit For                           '工序号从小到大
            End If
        Next j
        If wgt > D(i, 6) Then                      '误期完工
            wqfk = wqfk + (wgt - D(i, 6)) * D(i, 8)
        End If
    Next i
    fit = wqfk                                     '误期完工成本
Case "非准时完工成本":
    fzsjhcb = 0 #                                  '非准时交货成本
    For i = 1 To ddgjs
        wgt = 0
        For j = 1 To ddgxs
            If R(j, 2) = D(i, 1) And R(j, 3) = D(i, 10) Then
                wgt = R(j, 10)                     '完工时刻
                Exit For                           '工序号从小到大
            End If
        Next j
        If wgt > D(i, 6) Then                      '误期完工
            fzsjhcb = fzsjhcb + (wgt - D(i, 6)) * D(i, 8)  '累计误期完工成本
        Else
```

```
            fzsjhcb = fzsjhcb + (D(i, 6) - wgt) * D(i, 7)      '累计提前完工成本
          End If
      Next i
      fit = fzsjhcb                                             '非准时交货成本
  Case "总成本":
      zcb = 0#                                                  '总成本
      For i = 1 To ddgxs
          zcb = zcb + R(i, 11) + R(i, 12)                      '调整成本和加工成本
      Next i
      For i = 1 To ddgjs
        wgt = 0
        For j = 1 To ddgxs
          If R(j, 2) = D(i, 1) And R(j, 3) = D(i, 10) Then
            wgt = R(j, 10)                                      '完工时刻
            Exit For                                            '工序号从小到大
          End If
        Next j
        If wgt > D(i, 6) Then                                   '误期完工
            zcb = zcb + (wgt - D(i, 6)) * D(i, 8)              '累计误期完工成本
        Else
            zcb = zcb + (D(i, 6) - wgt) * D(i, 7)              '累计提前完工成本
        End If
      Next i
      fit = zcb                                                 '总成本
End Select
Getob = fit
End Function
```